读懂中国改革 4 关键五年2016—2020

吴敬琏
厉以宁
林毅夫等／著

中信出版集团 · 北京

图书在版编目（CIP）数据

读懂中国改革 . 4，关键五年 2016—2020 / 吴敬琏等著 . -- 2 版 . -- 北京：中信出版社，2017.11（2018.5重印）
ISBN 978-7-5086-7985-3

I. ①读… II. ①吴… III. ①改革开放－研究－中国②国民经济计划－五年计划－研究－中国－ 2016-2020 IV. ①D61

中国版本图书馆CIP数据核字（2017）第 236712 号

读懂中国改革 4——关键五年 2016—2020

著　　者：吴敬琏　厉以宁　林毅夫　等
出版发行：中信出版集团股份有限公司
（北京市朝阳区惠新东街甲 4 号富盛大厦 2 座　邮编　100029）
承 印 者：北京通州皇家印刷厂

开　　本：880mm × 1230mm　1/32　　印　　张：12.25　　字　　数：280 千字
版　　次：2017 年 11 月第 2 版　　印　　次：2018 年 5 月第 2 次印刷
广告经营许可证：京朝工商广字第 8087 号
书　　号：ISBN 978-7-5086-7985-3
定　　价：58.00 元

目 录

第三章 新常态下如何发掘改革动力

第四章 供给侧改革：中国经济的一剂良药

第五章 新科技革命，中国将坐上“头等舱”

第六章 真正的人口挑战将在10年后来临

第七章 深化制度改革才能解决增长与转型两难

第八章 “十三五”规划和中国经济的下一程

序

“十三五”规划期间中国经济发展的态势、机遇与挑战

林毅夫（北京大学国家发展研究院名誉院长）

2015年10月，中共十八届五中全会通过了“十三五”规划的建议，海内外高度关注，其中一个主要的关注点，则是“十三五”规划期间，我国经济发展的速度到底会怎么样。

中国有条件在2020年成为高收入国家

从国内角度看，对于速度的关心，是因为中共十八大提出的“两个翻一番”：到2020年的时候，国内生产总值要在2010年的基础上翻一番，城乡居民收入水平也要在2010年的基础上翻一番。

一般说来，10年国内生产总值要翻一番，每年的增长速度要达到7.2%，但是因为2011年到2014年国内生产总值增速都超过了7.2%，如果2015年的增长速度是7%，那么从2016年到2020年平均每年增长速度就要达到6.5%，国内生产总值就能在2010年的基础上翻一番。但是增长目标还有一个：城乡居民收入翻一番，也就是平均的国民收入也要翻一番。现在我国人口增长速度每年为0.5%，如

果国内生产总值的增速是 6.5%，要实现城乡居民收入也翻一番的话，就必须在收入分配当中，更多地往劳动者倾斜。另外一种方式是，在国内生产总值平均每年增长 6.5%的基础之上，再加上一个人口增长速度，也就是 7%的增长。

哪一种方式更好？两种方式都可以达到十八大的目标，但考虑到当前经济形势，平均每年经济增长速度在 7%以上，企业的盈利状况就有很大的压力，如果从 7%往 6.5%下滑，同时收入分配还要更多地往劳动者倾斜的话，更多企业的盈利水平则会受到相当大的挑战，比较好的方式还是在“十三五”规划期间，国内生产总值的增长速度最低尽量达到 6.5%，往 7%去靠近。

如果说经济增长速度能达到 7%的话，还有一个好处。在 2010 年，我国人均 GDP 是 4400 美元，翻一番是 8800 美元，如果在这个基础上增长 43%的话，到 2020 年我国平均人均 GDP 就可达到 12615 美元。这是一个很重要的指标，因为根据世界银行、国际货币基金组织、联合国的指标体系，人均 GDP 达到 12615 美元就算高收入的经济体了，这将是中华民族伟大复兴的重要里程碑。

目前人民币汇率已比 2010 年时升值了将近 40%，也就是说，在未来 5 年当中，如果人民币能再升值 5%左右的话，在 7%增长目标实现的状况下，到 2020 年，我国就应该有条件进入高收入国家行列。

经济下滑更多是外部周期性因素

国外对中国经济的增长速度也非常关注，主要因为近 10 余年我国每年对世界经济增长的贡献率达到 30%甚至更多。世界经济从 2008 年到现在还没有完全复苏，经济增长还很疲软。中国经济可以说是世界上经济增长主要的动力来源，如果中国经济增长速度也放缓了，世界经济下滑的压力会更大，所以大家非常关注中国的经济增长。这种对中国经济增长的各种关心和预测，也反映在国际大宗商品市场的价格波动上。

国内外很多人比较悲观，认为要实现6.5%以上的速度，有相当大的挑战。这种悲观论调，通常是认为从2010年以来的经济增速下滑，是国内体制、机制、增长方式有问题造成的，即由内因造成的。一般国内国外经验显示，如果是内因造成，通常改起来不容易。

我个人的看法是，中国作为一个发展中国家、转型中国家，国内经济当中确实有不少需要改革的体制、机制，需要按照党的十八届三中全会“全面深化改革”所讨论的内涵继续深化，不能忽视，必须面对。但2010年以后经济增长速度的下滑，更多是外部性、周期性的。

因为同样发展成熟的其他新兴市场经济体，比如巴西，2010年GDP增长速度是7.5%，2014年只有0.4%，下滑的幅度比我国大。另一个同样是新兴市场经济体且也是10亿人口以上的大国印度，2010年增速是10.3%，中国当年是10.6%，基本在同一个水平；印度2014年的增速，根据世界银行、联合国的统计指标，是7.4%，与中国7.3%的增速也基本相当，但因为在2012年时印度增速是5%，中国是7.7%，印度下滑厉害得多，因此有一个触底反弹的因素；此外，印度还在2012年改变了统计方法，这个改变让它的国内生产总值增长率增加了2个百分点，实际2014年增速也就在6%左右，比中国的7.3%要低。所以说，印度同样是10亿人口的大国，从2010年后经济增速也是下滑的，下滑速度比中国还快。总不能说中国的体制机制问题，造成巴西、印度的经济增长速度也跟着下滑吧？所以2010年以后经济增长速度下滑的主要原因，不是中国自己的体制机制所能说明的。

一些高收入、高表现但出口比重比较大的经济体，体制机制、增长方式的问题按理说是少的，但有数字可以证明，它们实际上在同一个时间段经济增长速度下滑，而且下滑幅度更大。韩国是一个高收入经济体，2010 年国内生产总值的增速是 6.5%，2014 年只有 3.3%，跌了一半。中国台湾 2010 年增速 10.8%，2014 年只有 3.5%，下滑了 2/3。而新加坡现在人均收入近 6 万美元，比美国收入水平还高，2010 年增长速度 15.2%，2014 年只有 2.9%，下滑的幅度更大。

这些高收入经济体，体制、机制、增长模式是没有多少问题的，但在同样的时间段内，经济增长速度也一起下滑，并且下滑的幅度都比国内大，所以从国际比较中可以很清楚地说明。

2010 年后国内经济增长速度下滑，最主要的原因是外部性的、周期性的。这些分析对“十三五”规划期间经济增长的判断，到底有什么借鉴？只有了解了在前段时间经济增长下滑的原因是什么，才能找到好的办法来解决这些问题，对症才能下药。

“十三五”规划期间整个国际经济还会相对疲软，因为从 2008 年国际金融危机以后，发达国家到现在还没有真正进行一些必要的结构性改革，让它能够恢复到一个比较正常的增长。因此，在“十三五”规划期间，我国对外贸易增长情形不容乐观，过去经济增长靠出口拉动，在“十三五”规划期间基本不太可能成为主要动力。

“十三五”规划期间有效的投资机会在哪里

“十三五”规划期间就必须更多地靠内需。内需有两块，一个是投资，一个是消费。那么投资和消费当中，哪一个比较重要？过去曾经有段时间，很多人说我国过去是投资拉动的，必须改成消费拉动的经济增长。我个人看法是，消费非常重要，是我国经济发展的目标，但要让消费拉动经济增长，而且是可持续的增长，前提是家庭的收入必须不断增加，否则靠消费来拉动增长，大家想想结果会如何？开始的时候，家庭靠储蓄来实现消费的增长，但储蓄用光之后，要继续拉动、促进消费的话，就要开始举债，过了一段时间，到了一定程度的时候，家庭就会破产——从个人看是家庭的破产，从整个社会看，肯定会出现经济危机。因此，不能忽视消费，但消费不断增长的前提是收入的不断增长，收入不断增长的前提，是劳动生产率水平的不断提高，怎么提高劳动生产率水平呢？必须是技术不断创新、产业不断升级。

那么，技术要不断创新、产业不断升级，就必须靠投资。然而，生产的东西很多，要卖出去，有交易成本。因此，在经济发展过程中，除了劳动力水平不断提高，也必须让交易成本不断下降。要怎样降低交易成本？这就决定于基础设施、交通、运输等状况，而基础设施的改善同样需要投资。

在这种状况下，讨论的重点是，在“十三五”规划期间有没有好的、有效的投资机会？如果有，这样的投资就会改善现在总的供给侧，改善供给侧以后，收入水平不断提高，而且产业结构不断调整，这种状况下消费也会不断提高，投入与消费都提高的话，经济就能够正常增长。仔细分析，我国还有很多很好的投资机会，比如产业升级。

固然，我国现在有不少产业出现产能过剩——钢筋、水泥、平板玻璃的产能过剩是事实，但这些都是中低端，可以从中低端往中高端升级。实际上，比如 2014 年我国进口的制造业产品就达到 1.3 万亿美元，这些产品技术含量、附加价值比国内高——不能生产才会从国外进口。即使国内不少产业有产能过剩，但是也可以从供给侧上面，往那些附加价值更高的、国内短缺的产业去投资，这是非常好的机会。

基础设施也是同样的情形。过去，国内基础设施进行了不少投资，但是过去的投资主要是连接一个城市到另外一个城市的基础设施，包括高速公路、高速铁路、机场、港口，等等，但是城市内部的基础设施，像地下铁路、地下管网就非常欠缺，而这方面的投资可以缓解交通拥挤、提高经济效益、降低交易费用，是非常好的投资，机会非常多。

还有环保方面。这些年，经济发展非常快，环境污染的程度也恶化得非常快。当然，经济发展过程中，国内的环境要越来越好，那就必须采用新的节能减排的、清洁能源的技术，应用这种新技术需要投资，这些投资同样有很高的经济回报、社会回报。

再是城镇化。我国现在城镇人口占总人口的比重是54%。发达国家一般人口城镇化的比例达到80%以上，而我国在经济发展的过程中，还要不断地进行城镇化，估计在“十三五”规划期间，每年城镇化率的提高会在一个百分点左右。那么，农民要进城，必须住、必须有公共服务，这都需要投资。

所以我国作为一个发展中国家，即使现在有不少产业是产能过剩的，但实际上好的投资机会，即能够提高生产率水平、降低交易费用、改善生活质量的投资机会很多，这是我国作为发展中国家和发达国家最大的不同。

发达国家2008年以后出现危机，到现在六七年时间过去了，经济还是非常疲软，需要好的投资机会去启动经济、启动增长、创造就业，但发达国家的产业都已经在世界最前面，很难知道下一个新的、有获利能力的产业是什么，即使有也就一两个，如3D打印，等等，不足以拉动整体经济增长。从基础设施来看，发达国家基础设施普遍已经完备，无非比较老旧。而老旧基础设施改造的回报，远低于短缺基础设施的投资。环保方面，发达国家环境相对也比较好，已经走过了污染的阶段，环保进一步完善的空间也非常小。城镇化方面，发达国家则已经完成了。所以，面对同样的经济下行压力，发达国家确实不容易找到有高经济回报、社会回报的投资，但是发展中国家这方面机会还非常多。

有好的投资机会，还必须有好的投资资源。这方面我国相比其他国家好多了，因为现在中央政府与地方政府加起来的负债率只占国内生产总值的56%，而一般发达国家、发展中国家的负债率都超过100%，所以我国利用积极财政政策的空间比其他国家大得多。不仅是政府可以用积极的财政政策来支持投资，我国民间储蓄还高达GDP的50%，这在全世界属于最高水平，也就是说，可以用政府的投资来撬动民间的投资。此外，投资需要进口机器设备，需要外汇，而我国现在有3.5万亿美元的外汇，在全世界也属于最高水平。而其他发展中国家面临经济下行时，一样有好的投资机会，但可能政府的财政状况不好，或是民间储蓄太低、外汇储备不足，因而不能进行有效的投资。

如果把这些有利的机会结合起来，投资那些能够改善供给侧结构的、短缺的、附加价值高的、必须从国外进口的产业，而不是投资过剩产能的行业，就能改善产业结构，并且短期能创造需求、创造就业；有了就业，家庭收入就会增加，从而消费就会增加。把这些因素考虑进去，相信我国实现6.5%以上的经济增长完全有可能，并且有可能实现习近平总书记在今年联合国大会上讲的，中国有条件、有能力在“十三五”规划期间保持7%的增长。

总结来说，这段时间大家对未来发展前景有很多关心，这些关心的原因是正常的，但是过去分析的时候经常把供给侧与需求侧对立起来，实际上从前面的分析看，供给侧与需求侧，完全可以统一来考虑，这也就是李克强总理最近讲的，在2016年与未来，可以在供给侧与需求侧同时发力。而且，在需求侧的政策，主要是用来解决我国经济发展当中属于瓶颈的因素，不管是产业、基础设施还是环境等方面，这类投资短期是需求，长期可以提高我国生产力水平、降低交易费用，让我国的经济可以持续发展。

如果把这些条件都用好的话，那么“十三五”规划期间我国应该可以实现6.5%以上的增长，而且很有可能实现每年平均7%的增长，这样的增长目标实现了，党的十八大提出的“两个翻一番”的目标也能实现。并且，现在人民币与2010年比已经升值了将近40%，如果我国每年有6.5%以上增长而发达国家只有3%的增长，就代表我国劳动生产率每年的增长速度，比发达国家高4个百分点以上，人民币会进入持续性的升值，因此在未来5年，再升值5个百分点左右完全有可能。如果能够实现预期的话，到2020年，我国人均GDP按照当时的汇率来计算，应该可以达到12615美元以上，也就是说，可以进入高收入国家的行列。

而且6.5%以上的增长，虽然比9.7%增长下调了将近30%，但是我国GDP占全世界的比重，2014年是14%，未来可能还会增加，即使是6.5%的增长，我国每年对世界经济增长的贡献，仍会维持在30%甚至更高，依旧是世界经济增长的主要动力。

（本文原载于《中华工商时报》）

第一章

中国经济面临的十大尖锐问题

中国经济在经历了30多年的高速增长后，已进入经济增速换挡、经济结构转型、提质增效升级的新时期。一国特定时期的经济发展总是在各种机遇和挑战中前行的。认清了挑战，才有可能应对好挑战。过去的历史反复证明，我们就是在应对一个一个挑战中不断前行的。

用大规模投资拉动增长不可再行

吴敬琏（国务院发展研究中心研究员）

2010年以后，中国经济增速下行，市场疲软，不少企业发生财务困难。当前，中国经济如何应对、采取什么样的风险控制和化解措施、治本之策在哪里，这些问题值得思考。

过去高增长主要靠大规模投资

对于中国如何应对困难和回避风险，官产学各界人士运用不同的分析方法，提出了不同的方略。

一种是从需求侧的三个构成要素——投资、消费和净出口入手进行分析，认为问题的根源在于上述“三驾马车”的动力不足。由此提出的对策，是采取刺激政策，多发钞票，多上投资项目。2009年用4万亿元投资（两年）、10万亿元贷款进行刺激，虽然造成了增长率的短期回升，但货币超发、负债增加等消极后果也同时发生，成为需要长期消化的负担。

2012年以后，又多次采用增加投资的办法刺激经济，但正面效果越来越差，负面效果越来越大。一方面是投资的增速效应递减；另一方面，投资高速增长却没有足够的资源支撑，使国民资产负债表的杠杆率不断提高。在杠杆率过高的情况下，一些企业和地方政府发生偿债困难就不可避免。更危险的是，如果杠杆率继续提高，发生系统性风险的可能性将会大大增加。

另一种分析方法是从供给侧驱动经济增长因素出发进行分析。经济增长的基本驱动因素不外三个：新增劳动力、新增资本投入（投资）和效率提高。近年来不少中外经济学家运用这种方法进行分析，对中国改革开放以来为什么能够高速增长和目前增长速度为什么持续下降都有很强的解释力。过去 30 多年的高速增长是怎么来的呢？主要是靠大规模的投资，但还有一些其他的因素。

一个因素是大量新增的劳动力，也就是中国社会科学院蔡昉教授所说的“人口红利”。还有一个因素是效率的提高。改革开放对提高效率产生了十分积极的影响。

维持高增幅的因素有的已消失

现在的问题在于，以上这些有利于维持高增幅的因素，有的正在缩减，有的已经消失。首先，正如前面已经说过的，用大规模投资拉动增长的做法造成的消极后果尚待消化，不能再用这种办法增加困难。

其次，长期实行“一胎化政策”和出生率下降，使“人口红利”逐步消失，不能指望新增劳动力对经济增长做出贡献。蔡昉教授在 2006 年就已指出，他们前三年的调查发现，“刘易斯拐点”已经出现，剩余劳动力无限供应的情况已经不复存在。

再次，我国进入城市化的后期，由所谓“库兹涅茨过程”，即由原来在农村低效利用的土地、劳动力等资源转移到城市所促成的效率提高也进入了尾声。

最后，随着中国一般技术水平跟西方国家相接近，用简单引进外国设备和技术的办法去大幅度地提高自己的技术水平就变得不大可行了。

在人口红利消失、投资回报递减、杠杆率提高的情况下，只有提高所谓索洛余值，即技术进步、效率提高对经济增长的贡献，实现全要素生产率（TFP）的提高，优化结构，促进创新，实现经济发展方式从粗放发展到集约发展的转变，才能突破目前的困境。

只有通过技术进步提高效率，东部地区才能在劳动密集型产业向内地或国外那些劳动力成本更低的地区转移以后，创造新的经济增长点。

需要注意的是：实现经济增长模式转型或经济发展方式转型，是在 1995 年《中共中央关于制定国民经济和社会发展第九个五年计划和二〇一〇年远景目标的建议》中提出的，至今已经过去了四个五年计划。

这个关系重大的任务经过整整 20 年还没有实现的原因是什么？2006 年总结“十五”计划的教训时就已得出结论：症结在于实现这一转型存在“体制性障碍”，关键在于能不能通过全面改革建立起一套有利于创新和创业的体制。

前期释放流动性刺激了股市泡沫

从以上的分析可以看到，当下正确的方略，是在通过一系列措施控制和化解风险、保证不发生系统性风险的前提下，把主要精力放在切实推进改革上。

尽快建立党的十八届三中全会所要求的“统一开放、竞争有序的市场体系”，推动经济发展方式的转变，以便从根本上消除系统性风险的根源，确立效率驱动持续稳定发展的新常态。

为了堵塞漏洞和化解风险，需要采取多方面的措施。

第一，妥善处理各级地方政府的债务。第二，制止回报过低和完全没有回报的无效投资，例如各地不问效果、蜂拥而上的“铁、公、基”项目等。第三，停止刚性兑付，以便降低无风险利率水平和防止道德风险。第四，动用国有资本偿还政府的或有负债。第五，停止对“僵尸企业”输血，并对资不抵债的企业实行破产清盘和破产保护下的重整，化大震为小震，使局部性风险得以暴露和释放，而不致积累成系统性风险。第六，采用证券化等手段，通过资本市场消化金融系统的不良资产。第七，努力盘活由于粗放增长方式造成无效占用的死资产存量，例如各地“晒太阳”的开发区。

由于存在经济下行压力和出现突发性金融风潮的可能性，因而还需要以短期政策作为补充，维持宏观经济的基本稳定。我认为，2014年12月中央经济工作会议提出的“积极的财政政策要更有力度，货币政策要更加注重松紧适度”是正确的，应当审慎地加以实施。

各国救助金融危机的经验表明，在资产负债表出现问题、资产泡沫破灭的情况下，由于人们都要“捂紧钱袋子”和保持流动性，扩张性货币政策对提振经济并没有太大效果。

前一时期释放的流动性并没有达到支持实体经济的目的，却刺激了股市泡沫的膨胀，就是明证。因此，即使在需要采取适度的扩张性宏观经济政策进行刺激时，也主要应采取财政政策，而非货币政策。货币政策要把提供必要的流动性和去杠杆结合起来，不要变成大水漫灌，进一步提升杠杆率，加剧风险积累。

增加积极财政政策的力度意味着增加赤字。目前我国预算赤字离公认的警戒线还有一些距离，增加财政政策力度还有一定的空间。增加赤字有两种办法：一是增加支出，二是减少收入。在目前的状况下，我倾向于更多地采用普惠式的减税，因为现在一个大问题是企业家们对未来的经济增长缺乏信心，没有投资的积极性。

近期汇率波动较大、人民币贬值预期增强，资金外逃也在增加，这也与信心不足有很大关系。需要改善营商环境，提高企业家们的信心。减税会对提高企业的积极性有所帮助。当然，这不是主要的，还需要针对他们的思想顾虑和实际困难采取一些其他措施，例如纠正某些地方发生的冤假错案，积极改善营商环境，来扭转这种消极倾向。

加快建立官员职权的正面清单

既然推进改革开放是克服当前困难和确立新常态的治本之策，切实推进改革，就变成各项工作的重中之重。

早在党的十八大召开前后，就已经按照建立竞争性市场体系的方向进行了一些试验性的改革，比如企业注册登记的便利化、营业税改增值税等等，并且取得了有目共睹的成效。过去许多年领导一再号召要加快服务业的发展，却一直未能实现。

最近几年，在上述改革的推动下，服务业发展取得了很好的成绩，这使我国就业情况在GDP（国内生产总值）增速下降的情况下得以保持较好的状态。有的经济学家认为，中国需要用增加投资的办法维持8%以上的增长率，是因为要保就业。保就业当然是必要的，但是把就业情况和GDP增长之间的关系看成线性的，认为要保就业就必须保增长，这种观点从学理上说是难以成立的。

因为增长有个结构问题，有的行业增长1%，它的新增就业可能超过1%，有的行业增长1%，它的新增就业却可能不到1%。我们过去大量投资建设的资本密集型产业，雇用员工的数量就比普通服务业要少得多。所以，由于产业结构的变化，在同样的GDP增长率的条件下，就业的情况却有很大的不同。

党的十八届三中全会和四中全会以来，改革开放也取得了一些新进展。但是，各方面改革的进度差异很大。即使进展比较快的行业和部门，也还有不少不尽如人意的地方。

例如，金融领域在推进利率市场化和汇率市场化方面取得了较快进展。但是，在其他方面，比如完善市场监管制度方面就进展得很慢。最近发生市场波动以后，出现了股市注册制改革将要推迟的传言，引起了人们对改革放缓的担心。

国有企业掌握着大量重要资源并且在许多重要行业中处于支配地位，因此，如果国有企业仍然处在效率低下的状态，国民经济效率就很难得到提高。最近下发了《中共中央、国务院关于深化国有企业改革的指导意见》。这一文件较之前几个月的征求意见稿有一些进步。

但是有些思路还不够清晰。例如，在国有企业定位和“做强做优做大”的问题上，就有和党的十五大、十五届四中全会决定不相衔接的地方。对于如何贯彻党的十八届三中全会对国有企业的管理要从过去“管人、管事、管资产”转向以“管资本”为主的决定，也不十分清楚。这些问题都会对国有企业改革的效果产生重要影响。

民气和民力，是我们克服困难、构建繁荣可以依靠的基本力量。现在的一个大问题是相当一部分企业家缺乏投资的积极性。因此亟须采取有力措施，扭转偏向，改善环境，使企业家建立对未来的信心。

中国（上海）自由贸易试验区和其他自由贸易试验区正在进行一项具有历史意义的试验。正如习近平总书记所说：进行自贸区试验的意义在于适应贸易和投资便利化的大趋势，“营造市场化、国际化、法治化的营商环境”。

目前正开始在其他地区复制推广上海自贸区的经验，这意味着对外开放新局面的全面展开。行政领导部门要从促进贸易和投资便利化的大局着眼，为开辟这个新局面做出贡献。

现代市场经济的有效运作，离不开党政官员在创设良好的营商环境和提供公共服务方面的作为。强力反腐以来，一些党政官员“乱作为”的情况大为收敛，但“不作为”的情况却有所蔓延。这既是源于这些官员“为人民服务”意识的不足，也与官员职权不够明晰、使人认为“多做多错、少做少错、不做不错”有关。中纪委书记王岐山以前说过，先治标后治本，用治标为治本赢得时间。

我觉得，在反腐高压态势已经确立的情况下，应当大力加强制度反腐，把权力关到法治的笼子里。与此同时，要按照李克强总理指出的政府“法无授权不可为”的原则，加快建立官员职权的正面清单，使官员行使职权有章可循。

（本文原载于2015年11月18日《新京报》）

中国经济发展面临八大新挑战

李佐军（国务院发展研究中心资源与环境政策研究所副所长、研究员）

一国特定时期的经济发展总是在各种机遇和挑战中前行的。抓住机遇很重要，应对挑战同样很重要。认清挑战是应对挑战的前提，其实挑战本身并不可怕，可怕的是我们不知道挑战在哪里，稀里糊涂地倒在挑战面前。认清了挑战后，就有可能应对好挑战，因为过去的历史反复证明，我们就是在应对一个一个挑战中不断前行的。

中国经济在经历了30多年的高速增长后，已进入经济增速换挡、经济结构转型、提质增效升级的新时期，国际经济政治格局也在重组，人口、资源、环境、技术等都在发生重大变化，开始遇到许多新挑战。

挑战一：国际环境变化

从国际经济环境来看，在经济全球化的同时，“贸易保护主义”重新抬头，针对中国产品的反倾销增多。为了应对国际金融危机，美国等发达国家开始推进“再工业化”“再制造业化”，对中国制造业的发展形成了正面的竞争。随着美国经济的持续复苏，美元开始进入升值周期，已经开始加息，导致国际资本市场、汇率市场和大宗商品市场出现动荡，中国热钱面临外流的压力，对国内本已紧张的资金链构成了威胁。从国际政治格局来看，在中国经济总量上升到世界第二位后，国际社会对中国的戒心增加，部分领域的国际环境在恶化。随着美国开始重返亚太，推出TPP（跨太平洋伙伴关系协议），周边国家与中国的摩擦不断增加。所有这些国际环境的变化都对中国的经济发展带来了新挑战。

挑战二：人口老龄化提前到来

在持续30多年的人口计划生育政策后，“老龄化社会”提前到来，“人口红利”逐步消失，经济高速增长难以为继。一方面，人口老龄化日趋明显。国家统计局数据表明，我国老年赡养比从1999年的10.2%上升到2010年的11.9%；2011年65岁及以上人口占总人口的9.1%，老年赡养比上升到12.25%；2012年65岁及以上人口占比上升到9.4%；2014年65岁及以上人口占比10.1%，首次突破10%。据联合国2011年5月发布的《世界人口前景2010》预测，2030年中国65岁及以上人口组占比为16.47%。有关专家预测，到2050年中国老龄人口将达到总人口的三分之一左右。另一方面，近年来劳动年龄人口占比开始下降。国家统计公报显示，2011年中国15~64岁劳动年龄人口占总人口比重为74.4%，比2010年微降0.1个百分点，总抚养比由34.17%上升到34.35%。2012年劳动年龄人口占比为74.1%，较2011年继续下降0.3个百分点。这意味着“人口红利”消失的拐点开始出现。据联合国2011年5月发布的《世界人口前景2010修订本》预测，2030年中国人口数量为13.93亿，0~14岁人口组占比为14.61%；15~64岁人口组占比为68.92%。据此计算，2030年总抚养比为45.1%，较2011年的总抚养比34.4%上升10.7个百分点。

挑战三：资源环境恶化

资源环境恶化突出表现在资源短缺、环境污染压力加大上，资源短缺、环境治污都会加大经济发展的成本。先行发达国家在高速推进工业化城镇化时大多只有几百万或几千万人口，且可以通过殖民掠夺来满足资源能源需求。而中国拥有近14亿人口（比先行发达国家的人口总和还多），正处于高速工业化城镇化过程中，需要消耗大量资源能源，且不能靠殖民掠夺，必须通过国际市场去购买，故资源短缺带来的国际资源能源市场的波动都会对中国的经济发展产生很大的影响。而且，国内比较容易开采的矿产大多开采得差不多了，越往后开采成本越高，价格要进一步上涨。同时，环境污染治理的压力也越来越大。2008年中国的二氧化碳排放量已居全球第一，到2020年前后，全球30%左右的碳排放量都可能由中国贡献，届时将面临前所未有的国际压力。中国推进低碳发展面临几个特殊挑战：正处于工业化城镇化快速推进阶段，属高碳排放阶段；资源禀赋结构是“多煤、缺油、少气”的高碳结构；在国际分工体系中处于高碳的加工制造环节；粗放发展模式具有一定的“锁定效应”。

挑战四：经济增速换挡

经济增速换挡与经济周期性波动不同：经济周期性波动是经济增速下来了还可以再返回原来的高度，而经济增速换挡则是下来了就不能再返回原来的高度，由此带来的挑战远大于周期性波动带来的挑战。2010年一季度GDP增速曾达到12.1%的高度，自2010年二季度以来，中国经济增速持续下行，直至2015年二季度的7%。从目前的情况来看，经济底部还未探明，继续下行的可能性很大。这种趋势显然已不能完全用周期性波动来解释，而是属于由原来的高速增长向中高速增长换挡。经济增速换挡会带来一系列挑战：经济结构必须调整，部分行业萎缩，部分企业面临破产；市场需求减少，订单减少；就业岗位减少；财政增收困难；金融风险加大等。

挑战五：经济结构调整

在市场经济制度下，经济结构变化本是一个自然的历史过程，但在中国政府主导经济发展的体制下，经济结构部分被扭曲了，如经济增长动力结构过分依靠“三驾马车”，产业结构过度依赖对GDP贡献较大的工业，区域结构过分偏重沿海发达地区，生产要素投入结构过度偏重劳动力、土地、资源等一般性要素，财富分配结构偏重国富等，由此带来了一系列问题，到了必须调整的时候了。同时，随着经济增速换挡、国际竞争压力加大，经济结构调整也是势在必行。但经济结构调整并非易事，历史上日本和拉美都经历过这种调整，但因没调整好而陷入“中等收入陷阱”或“高收入陷阱”。我们现在也面临这种挑战，如随着“三驾马车”效力减弱，须依靠制度变革、结构优化、要素升级“三大发动机”，但后者启动需要假以时日；产业结构调整需要淘汰落后产能，但淘汰落后产能是有成本和代价的；生产要素投入结构调整则面临着人才、技术等高级要素相对稀缺的挑战。

挑战六：前期刺激政策的消化

2008年国际经济危机爆发以后，我们推出了“4万亿元”投资等刺激政策。这对当时的保增长起到了明显的作用，但由于退出不太及时，也带来了产能进一步过剩、债务负担加重、资产价格泡沫增加等副作用和后遗症，以至于近年来不得不逐步消化前期刺激政策带来的影响。但刺激政策上去容易下来难，因为经济已对刺激政策形成了依赖。刺激政策的退出需要高超的技巧，需要把握好度：退快了退多了，经济就可能稳不住，且容易引发系统性风险；退慢了退少了，则经济风险会继续累积，且延迟经济改革和结构调整。如何处理好其中的平衡是一个巨大的挑战。

挑战七：社会转型压力加大

2014年中国人均GDP约为7485美元，已进入中等收入阶段。根据国际经验，在中等收入阶段，社会转型的压力明显加大，因为在此阶段贫富差距容易扩大、社会容易失范、公平诉求超过效率诉求、经济发展的社会成本增加等。近年来，中国已明显感受到这方面压力的加大。要缓解社会转型压力，一方面要通过针对社会公平的改革，理顺各主体之间的责权利关系，公平分配权利；另一方面要拿出大量的真金白银来大力发展养老、医疗、住房、教育等社会事业。但随着经济增速的换挡，经济的持续下行，政府财政收支缺口加大，债务负担加重，许多地方政府无力承担越来越重的社会事业支出责任。如何在经济增速换挡时期维护好社会稳定是一个不小的挑战。

挑战八：改革难度增加

经济发展必须依赖改革，但中国改革已进入“深水区”，进入不得不“动奶酪”的阶段，进入全面改革的新时期。新时期的改革难度大大增加，原因：一是改革对象更复杂了，不仅要继续改革尚未改完的计划经济体制，还要改革过去改革过程中形成的“过渡型扭曲体制”；二是改革协调难度增加了，不仅要协调经济改革内部的各项改革，而且要协调经济、政治、文化、社会、生态、党建“六位一体”的改革；三是改革的阻力增加了，改革到了必须动既得利益集团奶酪的时候，会遇到极大的阻力；四是观念障碍增加了，很多人将贫富差距拉大、腐败严重等问题归咎于市场化改革，因而对部分改革产生了怀疑。

（本文原载于《中国经济时报》）

中国经济面临的十大尖锐问题

厉以宁（北京大学社会科学学部主任、光华管理学院名誉院长）

第一个问题：新常态和适应新常态

究竟什么叫新常态？用最简单的语言来概括就是按经济规律办事，不做违背经济规律的事情。前几年我们热衷的高速增长，实际上是不符合经济规律的，因为实践已经证明，高速增长会带来五个重要的弊端：资源过度消耗，生态破坏，产能过剩，低效率，错过结构调整、转变发展方式、科技创新的大好时机。

2008年国际上发生了金融危机，在这个过程中，许多发达的西方国家，比如美国、德国、日本都在抓紧技术创新。而我们错过了这个机会，我们这个时候仍然要大力追求GDP的增长，这样我们在结构调整、经济方式与发展方式的转变和技术创新方面错过了时机。我们再进一步考察，适应新常态要怎么适应呢？首先要适应中高速增长，而不要再像过去那样追求GDP的超高速增长。因为“超高速”不符合经济规律，经济越发展基数越大，每增长1%所代表的内涵远远超过了过去GDP低的时候。我们应该认识到，适应新常态就是要适应结构的不断调整，经济方式的逐步转变，尊重市场规律。

第二个问题：第三产业产值突破GDP占比51%的意义

2015年第三季度结束的时候，国家统计局公布了中国的经济现状，第三产业的产值达到了GDP的51%。今天，发达国家第三产业的产值一般要占到60%到70%，2015年第三季度，中国的第三产业产值到了51%，这是中国转向后工业化时期的开始。

转向后工业化时期实际上说明，我们更应该注意到经济的变化。第二产业为主的时代，经济增长是可以上去的，不一定上到那么高，但各种情况不一样。到了第三产业占优势的时代，西方发达国家能维持3%，顶多4%，他们认为已经是很了不起了。很多国家还停留在3%以下，所以中国在这个阶段应该注意到，关键还是在结构调整，在转变经济发展方式，而不再是追求数量性的扩张，结构调整比总量要重要。1840年，中国和英国发生了鸦片战争，当时中国的GDP是全世界第一，比英国多多了，可是结构不一样。英国1770年就已经开始工业化了，到鸦片战争的时候工业化进行了70年。英国的GDP首先是靠钢铁、机械制造、蒸汽机、铁路建设，英国棉纺织品是用机器纺织，打到世界。而中国的GDP虽然大，但以农业、农产品为主，加上少数的手工艺品，中国的棉布是手工制造的。

中国向英国出口茶叶、丝绸、瓷器、桐油、猪鬃，而英国向外出口的主要对象是西欧大陆，出口的产品是蒸汽机、钢铁。结构比总量更说明问题，因为英国的产品结构重新组合以后，站在了技术进步的前列。另一个重要的结构，大家容易忘记的是人类资本的结构。中国那个时候号称4000万人，英国那个时候才一两千万人左右，论人力资源的数量中国远远超过英国。英国小学已经普及了，当时还创办了很多中学，也新建了一些大学，每年培养出大量的科学研究人员、工程师、经济管理人员、金融方面的专业人员。而中国鸦片战争的时候是什么样子？大多数是文盲，少数读书人读的是四书五经，是为了考科举。中国有几个人懂近代的科学技术，有几个人懂现代的金融？所以结构问题是非常重要的，不调整结构实际上我们是跟不上的。

第三个问题：大力发展第三产业和继续推进工业化并重

这是我们当前最重要的问题。为什么要并重？因为中国并没有实现工业化，一个国家实现工业化主要看什么？主要是看高端成套设备的制造能力，高端的成套设备生产在经济中应该占据突出地位，中国离这个距离还远。我们强调继续实现工业化，正是要把中国经济推上新台阶，因为高端成套设备制造在中国还不如西方的发达国家。

在这个过程中，第三产业也要发展，第三产业的发展主要是靠什么呢？主要靠消费者，这主要有两点。第一是消费者有足够的收入，这样才能扩大消费。我们现在人均收入在世界上至少还是中后，但是要发展的话，消费能力是最重要的。二是要有消费意愿，这就要让消费者愿意购买，而且愿意在国内购买，跑到国外买对中国的经济没有太大影响。

不久前我在河北进行调研的时候，被一批企业家围住了，让我讲几句话，我讲了四句话。

第一，让产品更个性化。就是要抓住消费者的习惯、爱好，提供他喜欢买的、愿意买的。

第二，让服务业更加人性化。服务业在第三产业中是占重要地位的，但服务一定要人性化，板着面孔在那儿，爱买不买，这样消费者就不来了。所以让服务业更人性化，是我们创造市场、创造新产品销路的重要方面。

第三，把品牌打到国外。中国的制造业很多是国内有名的，在国际上没有名，所以一定要把品牌打到国际市场上。将来的竞争实际上是品牌的竞争，品牌是靠不断的技术创新维持的。

第四，把顾客留在国内。这不仅是企业本身的问题，而且和外国产品进口的关税有关系。

我们要背水一战，把中国的制造业搞上去，这是对的。但是光有决心不行，一定要有行动。该关的关，该停的停，该重组的重组，要下这样的决心。这里面既包括对国有企业改革的希望，也有对民营企业转型的希望。

第四个问题：国有企业、民营企业都需要改革和转型

国有企业改革和转型分两个层次。第一个层次就是国有资本的管理。国有资本的管理专门成立国有资本、基金公司也好，投资公司也好，运营公司也好，高层只管资本，管资本怎么运行，这样的目的是提高资源配置效率。

国有企业第二个层次的改革是在企业。怎么改？让国有企业独立经营，投资者派董事组成董事会以后，企业服从董事会的决议。中国今天是国家管资本，让资本变活，产生资源配置效率，这是上层的改革。下层的改革是国有企业股份制，根据投资情况组成董事会，因为行业不同，国家控股的大小是不一样的，这是根据情况来定的。独立经营主要依靠健全的法人治理结构，包括股东会要起作用，董事会要起作用，还要有职业经理人。职业经理人在全世界企业发展过程中都是一个必经的阶段。因为原来都是家族企业，家族企业最后到了第二代，能不能维持？还可以。到了第三代，企业能不能再这样下去？一定要看职业经理人制度是否产生，职业经理人有一个供给方和需求

方，双方才能取得协调，这样的话管理效率就提高了。

现在中国还没有职业经理人市场，职业经理人不可能像一般的工作者拿着自己的简历到处上门。所以这需要有职业经理人的建设或是猎头公司，人才到他们那里登记，他们帮职业经理人去找、去谈。

职业经理人制度是慢慢在德国推广开来的，这对我们今天民营企业来说是有借鉴意义的。今后的民营企业走职业经理人道路是有潜力的，潜力在哪里？国有企业过去是国资委主管企业，国有企业领导者退休、辞职以后，可以加入职业经理人队伍，职业经理人是责任制、任期制。所以说，转型是很重要的。

还有一个问题，民营企业同样需要转型。我在广东调查民营企业，有的企业感到产权不清晰，比如三个儿子都在父亲经营的时候出过力，父亲去世了产权怎么分？分的话，谁出力多少没记录，所以争得不可开交。民营企业的转型必须产权清晰，过去对家族成员是含糊的，所以矛盾就出在家族成员争夺产权，每天处在内乱中，这样的企业还能搞好吗？所以民营企业第一条先得根据家族成员的情况，谁付出多少要清清楚楚。另外，要早日选定接班人。中国无非用两个办法选接班人：一个办法就是从贤，谁最贤我挑谁；二是亲，谁跟我最亲，我最喜欢哪个儿子我就选谁。这都是有问题的。

亲中选贤或贤中选亲都不行，维持一段还会出问题。最后也应该是职业经理人制度。职业经理人可以经过考察、推荐、试用，最后转化为持股合伙人，企业就延续下去，这都是国外的一些经验，对我们来说很多地方可以参考。

中国有中国的国情，究竟在什么样的程度上做这件事？先把职业经理人的市场建立起来，这样就能适应第三产业的进一步发展，也适应制造业的进一步发展。

第五个问题：要看到一、二、三产业协调发展的重大意义

中国的经济要想保持中高速增长，一、二、三产业一定要协调发展。一是农业。中国是农业大国，农业不发展，全世界谁供应得起这么多人消耗这么多粮食？

二是工业。主要是制造业，特别是高端制造业，高端成套设备的制造业应该快速发展，不然我们始终是世界的制造中心，但不是高端的。而且创造还是在西方。制造业要认识到自己的压力，压力在哪儿？中低端的产品成本不如东南亚，高端的产品技术不如西方发达国家，这就是压力，所以说第二产业也一定要搞好，要协调发展。

三是第三产业。商业、零售、消费、服务业，都需要进一步发展。

第六个问题：结构调整和科技创新只有进行时，没有终点

我们一定要设法让更多人参加到创业、创新的潮流中来。比如现在一些新的创业者根本就不用上班，也没有企业，就在自己家里接订单，按合同完成任务，这是一种新的情况。鼓励一般的农民回乡创业，要推行三个清单，简政放权，这个非常重要：第一个清单是负面清单，规定了什么行业不能进去，什么行业限制进入，这是负面清单；第二个清单叫权利清单，就是法律没有授权给你的不能做，法律授权给你的才能做，不然政府就违法；第三个清单叫作责任清单，就是政府、政府下属的部门在执法、执政的时候必须按程序办，必须按规定的日期批，这就可以制止乱作为和不作为。

这三个清单对我们下一步创业是重要的，第三产业有大量的个人从事服务工作，有服务性的企业，新企业不断出现，就便于开展结构调整了。

第七个问题：新常态下的宏观调控

经济要走市场化的道路，但是宏观经济调控又是必须存在的，这两个不矛盾，主要是方式要转变。除非在紧急情况下，宏观调控今后应该注重微调、预调、定向调。什么叫作微调？就是做轻度的调整。预调是发现问题即将来临，预先采取一些防止措施。定向调就是结构性调整，不是大水漫灌，而是有的放矢，是什么问题就解决什么问题。

所以在调控的过程中，应该根据具体情况来做，非到紧急状态，一般不要采取过大的措施。今后宏观调控的方式要把政府的作用结合起来，政府的第一个任务是执法，依法授权依法治国。政府的第二个任务是通过宏观调控，保持经济基本稳定。另外政府的宏观调控在某种程度上要起到集中引领、规划的作用，为了使将来怎样走、方向在哪里都定得清楚，我们对宏观调控的学习应该是经常性的。

第八个问题：新人口红利

现在一般都说，中国的人口红利已经用完了，这话不准确。旧的人口红利的确是在消耗的过程中。现在劳动力不好找，甚至有经济学家预言，10 年之后找不到保姆了。旧的人口红利的确是在消失，工资的上升是必然的，因为物价在上升。

要创造新人口红利，主要有三个来源。一是看清楚今天大量的创业创新者，将来会成为中国的新人口红利。上千万人在创业创新，有 10% 的人多少能成就点事业，百分之一、千分之一能成为大的企业家，就能对中国经济产生重大的影响，这就是新人口红利的第一个方面。二是大量职业技术学校毕业的学生。他们找工作能发挥自己的专长，将来也有可能进一步提升为熟练工人。三是农民。现在很多地方的农民开始学家庭农场的思维，农民要学技术，农民要懂得管理，这是西方农业发展的结果，也是将来中国要走的路。这样就可以说，中国不仅将会有新的红利，而且中国的人口多，新人口红利数量也是惊人的。

还有一点要注意到，蓝领、白领工人的界限正在逐步消失。《北京青年报》头版登过一篇报道，北京的环卫工人坐在计算机边上操作，这就产生了一个问题，这些技工过去凭体力去扫马路、清垃圾，现在用计算机指挥，运用机械设备在做。危险的工作由机器人去做，所以蓝领和白领的界限将来会逐步消失。

第九个问题：当前农村的两个突出问题

我带调研组到陕西调研，发现汉中市遇到一个新情况：汉中市下了死命令，原有的工厂有污染的全迁走，保证汉江水的清洁。汉江两岸的农田不准打农药、不准施化肥。汉中又很贫困，怎么扶贫？这就要因地制宜了。

汉中市的西乡县我们去看了，西乡县把沿江、沿河两边的山林、丘陵和农田改成种茶树，因为有很好的茶叶，就把茶树作为主要的产品。打工的人回到老家，要么种茶树，要么做茶工，而且茶树是不使用化肥也不打农药的。这完全是可以因地制宜脱贫的。

另外，现在农村有一个陋习影响越来越大，什么陋习呢？送份子钱、送红包，同村的人婚丧嫁娶都得送，所以负担不了，外出到深圳打工的陕西汉中的民工春节不回家，春节过了悄悄回家，为什么？怕送红包。

第十个问题：发挥第三种调节的作用

我们都知道市场调节是第一种调节，政府调节是第二种调节，那就要问了，有没有第三种调节？肯定有，怎么说有呢？几千年前有商品交换，所以市场不过几千年前才有的事情。政府调节的出现那就更晚了。那么在漫长的岁月中什么力量在调节？人类社会在调节，是道德力量的调节。

我们可以这么说，有市场、有政府以后，道德力量调节起着重要的作用，我们要把这点认识得很清楚。道德调节实际上就是一种文化调节，没有文化调节不行的。道德调节首先是自律，自律是对自己文化、道德的约束，互相帮助也是一种民间的传统，也体现着道德调节的力量。

这里我们可以进一步认识到，我们都在谈效率，效率有两个基础。一个是物质技术基础，要有一定的物质技术，没有物质技术是不可能有效率的。效率的另一个基础是什么呢？那就是道德基础。重要的问题在于，有效率的物质技术基础只能产生常规效率，那么超常规效率从哪里来？超常规效率是道德基础产生的。

10 年来，中国为过热增长付出了哪些沉重代价

樊纲（央行货币政策委员会委员、中国经济体制改革研究会副会长）

中国经济的基本问题，现在是产能过剩、通货紧缩。我们连续 44 个月生产者价格指数是负的，上一次是 20 世纪 90 年代的时候，31 个月。另外，还有债务问题等。这些问题是经济周期过程当中低迷时期典型的情况。低迷是因为前面发生了过热，还有很多政策性的问题。我们现在正在进入一个低迷时期，这是一个调整的过程。

10 年两次经济过热带来哪些教训

第一个教训，谨防过热。现在我们这些问题，都是前几年两次过热的后遗症：2004 年至 2007 年一次，后来为了应对世界金融危机，我们刺激一下经济，然后 2009 年至 2010 年又一轮过热，两次过热叠加在一起，过热的程度比 20 世纪 90 年代初还严重。90 年代初那次过热之后进行了调整，也是产能过剩，也是通货紧缩，也是企业倒闭。当时 8 年的时间，低迷、下滑，然后在低迷的情况下调整，一直到 2002 年都有通货紧缩。这些很多人不记得了，以为我们永远是 10% 以上的高增长。

14% 的那种高增长，一定会产生经济过热。防过热，防的不是

过热的那点事，防的是现在这点事。那时候大家都不理会，那时候日子过得好、高兴，宏观调控要抑制过热，大家都反对。我们现在很多的问题，不是正常增长的结果，是过去那个10%以上的过热增长导致的后遗症。世界上各种研究小组算来算去，我们中国的正常增长是7%~9%，有一个10年是8%~9%，有一个10年是7%~8%，我们现在是7%左右。我们可不能把过去的高增长当常态，说现在不到14%了，因此叫中低增长了，不是那回事。

第二个教训，宏观政策是有时效性的。宏观政策基本的作用是逆周期调节。经济过热的时候要采取抑制的政策，经济冷的时候要采取稳定的政策、托住的政策。但是经济波动的情况不断变化，要随着这个变化的情况及时地调整政策。

我们这次的教训，是2009年、2010年产生了一轮过热。2009年采取了世界上最大的刺激政策，2010年4月份以住房限购为标志，采取了一系列紧缩性的政策，这是对的。当时准备金率提到20%、利率提到3%，在全世界利率热的情况下，提到3%是对的。但是四五年过去了，过热消失了，处在相对过冷通货紧缩的情况下，继续实行这些政策就过时了。应该及时退出紧缩的政策，现在的教训是退出慢了一点，导致我们现在的经济过冷。按照正常的情况，四十几个月的通货紧缩，说明我们现在的经济增长速度是低于潜在增长速度的。

第三个教训，政府政策是要起作用的。紧急情况下动用一些行政的手段也是必要的。经济过冷了，政府该做的事情也要理直气壮地去做，而且要努力做到位。过热的时候及时退出进行抑制；过冷的时候，当其他的经济主体面对过剩都不投资的时候，也不必羞羞答答地觉得政府投资就不好。企业不投资，房地产商不投资，政府的投资就应该多一点，来补充不足的需求。

政府现在的问题，是有点羞羞答答，因为大家都在批评，说政府不该投资。但是另一方面最近确实有一个问题，就是政府不作为，自己的钱都不花了，自己的项目都不投了，政府的储蓄大幅度增长。2012 年至 2014 年，政府新增储蓄相当于GDP的 3%~4%，这些要都花出去，0.3 个百分点、0.4 个百分点的GDP增长总应该是有的吧。

经济低迷期的调整有五大作用

我们 20 世纪 90 年代经历了一次波动，2004 年开始到现在，10 年当中又经历了一轮波动，我们应该汲取教训。过热之后我们现在属于萧条期、低迷期，正在进行调整。大家都在抱怨，现在的情况不好、经济不好，但要充分认识调整时期的积极作用。

第一个作用，优胜劣汰正在发生。经济过热的时候没人被淘汰，谁都有碗饭吃，现在大量的过剩产能和过剩企业都是在那个时候建立起来的。到了现在，各个产业都开始真正整合了，过去一些效率比较低下的企业淘汰了。现在我们有很多机制，现在的问题是有些机制抵制这种淘汰。一些地方为了本地的GDP，采用给补贴的方式，支撑一些国有企业和民营企业。应该积极地促进淘汰，政府的作用是用社会政策托底，使产业优化的进程尽快发生。

第二个作用，在低迷时期大家终于对提高效率、提升产品的质量等有了更多重视。经济过热的时候鱼龙混杂、泥沙俱下，现在大家都认识到了，因为价格下降了，企业不景气，要更加关注成本和效率。

2001 年、2002 年的时候，上一轮的调整到了尾声，出现了一个重要的现象，通货还在紧缩，价格还在下降，但企业的利润开始增长，因此企业的投资开始增长。当时我专门写过一篇文章《有效降价》，指出降价是因为成本下降，不等于利润不增长，不等于效率不提高，不等于投资会下降，这就是调整的结果。

第三个作用，让大家越来越意识到专业化的作用。以前过热的时候，听到的声音都是“多元化”，干什么都能挣钱。现在要提高效率和质量了，大家发现还得走专业化的道路。最近这些年经济过热的时候，一些企业就东张西望，天天想着转型，天天想着哪有投资机会，没有专注而专业地做自己的事情。而过去几年一直专注专业地做好自己的产品、扩大市场的那些企业，现在订单反倒增加了。

第四个作用，真正调整结构。增长速度14%时的那个结构，包括后来2010年时增速10%以上的结构，一定是投资过多。现在过热过去，一些新的产业在增长，人们的需求结构也在逐步发生变化，收入水平也到了一定的程度。2015年服务业比重第一次超过GDP的50%，消费品的增长仍然比较正常，与消费相关的各种产业现在恢复得都比较快。总有人说现在不可能有过去那么多需求了，当然不可能有支撑增速14%的需求了，但支撑7%~8%的需求还是完全能够实现的。

第五个作用，到了不景气的时候，大家的创新意识反倒比较强。创新热潮一大部分也是改革，改革政府和市场的关系，比如注册制、自贸区等等，现在企业、个人都更多地想创新了。

现在的低迷时期，反倒可能是创新增长的过程，而这种创新加上我们的体制改革，包括优胜劣汰、提高效率、专业化、创新等，正在为下一轮的经济增长打下好的基础。从长期来看，如果我们的潜力能够充分发挥，中国经济再有一二十年，甚至是30年正常的高增长，现在是7%左右，以后是6%，再往后是5%，仍然是可能的，我们应该保有充分的信心。

（本文系作者在2015第二届大梅沙论坛上的演讲）

中国经济再平衡要过三关

刘世锦（国务院发展研究中心副主任）

大概在 2010 年，我们就提出中国经济要由高速增长转向中速增长，5 年过去了，这已经成为事实。

我们现在研究中国问题有一个很大的理论框架需要认真考虑。以往的发展经济学和经济增长理论所重点研究的是经济起飞的问题，但是经济起飞以后持续多长时间，到一定程度以后怎么来降落，落到什么程度，能不能持续增长，这些问题基本上没有研究。

我觉得这也是中国经济学从中国的实践出发，可以有所突破的一个领域。所以我们现在需要讨论的是，经济由高速增长转向中速或中高速增长，底在何方？现在经济还是一个下行的态势，目前下行的压力比较大，最近的数据也表明了这一点。

我用的概念叫作转型再平衡，是一种供求平衡的状况，将来会落到一个中高速，那是另外一个平衡点，也会达到另外一个供求的平衡。我们现在要实现一个平衡的转换或者一个再平衡的过程，我认为要过三关。

第一关，高投资要触底

中国经济的高增长主要依赖于高投资。从需求的角度，高投资过去一些年主要由三部分组成，基础设施大概占20%~25%，房地产占25%左右，制造业投资占30%以上。这三项合计可以解释中国投资的85%左右，而制造业投资又直接依赖于基础设施投资、房地产投资以及出口。所以形象地说，高投资要触底，是三只靴子要触底。

基础设施的投资要触底。中国基础设施投资的峰值在2000年左右，最近一些年基础设施投资速度也比较高，是政府手里稳增长的主要工具。出口现在已经触底了，但是我想特别强调一点，出口对GDP增量的贡献实际上很小，关键问题是它带动了国内的投资，这是对国内经济影响比较大的地方。

接下来就是房地产，最近两年时间争议比较大。我们判断房地产是一个历史的拐点，因为构成中国房地产70%以上的城镇居民住宅的历史需求峰值是1200万到1300万套住房，这个数值2014年已经达到了，达到以后这个总量走平，然后逐步下降。

过去相当长的时间，房地产投资的增长速度是20%~30%，2014年是11%，2015年上半年实际上已经低于5%了，达到4%左右。2015年下半年的一两个月，房地产环比增长速度已经出现了负增长，我个人估计可能接下来房地产投资的同比增长速度也会出现负增长。当房地产投资增长再次由负转正的时候，可以认为房地产基本上触底了。

房地产触底以后，基本上高投资也就触底了。高投资触底以后，中国经济这一轮的底，从需求角度来讲，基本上也就探着了。现在顾虑的一点，就是这个速度会不会下降得过快。所以政府还在稳增长，增加一些投资，找一些新的投资增长点。我觉得我们的眼光要转一下，转向已有的增长领域。我们已经搞了很多年的投资，很多地方效率是很低的，那些低效率的洼地可以打开，打开后投资潜力还很大。

我最近一直强调两个领域。一个是行政性垄断的行业，比如说电信。能不能准许一两个以民营资本为主的基础运营商进入，以利于竞争？中国目前是世界上规模最大的电信市场，理应成为电信资费最低的市场，要达到低点，还是要放开准入。另一个是石油。自贸区要搞石油的期货市场、现货市场，市场建立起来以后，关键是把国内和国际市场打通，引入竞争，未来大家对“两桶油”抱怨的现象和原因可能就会有实质性的改变。

第二个领域是城乡之间土地、资金、人员要素的双向流动优化配置。我觉得这个潜力很大。我们一定要明确，生产要素，包括土地在内，在确权的基础上，通过流动、交易，它真正的价值才能得到显示，才能得到提升。最终城乡之间要素的分配或者优化配置是要服从这个大道理的。这方面我们还有很多认识上的、法律上的、体制上的、政策上的障碍，如果能打通，投资的潜力还相当大。

其实现在相当多的城里人愿意到城市带里面的中小城镇去居住，房子价格便宜一点，质量好一点，生活费用低一点，房前屋后能种花种草种菜。据调查，北京有5%~10%的居民是有这个意愿的。另外大量制造业的企业包括部分服务业的企业要转到中小城镇，这样才会有竞争力。

我们过去的城市体系基本上是孤岛式的城市，现在要把它变成网络型的城市，城市之间是要发生联系的。这种情况下，互联互通、人员的居住、产业的重新分布，会产生大量的基础设施和房地产投资机会。所以我特别强调一点，稳增长和放开准入要挂钩，这样的话潜力还有，不至于增长速度跌得那么快。

第二关，严重过剩的产能退出要取得实质性的进展

过去5年需求一直在往下走，主要是基础设施、房地产，与之相对应的供给方面主要是重化工业也在调整，但是调整速度相对比较慢，所以出现了严重的产能过剩。据我们对一些重要行业的调研和计算，这些产能严重过剩的行业，过剩幅度一般在30%左右，这样就出现了长达40多个月的PPI（生产者物价指数）的负增长，目前负的幅度已经超过5%。这就是所谓的中国式通缩的问题。

说到通缩，我本人一直认为中国的通缩跟西方国家的通缩不是一回事，因为企业是完全不同的。它不是因为货币不足而引起的通缩，而是由于过去30多年特别是过去十几年形成的大量产能，没有随着需求的收缩而迅速收缩而形成的。PPI的下降还不是最重要的问题，最重要的问题是工业企业盈利水平超过一年的连续负增长，才是最具有挑战性的。

我们做了个分析，在工业企业PPI负增长这个过程中，我们称为严重产能过剩的行业是五大行业：煤炭、钢铁、铁矿石、石油、石化。这五大行业的PPI大概是负增长20%左右，对于整个工业PPI的下降贡献在70%以上。目前工业利润下降中，这五大行业利润下降的贡献率也在70%左右。所以如果这五大行业严重产能过剩的情况得到纠正，其实中国工业企业目前的状况还是可以的，和2014年没有太大变化。这就是我们现在面临的格局。

按照逻辑来讲，解决这个问题就是减产能。比如减20%、30%以后，供求平衡了，PPI就会回升，企业盈利就会好转，至少是好的企业能够实现盈利，这个行业就可以持续发展下去。减产能并不是在优胜劣汰下关停企业，我们做过调研，现在减产能比较难的原因有几条。

第一，很多地方，特别是重化工业比较集中、产能过剩比较严重的地方，稳增长的压力更大。因为减产能才能稳效益，但是在这种场合，稳增长和稳效益是有矛盾的。第二，各个地方都是想让别人减，自己不减，因为这些行业供求平衡以后还有赚钱的机会。最后如果要减产能，对企业来讲难题也很多，比如职工安置问题、社保问题，特别是一些大国有企业的问题相当突出，还有银行坏账的问题。

有人提议让僵尸企业退出，问题是怎么退出呢？我调研过一个煤炭企业，生产一吨煤的成本将近400元钱，卖200元钱，生产一吨煤大概赔100多元钱，但是停产以后问题更多。企业坚持下去，靠的就是银行贷款，所以银行支持实体经济非常关键。但是实体经济靠这种方式支持的话，也非长久之计。

所以我感到减产能的问题是中国最突出的问题，这个问题不解决好，效益持续下滑，接下来就是金融风险加大的问题。但是各个方面对这个问题缺少足够的重视，更没有有效的办法。最近我们调研之后提出了一个配套的想法。从全国提出一个减产能的配额，各个省等比例发放下去，但是允许配额之间进行交易。同时给一系列的政策，包括可以通过划拨部分国有资本到社保基金，来解决下岗职工的安置问题。银行坏账指标还是要用起来，要给一套解决问题比较有效管用的办法，使减产能有一个有效的推进。

第三关，要形成新的增长动力，部分有效地对冲原有动力的下降

新的增长动力大概有几个方面，第一是所谓新的产业。我想特别强调一点，以后像房地产、钢铁、汽车这类能把经济带上去一两个大台阶的所谓大支柱产业，基本上没有了。所以新的动力可以形成，但是它对原有动力的对冲能力是有限的。如果能够完全对冲，那中国

经济不存在增速下滑的问题。第二是转型升级，比如机器代替人工以及绿色发展。第三就是创新，目前最活跃的就是“互联网+”。

但是这类新的动力有几个特点需要关注。首先，对冲率是比较有限的，不能有太高的估计。其次，它是一个新的要素组合，原有的要素很多不管用了，需要一系列新的要素。投资需要风险投资，要素的组合是不一样的。最后，这种新的增长点大部分属于替代性的增长。什么意思呢？传统的商业企业正在遇到困难，有些著名企业已经关门了，比如出现Uber、滴滴打车这些企业很好，但是出租车司机有意见了。

另外现在机器人替代人工也很快，但是机器人出来以后，人怎么办？所以替代性增长的一个特点实际上是资源的重新配置，是在提高效率，但是这会引发利益关系的重新调整，甚至是严重冲突。这对各个地方可能是一个很大的挑战。

更重要的一点，也是现在最大的问题是我们所面临的不确定性大大超过以前。十个人创新，七八个是要失败的，最后成功的是少数。

另外特别是地方政府，过去那种指定技术路线、搞产业规划的方式，成功的机会几乎很少了。所以现在特别强调更多地发挥市场的作用。我个人理解，市场就是让更多的人去试错。市场里大部分人都是错的，给那个正确的人创造了条件，最后产生出正确的人。所以我们需要更多依靠市场的力量，如果这个问题不落实，中国下一步创新就会遇到很大的困难。

我上面讲的三关，总结一下：第一，稳需求要进一步放开准入；第二，稳效益关键是要减产能；第三，培育新的增长动力。这个能带来多少量的新增长空间，不要抱太高的期望，关键是要转换增长方式，提高效率，这是下一步经济真正具有可持续性和后劲的关键所在。

所以我们有一个估计，从需求来讲，高投资见底很可能是在2016年的某个时候，比如年中左右。但是如果减产能没有实质性的进展，速度下来了，最后效益可能相当差。如果增长动力上不去，最后增长的模式和质量就没有实质性的变化。

所以下一步中国经济是会有一个底的，这个底有了以后，将来会有两种情况。第一，不一定稳得住，即使有底，增长速度低了，效益也会很差，甚至风险加大。这种情况不可能具有可持续性。所以我们希望速度有所降低，将来有质量、有效益、可持续地增长。

第二，如果我们把转型这三关过好了，中国发展的前景仍然是非常令人鼓舞的。即使我们的增长速度将来跌至6.5%甚至6%，每年的新增量在全世界范围内仍然是最大的，特别是当我们具有了创新能力以后，中国人的信心就会有很大的改变。

这几关能不能过得好，关键在于我们能不能真正地深化改革。

（本文是作者在首届复旦首席经济学家论坛发表的演讲）

第二章

中国转型关头面临的挑战

党的十八届三中全会改革已经开始近四年。改革进展不容乐观，遭遇实质性阻力。对过去两年的改革进行客观的评价与反思是极其重要的。时间紧迫、任务艰巨，只有深入的反思与严肃的改进，才能确保改革行进在正确的轨道上，2020 年取得决定性成果的目标才有实现的可能。在接下来的几年，中国领导层应该更加聚焦于改革，优化改革方法论，像抓反腐一样狠抓改革。

中国经济最佳 20 年已经过去

樊纲（央行货币政策委员会委员、中国经济体制改革研究会副会长）

我们过去的 30 年，并不像大家感觉的那样一直高增长，其实波动非常大。多数情况下 GDP 不是两位数增长，多数情况是不到 10% 的。

而且，我们记忆中最佳的 20 年当中，已经经历过大的经济周期。

第一轮有 3 年明显过热，1992 年高是因为 1991 年低，1993 年、1994 年也很高，通货膨胀率达到了 30 年的最高峰：24%。

从 1995 年开始，经济明显下滑，1996 年、1997 年、1998 年、1999 年继续下滑，那个时候增速是 7% 多。当时的问题也和现在一样，产能过剩，债务危机，甚至比现在都困难。那个时候是真正的通货紧缩，当时的 PPI 指数 31 个月负增长。

我们这次的情况跟那时不太一样。那时全世界的大宗商品价格都特别贵，然后连续下跌，1999 年算稳住了。然后 2000 年、2001 年、2002 年一直徘徊震荡，停止下跌。2003 年开始逐渐恢复，“非典”以后就正常了，从下降到正常，一共用了 8 年的时间。

这一次是 4 年的高涨，2004 年 GDP 增速超过 10%。这次是通货膨胀加资产泡沫，所以这对中国来讲不是正常的增长，但是当时大家都觉得好。

当然是好，卖东西容易，怎么都赚钱，甚至躺着都赚钱，2004年、2005年、2006年、2007年，一个劲儿高涨，然后2008年我们开始主动调整。2007年底压垮经济的最后一根稻草是房地产，房地产开始掉头牵连股市，2008年的调整完全是政府调控调下来的。当时北上广的房价深跌了百分之四五十，GDP跌到了6%，但是没有调整完，因为是主动调整的，没等调整完就遇到金融危机了。

危机一来，大家一致同意救市，就是4万亿元刺激计划。4万亿元是政府两年正常的开支转移支付，我收你的税，你不投资，我投资，没有需求就创造需求。但真正的大头不在这里，是一年涨了6万亿元的地方平台，那也是政府借钱，占GDP的10%，买房买车，一下子把金融危机带来的低迷经济又刺激起来了。

后来的高峰就是10%以上了，10%以上就是中国的过热增长，不是正常的增长，政策就开始掉头，应该说还是比较及时的，及时退出了刺激政策。退出政策以什么为标志呢？房地产限购，有钱不让买房子，这是其他国家没有人动用的行政手段，然后开始清查地方平台。经济开始下滑，开始告别过热，通过紧缩的政策，一直到了现在。我们这个调控属于软着陆，不让泡沫马上破，有序地逐步地解决各种问题。

比起崩盘会使局部风险酿成系统性风险，软着陆不会使得我们经济出现衰退，衰退就是负增长，现在无论是6%还是多少，还是正增长，到不了衰退的程度，没有大规模倒闭破产，好处就是这个，坏处则是时间长。

所以，我们这个调整过程还没有走完。

我们从2011年算起，2012年继续下滑，2015年增速比2014年还要低，原来希望2015年能止跌，之后两三年的时间能够稳住，但目前看来仍在徘徊。也许2016年仍然会跌，因为有一些问题还没有解决，有这么多的产能过剩、坏账，庞氏骗局、互联网金融和跟产能过剩相关的坏账，包括地方平台的坏账。

因此，第一个可以得出的结论是，防过热防的就是产能过剩。

钢铁、建筑材料等过热的产能需要调整，不管是用危机的办法，还是软着陆的办法。一次一次的经济周期证明全世界都一样，都是因为过热产生的过剩，要么是因为机器，要么是因为楼盘。所以怎么办呢？就是砸机器倒牛奶，清理出一批过剩的企业，而且从技术上来讲也已经淘汰了一些东西，就是需要清盘。

产业重组，产业集中，已经在进行了，但还没有完成。上一次那8年，大家年年讨论怎么扩大内需，企业怎么调整，产业怎么调整等。那个时候银行坏账问题、过热都是一样的，甚至全球都一样，我们在经历别人经历过的，我们只不过软着陆了，不像有些国家是硬着陆。我们要有思想准备，我们还在调整当中，当初那个8年企业熬得很苦。这次不一定是8年，但是难度比上次还要大。

不过调整也有积极的一面。第一件积极的事情，就是说了这么多年的优胜劣汰终于发生了。

过热的时候经济热，没有人被淘汰，都有饭吃。商业模式好不好、效率高不高、技术好不好，这些在低谷的时候更容易看清楚。现在是一个重组的过程，最好的情况就是重组，不是倒闭破产，而是兼并重组，这样，一些产能、新的商业模式能够得到发展和利用。这时企业就要想自己处于什么地位，是兼并重组别人，还是被别人兼并重组。

每个企业的经历都是不一样的，每个企业的起点也是不一样，地位也是不一样的，很多企业要转产。但是现在多数企业都困难。原因之一是，本身这个企业就需要淘汰，产能的后面就是企业，所以必须要淘汰。但是哪些企业会被淘汰呢？有很多原因，其中一个原因是不在一个技术领先的位置上。很多企业前几年可能做得不错，今年不好是因为什么呢？因为三心二意，因为东张西望，因为把转型理解为了转产，自己的产业不干了，老想干别的，进入自己不熟悉的领域。我不相信这种企业能够持续、长久，一有风吹草动，资本不仅调离了，精力也转移了，所以被淘汰的就是这样的企业。

经济学的基本道理是专业化竞争，是持续的专业化产生专业的核心竞争力。天天三心二意不可能形成自己的核心竞争力。过去一些企业专注地发展自己的产品，发展自己的技术，研发自己的商业模式，到了今天处在兼并别人的位置，订单比别人多。从这个意义上，优胜劣汰就是应该发生的，就是要给那些专注而专业的企业奖赏，市场就是这么奖赏的。

此时我们要思考早点重组，不要老想着借钱。没有订单，资本为什么要借钱给你？国际市场上很多PE（私募股权投资）专做兼并重组，有一些专门做新企业，有一些专门做兼并重组，一些企业拆分了卖。

这是第一个积极的方面。

第二个方面，现在大家更注重创新，关注创新，关注商业模式，专注技术的发展，专注创业。市场好的时候，大家都有钱挣的时候，不太关注这些；难做的时候，才被逼关注这些。这两个虚实加在一起，为产业的重组、新产业的发展、效率的提高、商业模式的发展，提供了一个新的过程。这就为改善我们整个经济的效率，包括经济结构，提供了基础，为下一轮的发展提供了基础。

这一点在2000年、2001年、2002年时开始看到苗头。当时通货还在紧缩，价格还在下降，通货膨胀率还是负的，突然发现企业利润开始上涨，投资开始恢复，这是一个悖论。仔细去看这些企业的资产报表，会发现因为效率提高、创新创业，提高了整个资源利用的效率和配置的效率，成本下降，利润就相应提高了。

成本下降有两个结果，一是产品价格降低，二是商品数量增加了。成本下降的幅度，超过价格下降的幅度，利润就上去了，生产力也就提高了。

总之，困难的时候也是一个新的机遇产生的时候。丘吉尔曾经说过，不要浪费任何一次好的危机，危机当中正是我们实现调整的时候。那么我认为，2016 年、2017 年经济就恢复正常不可能。但是长远来看，中国的故事远远没有结束，中国经济的潜力远远没有结束。我们现在是在一轮周期的低谷当中，不要把低谷当成常态，不要把这当作正常状态。

我们不能把 14%的高热当成旧的经济状态，既然有市场经济，就有经济周期，就有波动，我们就要在波动当中生存和发展，持续和复兴。

只有持续了才能复兴，而且任何一个经济都是这么过来的，发达的经济体也都经历过周期的考验。如此，我们的企业才能更加持久，才能够更好地把握未来增长的机会。

（本文系作者在 2015 年 12 月 15 日第 11 届最佳商业模式中国峰会上的演讲）

如何确立中国经济新常态

吴敬琏（国务院发展研究中心研究员）

近年来大多数人已经认识到，中国经济高增长、低效率，靠大量投资支撑的旧常态已经不可维持。它必然要过渡到新常态。

新常态仍待努力确立

那么，新常态具备哪些特征？有多种不同的理解。大体上在两点上比较一致：第一，GDP从高速增长向中高速增长甚至中速增长转变；第二，经济发展方式从依靠投资驱动的粗放增长，向依靠创新驱动的集约增长转变。

应该看到，以上两者有着很不相同的情况。前一点，经济增长速度降低已经是一个不争的事实，而且也取得了朝野共识。至于第二点，经济结构的优化、经济效率的提高和经济发展方式的转型，却是一件尚未实现、有待努力的事情。

这样，我们就面临一个问题：如果增长速度下降过程中效率没有改善，原来由GDP数量扩张所掩盖的许多经济社会矛盾就会暴露出来，而且会造成减速过快、经济社会矛盾加剧的困境。因此，仅有增长减速而没有增长质量的提高，并不是我们希望见到的一种常态。相反，如果能够在增长减速的同时提高增长的质量，优化结构、提高效率，就能减轻增长减速的冲击，甚至能够在中速增长的情况下使人民得到更多的实惠。所以，有较高效率支撑的中速增长，才是符合我们愿望的新常态。

“三驾马车”分析框架的误区

研究应对增长减速的方针政策，可以运用不同的分析框架。运用不同的分析框架得出的政策结论也会有很大的不同。

大致上从2009年开始，不知什么原因，在分析中国宏观经济走势的时候，流行起一种认为经济增长速度取决于消费、投资、净出口等“三驾马车”的需求强度的理论。根据这种理论，中国经济的增长乏力，是由消费、投资和净出口这三项需求不足造成的。只要能够把需求扩大到足够的水平，增长就能够重上台阶。

我认为，这一套分析有重大的缺陷。

首先，它用错了分析框架。十分明显，“三驾马车”分析法是凯恩斯主义的短期分析框架的变形。如同大家知道的，凯恩斯主义认为，需求的强度决定供给的规模，因此，产出总量等于由消费、投资、财政赤字和净出口等四项需求构成的社会总需求。不过即使凯恩斯主义的经济学，也只是运用这一理论框架来讨论短期经济问题，把它用来分析长期发展趋势显然是用错了分析框架。

其次，由这种分析得出的政策结论也是有问题的。因为消费、投资、出口需求有多大，归根到底是由一些客观因素决定的，并不取决于人们的愿望。以进出口为例，它最终取决于整个国际经济格局。过去中国对发达国家有大量的净出口，第一是因为在高消费、高福利导向下，发达国家的储蓄率很低，在储蓄和投资之间有很大的缺口，需要靠从发展中国家净进口来填补；第二是因为中国低成本的竞争力很强，能够在发达国家的净进口中分到一块比较大的“蛋糕”。

全球经济危机发生以后，发达国家去杠杆化，提高了自己的储蓄率。这样一来，根据经济学的“双缺口模型”，只要发达国家储蓄跟投资的缺口变小，发展中国家净出口的可能性也就变小。美国的储蓄率会有起伏，但是要想回到危机以前的水平，我看是不大可能的。另外，随着中国劳动者工资水平的提高，中国产品的低成本优势也在减弱，因此在出口蛋糕中所占份额也会降低。

此外，消费需求的提高，也不是以人们的愿望为转移的。例如有人说，城市化可以使消费需求提高，因为农民进城以后消费需求会有很大的提高，所以只要加快城市化，消费需求就会很快增加。这里其实是把消费需求与消费愿望混为一谈了。在经济分析中所说的需求是指有购买能力的需求，有钱做后盾的需求。所以增加劳动者消费需求的前提，是增加他们的收入。而增加劳动者收入的首要办法，是发展生产，提高效率。即使政府能够给予补贴，也是“羊毛出在羊身上”，是不可能使人民普遍富裕起来的。

这样，每一次出现了速度下降，用“三驾马车”的分析办法算来算去，最后的结论就是进行强刺激，多发钞票，多上投资项目。

2009 年用 4 万亿元投资（两年）、10 万亿元贷款进行刺激，虽然造成了增长率的短期回升，但货币超发、负债增加等消极后果也同时发生，成为需要长期消化的负担。2012 年以后，又多次采用增加投资的办法刺激经济，但正面效果越来越差，负面效果越来越大，使许多人认识到这不是个好办法。

驱动经济增长的三个因素

研究长期增长趋势更可靠的方法，是对驱动经济增长的三个因素，即劳动投入、资本投入和生产效率的状况进行估量。

过去30多年的高速增长是怎么来的呢？主要是靠大规模的投资。但还有一些其他的因素。第一个因素是大量新增的劳动力，也就是中国社会科学院蔡昉教授所说的“人口红利”。还有一个因素是效率的提高。改革开放对提高效率产生了十分积极的影响。一方面，市场化改革改变了城乡隔绝的状况，大量过去低效利用的农村劳动力和农村土地转移到城市，这种结构变化使资源的利用效率得到提高。另一方面，开放使我们能够通过引入外国的设备和技术，很快地提高中国的生产技术水平，使中国与发达国家之间的技术水平差距迅速缩小。这样一来，改革开放以后，生产效率提高对增长的贡献较之改革开放以前有了相当大的提高。

现在的问题在于，以上这些有利于维持高增幅的因素，有的正在缩减，有的已经消失。

首先，新增劳动力对经济增长的贡献越来越小了。蔡昉教授在2006年就已指出，他们前三年的调查发现，剩余劳动力无限供应的情况正在发生改变，“刘易斯拐点”已经出现。

其次，随着中国一般技术水平跟西方国家相接近，用引进外国设备和技术的办法大幅度地提高自己的技术水平，就变得不大可行了。清华大学的白重恩教授和其他一些研究者都得到大致一致的结论，就是从21世纪初开始，中国经济增长中全要素生产率的贡献明显降低，并引起中国经济潜在增长率的下降。

经济学的基本原理告诉我们，在由现有资源状况和技术状况决定的潜在增长率降低的情况下，要短期拉升增长率，唯一的办法就是采取刺激政策，通过信用扩张向市场“放水”。但是就中国的情况而言，长时期采取刺激政策已经使宏观经济变得十分脆弱，蕴藏着发生系统性风险的危险。

日本野村综合研究所的首席经济学家辜朝明写过好几本书，总结日本近年来经济衰退的教训。他在书中指出，日本的经济衰退以至全球多次重要的金融危机，都是在泡沫破灭后出现的资产负债表衰退，而出现资产负债表衰退的原因，则是杠杆率（负债率）过高的缺陷。在我看来，如果说西方国家资产负债表的缺陷的主要成因是高消费和高福利，东亚国家的杠杆率过高则主要是由企业和各级政府举债过多造成的。在目前我国政府机构和企业资产负债表杠杆率过高的情况下，在某些环节上出现偿债困难，甚至“跑路”逃债的现象已经屡见不鲜。在这种情况下，政府要做的是“去杠杆化”，控制和消解风险，而不是用加强“刺激”的办法维持高增长率。继续提高杠杆率将使爆发系统性风险的危险加大。

更何况2009年以来多次采取刺激政策，其效果递减已经变得非常明显。如果说2009年的4万亿元投资（两年）和10万亿元贷款还把2009年四季度和2010年一季度、二季度的增长率拉高到10%以上的话，2014年二季度的1万亿元左右投资只把增长率从一季度的7.4%提高到二季度的7.5%，拉升了0.1个百分点，三季度又回落到7.3%。经济学所说的“投资报酬递减规律”的效应已经充分显现。

以上的分析说明，唯一的出路在于提高所谓索洛余值，即“技术进步、效率提高”对于经济增长的贡献。也就是说，要优化结构，促进创新，实现经济发展方式从粗放发展到集约发展的根本转变。

体制转型是发展转型的基础

实现经济增长方式转型或者经济发展方式转型，并不是一个新口号和新要求。从1996—2000年的第九个五年计划开始，就提出实现这一转型的要求，只不过在大部分时间里执行的情况很不理想。问题的症结在于，发展方式转型受到旧体制的掣肘。

1995 年制订“九五”计划的时候，先是国家计委提出需要进行增长方式从粗放增长到集约增长的转变。在后来的讨论中，人们总结了苏联转型不成功的教训，指出体制的转变是增长方式转变的基础。因此，“九五”计划规定要实现“两个根本性转变”：一个是经济增长方式从粗放增长到集约增长的转变，一个是经济体制从计划经济到市场经济的转变。

在 1996—2000 年的“九五”计划期间，由于执行 1993 年党的十四届三中全会《决定》，市场取向改革全面推进，经济增长方式的转变也取得了一定的成绩。

可是到了 2001—2005 年的“十五”计划期间，城市化加速这件好事在中国体制下却使各级政府大大增加了手中掌握的土地等重要资源，于是许多地方都出现了政府主导的重化工业投资热潮。由于政府主导了重要资源的配置，经济发展方式转型也出现了逆转。

“十一五”规划总结了“十五”计划的教训，再次提出以转变经济增长方式为主线。但是由于“十一五”期间改革推进缓慢，虽然我们制订了一个很好的“十一五”规划，但在经济发展方式转型上乏善可陈，以致中共中央在“十一五”规划最后一年（2010 年）不得不发出“加快转变经济发展方式刻不容缓”的号召。

综合以上分析，我们在当前情况下需要采取的方针，就应当是在采取措施保证不发生系统性风险的条件下，把主要的注意力放在推进改革上。因为只有通过全面深化改革，建立一个好的社会经济体制，才能优化结构、转变方式，确立由较高效率支撑的中速增长这种合意的新常态。

控制和消解风险

目前中国宏观经济虽然存在许多不容忽视的问题，但是风险总体可控。只要采取正确的措施，系统性风险完全能够避免。我认为，可以采取的措施很多。

第一，停止对回报过低或者是没有回报的项目的无效投资。现在有一种流行的说法，说是基础设施建设不需要考虑近期是否有回报，因为东西在那里，早晚会有用。这完全不是经济学的思考方法。经济学考虑问题的一个最重要的前提，是资源具有稀缺性。既然资源有限，做了这样就不能做那样，在进行投资时就必须进行选择，只能做那些效益最好、最需要做的事情。在这方面，我们要吸取日本的教训。1986 年发生内需不足的问题以后，日本政府为拉动经济增长，启动了大规模的公共基础设施投资计划。正是大量无效投资，形成了后来大崩盘的基础。

第二，动用国有资本偿还国家的或有负债。所谓“或有负债”，是指在资产负债表上没有记载，却早晚必须偿还的债务。目前最突出的是社会保障基金缺口。据计算，其中对老职工的社会保障欠账就高达几万亿元。及早归还这类欠账，既可以减轻偿债压力，还能创造更有效的公有制实现形式。对于这一点，党的十八届三中全会《决定》有明确的规定，要求拨付部分国有资本充实社保基金。这项决定应当尽快付诸实现。

第三，要停止对僵尸企业输血。现在有一些地方政府用贷款、补贴、减免税收等办法去维持一些根本无法起死回生的企业。政府不是发挥自己应当承担的社会功能，帮助解决企业停产给职工带来的困难，而是支持这类僵尸企业继续无谓地浪费社会资源。这只会增加金融风险的积累，而不会给社会带来任何助益。这也是日本政府在经济衰退中举措失当留下的一个教训。

第四，对资不抵债的企业实施破产清盘或者在破产保护下重整，以此来释放风险，化大震为小震，避免风险积累，导致大震。

第五，停止由政府出资兜底，实行100%的刚性兑付，以免加大道德风险。

第六，努力盘活。由于前一时期的过度投资和粗放增长在全国各地形成的大批“死资产”，如“晒太阳”的开发区、绵延好几个街区的“死城”等等，虽然有一定的难度，还是应当努力设法盘活，以便降低资产负债表的杠杆率和出现“资产负债表衰退”的可能性。

除了采取以上这类堵塞漏洞、释放风险的措施，还应当灵活运用财政政策和货币政策进行短期调节。

这两类措施的综合运用，使我们能够保持宏观经济的稳定，不出现系统性危机，为推进改革争取时间，使改革和发展逐步进入良性循环。

把推进改革放在优先地位

对于全面深化改革能不能从根本上解决我们面临的问题，当前应当把提升增长速度还是应当把推进改革放在优先地位，学术界和经济界一直存在争论。

在我看来，改革能够解决问题，不仅已经得到理论上的证明，而且也已经为近期的实践所证实。

有的经济学家认为，中国需要用增加投资的办法维持8%以上的增长率，是因为要保就业。保就业当然是必要的，但是把就业情况和GDP增长之间的关系看成是线性的，认为要保就业就必须保增长，这种观点从学理上说是难以成立的。因为增长有个结构问题，有的行业增长1%，它的新增就业可能超过1%，有的行业增长1%，它的新增就业却可能不到1%。我们过去大量投资建设的资本密集型产业，雇用员工的数量就比普通服务业要少得多。所以，由于产业结构的变化，在同样的GDP增长率的条件下，就业的情况却有很大的不同。最近三年的情况表现得十分明显。这几年我国的经济增长率是一个台阶一个台阶地往下走，但是就业的状况却有所改善。比如说，中国的经济增长率从2010年的10.4%一路下行，降到2013年的7.7%，但2013年的就业情况，特别是低技术水平劳动者的就业情况却比以前来得好。据国家统计局报告，2013年原来要求城镇新增就业900万人，实际完成1310万人；2014年前三季度增长率再下一个台阶，但就业情况比2013年还要好一些。这几年的实际情况可能没有统计数字那么亮丽，但就业情况有所改善却是肯定无疑的。

为什么发生这样的情况？主要原因在于服务业加快了发展。

服务业的发展曾经是整个中国经济发展的一个瓶颈。我国的“十一五”规划总结“十五”计划的经验，提出要把转变经济增长方式作为经济工作的主线。转变经济增长方式的核心是提高效率。我的《中国增长模式的抉择》这本书讲到了当时讨论的效率提高的四个主要源泉。

一是让农民工变成市民，成为有知识、有技术的劳动者。二是制造业的产业链向“微笑曲线”的两端延伸，实现制造业的服务化。三是发展服务业，特别是生产性服务业。四是用现代信息技术改造整个国民经济，而信息产业从本质上说，或者说它的主要成分，就是服务业。总而言之，转变经济发展方式，提高效率的要点，就是发展服务业。

很可惜，“十一五”规划期间并没有做到这一点，有些地方稍有改善，有些地方甚至有所退步。但是最近两年的情况发生了很大的变化，服务业的发展明显加快。原来一直是制造业一枝独秀，到2012年第三产业赶了上来，与第二产业的增长率并驾齐驱。2013年服务业进一步提高了增长率，第三产业第一次成为中国第一大的产业。

为什么过去政府三令五申要求发展服务业却成效不大，这两年却突然发生了改变呢？原因就在于党的十八大前后进行的两项改革大大促进了服务业的发展。

一项改革是2012年从上海开始、接着很快在全国推开的营业税改增值税（“营改增”）改革。财税部门把“营改增”列在为企业“减负”项下。目前中国企业的税负太重，减负是应该的，但这并不是“营改增”最主要的目的。经济学家之所以主张全面推广“营改增”，是因为他们相信亚当·斯密所说的，分工乃是推动经济发展的最主要的动力。营业税由于存在转移价值要重复征税的问题，是一种有碍于分工深化的税种。增值税只对增加价值征税，就不存在这个问题。所以“营改增”有利于分工深化。这在服务业，例如电商服务业等近年来新兴行业的成长上表现得十分明显。另一项改革是2012年从广东开始，本届政府把它规定为转变政府职能重要内容的工商登记便利化。进行这项改革以后，有些地方新登记的工商户增长了百分之几十。

目前在就业领域内存在的一个问题，是大学毕业生、有学位的研究生就业存在一定的困难，有些人拿到的薪酬甚至比保姆还低。这跟经济发展模式没有实现根本转变是有关的。这说明就业方面有些问题还要进一步解决，但是就业的总体情况还是不错的。

以上讲的两项改革只是全面深化改革序幕期间进行的较小改革，虽然它们并不能全盘解决经济结构扭曲、效率低下等问题，但是改革小试牛刀尚且能够起这么好的作用，中央改革战略部署的实现能够为解决我们面临的问题奠定基本的制度条件，应当是确定无疑的。

坚定有序地推进改革

2014 年以来，多项改革项目正在有序地推进，比如说金融领域的关键性改革：利率市场化、汇率市场化，其进度甚至比原来预想的还要快一些。财政改革正在逐步落实。政府职能改革、简政放权也取得了初步成效。现在需要注意的：一是要防止回潮；二是要继续向纵深发展，通过制定企业市场准入的负面清单和政府职权的正面清单，形成理清政府与市场关系的正式制度。

另外，有些方面的改革需要加快。

首先是国有经济的改革。国有经济改革是关键性的，但是进展缓慢。为了改变国有企业效率低下的状况，党的十八届三中全会对国有企业改革做出了许多重要决定，现在亟须加快实施。

还有一项重要的改革，就是中国（上海）自由贸易试验区建设。自贸区试验的进展不仅关系到上海市的长远发展，而且事关中国采取什么样的国际战略和建立什么样的对外经济体系。

现在不少地区积极要求在本地建立自己的自贸区。不过有的人按照过去的理解，把设立自贸区的意义看作取得某些政策优惠。这是对自贸区意义的一种误读。习近平总书记曾指出，上海自贸试验区的主要内容和任务，在于通过体制机制创新，“促进贸易投资便利化”，“营造市场化、国际化、法治化的营商环境”。上海自贸试验区经验在其他地区乃至全国的推广，不但会对形成进一步开放的经济和法治体制起决定作用，而且将有力地促进我国统一开放、竞争有序的市场体系的建设。

民营企业是经济发展方式转型的主要推动力量。目前许多企业家信心不足，积极性不高，需要引起足够的注意。应当借鉴 1998 年应对亚洲金融危机时扶持民营中小企业的经验，组织深入的调查研究，提出切实有效的综合解决方案。

现代市场经济的有效运作离不开政府在创设良好的营商环境和提供公共服务方面的作为。目前在反腐高压态势下，政府官员“乱作为”的情况有些收敛，但“不作为”的情况却有所蔓延。中纪委书记王岐山以前说过，先治标后治本，用治标为治本赢得时间。我觉得在反腐高压势态已经确立的情况下，应当大力加强制度反腐，把权力关到法治的笼子里。与此同时，要按照李克强总理所说的政府“法无授权不可为”的原则，加快建立官员职权的正面清单，使官员行使职权有规可循。

《中共中央关于全面深化改革若干重大问题的决定》已经出台两周年了，新一轮改革任重道远。虽然我国经济面临一些困难和压力，但是只要正确分析问题，控制和消解风险，把推进改革放在优先地位，坚定有序地落实改革措施，就一定能够克服困难，提高增长质量、优化结构、提高效率，建立中国经济新常态。

（本文原载于2015年11月2日《财经》杂志）

中国转型关头的真实挑战

华生（燕京华侨大学校长）

左右中国未来发展的，是经济问题

这30多年来，中国最大的变化就是经济上的变化。35年前，中国是一个极其落后、贫穷的发展中国家，但现在已成为世界第二大经济体。今天中国社会的发展，其实都是经济变化的结果。因为有多种私营经济、合资经济的发展，才给多元社会提供了经济和社会的基础。决定中国下一步如何变化的关键因素，在某种意义上还是经济，因为经济会制约我们社会和政治的走向。当年改革开放，也是因为经济的压力。那时稍微打开国门一看，我们才发现中国跟世界相比落后得太远了。如果当年的中国经济能有今天的一半好，那就不太可能有中国的改革开放了。所以，下一步左右中国发展的，从根本上来说，恐怕还是经济问题。

历史地看，强大的权力基本上可以做到它想做的一切，但它有一件事情解决不了，就是经济。到20世纪70年代末，中国大多数农村人口还在贫困线以下，好几亿人没解决温饱问题。当时周恩来总理陪外宾去延安，看到老乡们的日子过得和几十年前一样穷，禁不住自责落泪。现在中国有一些年轻人，享受着改革开放的经济自由和小康生活，却非要美化当年计划经济和阶级斗争时代的日子，可以说是非常愚昧无知的。

中国经济现在确实面临着非常大的挑战。说这个话，好像没有什么力量，因为中国经济这二三十年来一直都存在挑战，在每个阶段上外界一直都有不同的声音。如果说过去所谓的挑战基本上是假老虎、纸老虎，那这次的挑战，我个人的判断是真老虎，是真正的挑战。

改革开放 30 年，中国经济得益于三个红利

在过去这 30 多年当中，中国经济的发展主要得益于几个主要的推动力，或者说是红利。20 世纪 80 年代的成功，主要是靠改革的红利，就是打破了原来对人全方位的控制，给了人以经济自由和人身自由。实际上，中国农村改革的最大意义，不是把土地从集体耕种变成家庭耕种，因为这对当时粮食产量的增加，客观上说是有限的，几年总共增加了大约 30%。那它真正的意义在什么地方？在于把农民的人身和时间给解放了。农民仍然种他原来那点地，过去是一年 365 天几乎天天要劳作。我当年在农村当过生产队队长，我的一个任务就是天还没亮就叫每家的主妇开始做饭，然后叫大家一起下田干活儿。后来农民自己承包土地了，我又到农村走了一圈，他们夸张的说法是，一年干农活儿只要 9 天就够了。当然，他们说这个是太夸张了一点，但是反正干一两个月都不到就足够了。所以，改革真正解放的是人。

这些人去干什么呢？最初就是市场上什么东西缺，他们就去生产什么。最初是多种经营，主要是种油料等各种经济作物。从 1980 年到 1985 年，中国粮食增长了 30%，但是各种经济作物的产量，增加了几倍甚至几十倍。当年我在干活儿的时候，一顿饭需要吃一斤多

米，特别是在农忙的时候，只有吃这么多才能吃饱，因为那时候见不到一滴油，而现在因为油多了肉多了，一个人只需要吃二三两米就能吃饱了。所以，当年的变革，最大的意义就是解决了人身自由，农民从土地上解放出来了，先是搞多种经营，接着搞乡镇企业，再后来到城市打工，为后来的工业化提供了大量的廉价劳动力。

20 世纪 90 年代，中国开始享受人口红利，大量的农民工解放出来以后进入城市，所以现在中国工人阶级的主体实际上是农民工，特别是蓝领工人，都是农民。进入 21 世纪，最大的红利是世贸的红利，中国加入世界贸易组织、融入国际体系，成了世界的工厂。回过头来看这 30 多年中国经济的发展，我觉得主要是靠这三个力量在推动。但是，今天这三个推动力都开始衰竭了。

中国现在遇到了一些很困难的核心问题

中国改革现在遇到了一些很困难的核心问题，包括国有企业问题。我们过去用股份制、混合所有制发展，但是我们没有回答最关键的一个问题，这些企业最后由谁来控制？用中国的老话来讲，就是官营还是民营？在企业改革、企业进一步发挥它的作用方面，就遇到了一个瓶颈。

另外就是土地制度改革。集体所有的土地，让农民家庭经营的制度在过去起了重大作用，既解放了农民，又抑制了土地兼并，所以中国现在有了世界上最平均的土地制度。但是农业发展到今天这一步，光靠这个不够了。我最近到北大荒去看了一下，因为现代农业技术和机械水平，一家人可以种几百亩地，但我们的现实是，一家平均只有几亩地可种。这个时候，就不单是一个积极性问题，我们的问题是生产关系不适应生产力。要解决这个问题，就需要在土地制度和户籍制度上做重大变化。

但这个问题被进一步复杂化了。由于城市化的发展，有相当一部分土地要为城市所用，为城市所用的土地会大幅度升值。前两年，我一直在研究日本经验，我觉得日本社会当时在这方面做得比较好。在城市化过程当中，作为一个落后的发展中国家，一个非常大的危险就是它在现代化过程当中，也就是城市化的过程当中，离开农村的农民不能融入城市化进程，不能分享城市不断升值的土地权利，出现巨大的财富不平等，从而出现社会对抗和混乱。在发展中国家，不管是采用社会主义体制，还是采用资本主义体制，都会遇到这个重大挑战。但日本在这方面处理得比较好，韩国处理得也不错，可是在中国，这个问题很大。我们现在的财富特别是家庭住宅资产的不平等，在世界上的大国当中，是排在很前面的。财富不平等可以有不同的解决办法，当然一时最容易得到老百姓支持的，是平均分配。我们都知道这也是最危险的，但在中国这可是有传统的，我们有几千年来周期性均贫富的历史传统。所以，如何抑制贫富差距又不搞平均主义，这对中国是个巨大的挑战。

中国的变革，要同时解决三个问题

中国的变革，要同时解决三个问题。第一，要从苏联的计划体制转到市场化的体制上来。这 30 多年来，我们一直在做这个努力，取得了相当大的成功，所以才有今天这些变化。

第二，要从农业社会变成现代社会。现代社会的特征是什么呢？是城市社会，大多数人都在城里，农村社会向城市社会过渡，这条路我们现在刚走了一半。在名义上，我们的城市人口现在是 54% 左右，但是这包括了在城市里打工的农民。如果把这部分农民剔除，那么我们的城市人口只有百分之三十六七，低于世界平均水平十多个点，与日本、韩国的百分之九十几以上更没法比了。按照中国现在人均GDP的发展水平，中国现在的城市化水平应该是60%~65%，所以这是我们面临的一个重大挑战。我们现在的农民，农村的主要劳动力，都在城市和农村之间流动，这既是重大的经济问题，也是重大的社会问题和政治问题。

第三，我们要从革命政治转变成治理政治，也就是正常治理社会的政治。我们之所以有改革开放，就是因为我们把革命推到了极端，一直推到了“文化大革命”，“狠斗私字一闪念”，你头脑里面有一个自私的想法，也要被批斗。我们要从革命政治向治理政治转变。

我们现在面临着非常巨大的挑战，但对于这些关键性的问题，我们从上到下，每个人的认识不一样。这种不一样，不是说领导跟下面群众意见不一样，而是领导和领导的意见不一样，群众和群众的意见也不一样。比如国企问题，究竟怎么去治理？从上层到下层社会，意见都不一样，都可以找出针锋相对的两种相反意见。再比如说，农业社会向城市社会的转化，这个问题牵扯到很多人的利益，对城市人的利益会是很大的冲击，对政治也有冲击。我们这个政治体制管理一个农业社会比较好，中国几千年来的皇权专制制度就是以农业社会为基础的，要以城市社会为基础，这就不太适应，不好办。这个怎么转变？很困难。

第三个问题，从革命政治转向治理政治，怎么转？治理政治应该是什么样的？还是跟革命政治一样吗？合法性的来源完全相同吗？权力的分配还是原来的格局路数吗？要做什么改变？怎样才能改变？这些问题我们还都没回答。

总而言之，经济问题是很实在的，不是靠不接地气的说辞和新概念就能解决的。中国经济下一步向何处发展，取决于我们如何应对上述三个转变的挑战。

当前中国的经济困境与社会转型

孙立平（清华大学社会学教授）

2015 年元旦过后，我在长江商学院给EMBA（高级管理人员工商管理硕士）的同学讲课，当时我问了一个问题：假如让你用一个词来形容，你对刚刚过去的 2014 年是什么样的感觉?

其实当时我提这个问题的时候，我脑子里是有一个词的，但是我也想听听这些学员的想法，因为这些学员大部分都是企业家，当然学员的回答也各不相同。但是有好几位回答的词跟我脑子里想的是同一个词，就是“困惑”。

我觉得这可能是我们很多人共同的感觉，最近这两年给我们很多人的一个突出感觉是“困惑”。这个“困惑”是双重的，一个是对改革，一个是对发展。而且这个困惑跟原来有点不一样。比如说对改革，过去 30 多年的时间里面，有时候我们也有困惑。但是那时候的困惑，一般困惑在什么地方呢？它改，还是不改？每一届新的班子上来以后，我们就猜是改还是不改。

假如说看这一届有明确的改革意识，我们就知道大概是怎么回事了；假如说这一届对改革不怎么感兴趣，我们也能大概知道是怎么回事了。这意味着什么呢？在我们脑子里面，“改革”这个词的含义是确定的，无论是改还是不改，我们大体都能知道是怎么回事。

真正的转折点来临

但是这次跟原来好像有点不一样，这次明确说要改，不但说要改，而且召开中央全会，出台了全面深化改革的决定。但我想通过这两年的时间，对于这场改革，很多人脑子里面的困惑和问号可能不是比原来更少了，说不定比原来更多了。

从目前的情况来看，原来一些似乎不是问题的问题，现在有的在社会的心态当中、在老百姓的心态当中都在成为问题，比如说对于反腐败。我跟一个朋友吃饭，聊起改革的问题。他说不管怎么说，现在老百姓对反腐败是衷心拥护的。当时我说了一句话，我说：你这句话如果在一年前说，一点问题都没有，那时候对反腐败，除了少数腐败分子，大家真的是衷心拥护。但是要是现在说，可能得打很大的折扣，因为大家可以感觉到，在人们私下的议论当中，在微博、微信上对反腐败的各种说法都有了。

所以我的意思是，现在大家对改革有很多的困惑和问号，对发展我想也是同样。做市场研究的、企业界的，都有这样的感受。还有比我们在企业里，甚至在市场调查过程当中感觉更明显、更强烈的，是谁呢？可能就是银行。2014 年我也跑了很多家银行，企业当中的问题、市场当中的问题最后往往都反映在银行那里，所以银行的感觉可能更强烈、更集中。

但是我想还有比银行的感觉更强烈的，是谁呢？可能就是李克强总理。为什么？李克强总理原来在省里工作的时候，对GDP的数据就不怎么相信。他当时提出看一个地方的经济发展，不能仅仅看GDP，要看三个东西，一个是用电量的增长，一个是物流的情况，还有一个是资金使用的情况、贷款的情况，因为这三个东西是不太容易造假的。如果根据这个标准来看的话，2014 年的经济状况究竟是什么样的，都有点说不清楚。

2014年公布GDP的增长是7.4%，2013年是7.66%，按照绝对水平来说差不了太多。但是用电量的增长几乎差了一半，2013年用电量的增长是7%左右，2014年用电量的增长是3%多，比2013年差了一半还多。怎么解释呢？如果说这两个数都是真的，那只能有一种解释，就是2014这一年整个中国的产业结构、经济结构发生了翻天覆地的变化。2013年我们还是高耗能的产业结构，2014年突然就变成了低耗能的产业结构。但是大家知道，这么大的一个国家，一年之内产业结构发生翻天覆地的变化，这是没有可能的。那怎么解释呢？这个数可能就有问题。

我最近也看了一些悲观的估计，国内的学者说的最低的是三点几，国外说的最低比这个还低，有两点几的，甚至有一点几的，但是这些都是个别的。相当一部分人倾向于四点几。

所以我觉得，经济状况究竟是什么样，可能都有点说不清楚。在发展的问题上，经济的问题上，我们现在存在种种困惑。而且这个困惑跟原来也不一样。我们看过去改革开放30多年，对发展的问题或经济的问题，我们有时候也有困惑，也会遇到问题。但是那时候的问题有点像什么呢？打个比方说，我们本来在一条很明确的路上走，中间遇到了困难，遇到了障碍。尽管这样，我们心里是清楚的，只要克服了这些困难，排除了这些障碍，接着往前走就是了，前面的路是明确的。

但是这一次好像有点不一样，这一次有点像我们在沙漠和戈壁上开车，前面的路都是很明确的。但是走着走着，路没有了，前面是个沙丘。车辙按照不同的方向走，有深有浅，最后哪条路能走通，它就是一条路，走不通，那就不是路。我们现在可能就不知道前面是不是路。

最近这段时间，我经常在讲，现在是我们改革开放30多年来第一次真正体会到了什么叫转折点。过去这30多年的时间，我们也经常说转折点，但是我个人的看法，我觉得原来可能都算不上，这一次是我们真正遇到转折点了。现在我们面临着种种困惑，这种困惑后面既包含着挑战，也包含着希望。

困惑背后的要害在哪里

我想从2015年的这次股灾说起。应当说这次股灾是2015年中国经历的很重要的事情之一。这次股灾也值得整个社会反思，我不想全面解释股灾的发生，但是我觉得从这场股灾当中，我们至少可以体会到两件事，或者说这两件事在中国正在发生。

第一个是什么呢？我觉得我们第一个能够看到的就是这轮股市，实际上用一个集权的行政力量人为地发动一轮牛市没有成功，这是可以看到的第一点。

我解释一下，为什么我强调集权的行政力量。最近几年中国有一个很明显的集权趋势，权力在不断集中。为什么会有这样的趋势呢？我觉得是有原因的，因为在过去这些年，中国社会一直有两个并存的趋势结合在一起，一个是权力在不断扩张，另一个是权力在不断失控。

在这种情况下，这几年重新出现一个集权化的过程，我想是和这个背景连在一起的。对集权化的过程，其实很多人都是有着很深的警惕的，因为我们过去在这方面的教训太深了，担心权力过分集中会出问题。

但是大家在担心这个问题的时候，可能忽略了一点，就是一个集权的体制如果想要有效运转，要求的条件是非常高、非常苛刻的。

一个集权体制的有效运转，必须有两个条件：一是必须要有很好的决策层，决策不能出现重大的失误，因为权力这么集中，一个大的失误可能就是一场灾难；二是必须有一个好的执行层，这个执行层能够准确理解上面的意图，能够负责任、有效率地进行工作。一个有效的集权体制建立起来，能不能有效运转，执行层其实非常重要。

股灾后有一次我去一个地方，当地的组织部长说忙得好几个星期双休日没休息了，说现在考核干部的任务非常重。当时我开玩笑，我说：你累，你有没有想一想，其实这累也是白挨，为什么？工作的思路完全是错的。为什么这么说呢？你考核干部为了什么，无非是把最优秀的人才选拔到领导岗位上去。但是你一定得知道，很多优秀的人才已经在领导岗位上了。问题是优秀的人才到了领导岗位上就犯傻，把他选拔上去有什么用？或许一帮笨蛋在领导岗位上负责任地进行工作，说不定都比一帮优秀的人才在这里互相比傻要强得多。我的意思是，执行层是什么样的非常重要。

从这次股灾中首先能够体会到这点，开始的时候中央的意图是明确的。通过人为的方式激活股市，通过激活资本市场，解决中国经济转型当中一些重要的问题，尤其是新兴产业的融资问题，应当说这个意图是非常明确的。所以说《人民日报》、新华社发表的几篇文章，都是按照上面的要求发的，这点应该是没有问题的。

但是问题是，在我们这样一个对上负责体制当中，很多人都是看脸色行事，而且层层加码，投其所好。所以大概上证综指到了4000点的时候，那些文章说现在仅仅是一个起点。我想，到了4000点的时候，其实中央有点意识到了这里面有一定的风险，就开始提出要注意风险。好，那咱们就来注意风险，一夜之间把融资配资全部卡死。

打个比方，这有点像一个心不甘、情不愿的人给你开车，你说时间来不及了，要快，司机就一脚油门到底了。你说别这么快，路上这么多人，别出事，好，要慢是吧，那就一脚刹车到底。这个疯狂的牛市和这场股灾是怎么来的，跟这个有直接的关系。

接着就是救市，前一段救得尤其笨拙和荒诞。为什么？大家都知道，大家平时就怕中石油，就算是没有股灾，中石油要涨的话就是行情要结束了。可救市的时候偏偏拉中石油，这不是吓唬人吗？把中石油拉起来，下面还不知道有多大的空间。但是它非拉不可，因为只要把它拉了，开会就好交代，指数就保住了，明天是什么样的，就不管了。

于是人们就骂证监会。其实证监会里哪个都不比我们笨，哪个都比我们懂得股市，但是没有人想负责任地进行工作。所以你可以看现在的问题在哪儿，就是说一个权力高度集中的体制要建立起来，要能够有效工作，能够有效运转，有个好的执行层非常重要。

这场股灾可以告诉我们的第二件事，就是经济转型的困境。股灾也好，历史上的金融危机、经济危机也好，背后的逻辑大体都是比较相近的。最基本的背景肯定是实体经济有问题，最重要的就是实体经济当中特别是制造业当中产能严重过剩。产能严重过剩，资金就不投向这些领域，因为回报率太低。不但回报率太低，弄不好就赔了，所以钱不投向实体经济。但是不投向实体经济，到哪儿去呢？那就是资本市场，就是股市。它到资本市场、到股市是为了挣钱，这钱怎么能挣得快呢？最好的办法就是加杠杆，杠杆加得越大，钱赚得就越快，直到加不动了，泡沫越来越大，一旦破灭，那就是一场股灾或者是一场危机。

所以这场股灾的背后让我们看到了经济转型的问题。但是这个经济转型的问题，我们讲了这么多年，就是转不过去。原因在哪儿？除了经济本身的原因之外，现在很多人说是既得利益集团的问题。利益格局、利益集团确实是制约中国很多问题的重要因素。但是，可能还有比这个更深层的原因。是什么呢？就是社会体制的脆弱性。我们承受不了这种转型，承受不了它所造成的振荡。

我经常给企业家讲课，有企业家说，能不能多讲一点我们企业具体应该怎么做。我说如果你要想听这个，你肯定会失望，为什么？因为我真的讲不出来，如果我真的能讲出来企业怎么能做好，我就不在这里讲了，我就去做企业了。问题是没法说，谁也说不出办法来。为什么？因为我们本来就不应该是这样一种发展。

其实前些年就有人提出来，2006年中国就应当经历一场危机。但是这场危机被人为地延后了。当时就应该经历一场危机，经历一场震荡，把该淘汰的淘汰掉，让该倒闭的倒闭，该破产的破产，说不定三五年，到2010年基本完成了，又开始了一个健康的发展过程。但是我们没有经历这个，用人为的方式把这个过程给回避了。因为我们承受不了这当中的代价，震荡的代价是非常大的。

比如说像美国20世纪30年代大萧条，当时失业人口占到劳动年龄人口的差不多1/3；德国在希特勒上台之前，失业人口占到劳动年龄人口的小一半，那是非常惨烈的。当然因为过去没有经验，会表现得更差一些。现在经过这些年经验教训的积累，人类应对经济危机的能力要比原来强多了，不至于到那个程度。

但是大家知道，我们这个社会没有办法承受这样的震荡。因为中国社会有点像什么呢？打个比方，中国现在脖子上有两块通灵宝玉，丢了就没有魂儿了。一块是发展速度得有7%~8%，如果没有7%~8%，日子就有点过不去了，现在预期调整得稍微低了一点。今后几年是6.5%左右，但这也是相当高的速度。

另一块是什么呢？就是维稳。中国就得靠这两者，一是高速发展，一是维稳。这两者如果都没有了，或者说缺当中的一个，日子就很难过下去。这表明我们社会的脆弱性。由于这样一种脆弱，我们没有办法承受自然的经济规律，就人为地干扰这个规律。所以，从股灾来看，现在我们面临的两个最关键的问题，一是体制改革的问题，一是经济转型的问题。

怎么理解当前的经济转型和困境

这个问题其实要说复杂真的很复杂，但是要说简单其实可能也很简单。经济的困境，实际上就是两条曲线之间的关系：一条曲线是生产的曲线，供给的曲线；一条曲线是消费的曲线，需求的曲线。

过去这些年，生产的曲线，供给的曲线，拉得越来越陡，这两年还稍微好一点，但也是非常之高。需求的曲线，消费的曲线，走得却很平缓。两条曲线之间的张口越来越大。当前的经济困境，就在这个张口上，张口越大，困境就越大。可以说这两条曲线不同的走势所形成的张口，实际上就是当前中国经济困境的原因。

假如看到这点，很多问题就值得思考了。比如说现在我们的经济政策可能造成的结果是什么。现在很多经济政策，尤其是刺激经济的政策，最后的结果很可能是继续拉高本来已经走得很陡的那条曲线。

虽然这在一定的时间里可以保证发展的速度，但是已经那么陡了，继续拉高的话，使得张口越来越大，造成的问题就越来越大。但是有一些经济学背景的朋友可能会想：你这说的是一方面的道理，但是你没有看到另一面，拉高那条曲线，经济发展了，就业增加了，收入提高了，也会带动另一条曲线。是有这个道理。但是从中国过去几年的情况来看，我们这样一个发展的模式得不出这样的结果，只能是拉高上面那条曲线，使得这两条曲线之间的张口越拉越大。如果从这个角度看“一带一路”，可以看得更清楚一点。弄得好是促进内部转型的契机，如果弄不好，实际上它等于回避了内部转型的问题。它可能会给人一个错觉：我们这种模式仍然可以维持。

看到经济困境背后最关键的问题是两条曲线形成的张口，那么一些平时看起来顺理成章的思路会不会有问题，比如说创新。创新是中国别无选择的事，过去我们靠的是廉价劳动力，但是人口红利用得差不多了，下一步肯定是创新，发达国家就靠创新。在劳动力的优势消失以后，唯一的选择也只能是创新了。

但是，绝大多数创新最后一定体现在市场上，这东西你得能卖得出去。很多创新得体现在产品上，但是产品的市场在哪儿？

举一个最简单的例子，我们炒菜的锅。德国生产的锅一卖就两三千元，我们这里的锅几十元钱。我们要生产德国那样的锅有多大的潜力啊。潜力是很大，而且中国要生产这样的锅，也没有什么困难的。过去我们生产不了彩电，现在我们生产的彩电比日本的彩电也差不到哪儿去，生产锅更不在话下。但是如果中国生产锅的企业都在生产两三千元钱一个的锅，卖给谁？市场在什么地方？农民一年的收入就那么点，他会买一个两三千元钱的锅炒菜？

我的意思是，哪怕创新的问题，其实也不是那么简单，得解决市场的问题，市场的问题可能更重要。从这个角度来想，这看起来不成问题的问题，实际上不是那么简单。

市场的背后是什么？市场的背后就是社会，有什么样的社会，就有什么样的市场。市场在很大程度上是社会的一种折射。拿最简单的来讲：手机。仔细想一想手机在中国的市场，实际上就两个市场，一个是苹果的市场，一个是山寨的市场。为什么是这两个市场呢？中国社会贫富分化，手机这两个市场是和贫富分化的社会相对应的。在这样的市场中，收入高的就用苹果了。所以市场的背后是社会。

现在我们说创新，在一个由社会决定的市场背景下，怎么创新？我创一款比苹果更好的手机，它卖六七千元，我卖一万二千元。

假如我这款手机叫哈密瓜，打向国际市场，质量和性能比它强多了，行吗？行。但是中国要在短期内做到这一点可能不太容易。所以我们退而求其次，弄一个拥有自主知识产权的手机，跟苹果的性能和质量差不多，它卖六七千元，我们卖五六千元，它叫苹果，我们叫鸭梨。问题是鸭梨卖给谁？五六千元买得起鸭梨的，可能再添个一千元就买苹果了，买不起苹果的买五六千元的鸭梨也费劲，直接买小米算了。

所以我们一定要看到市场的背后是社会，不改变社会，就无法改变市场。

转型需要什么样的社会改变

为了推动转型，社会需要做什么样的改变？刚才说关键的问题是下面那条曲线很平缓，拉不上来。而要拉这条曲线的话，我们现在还面临着一个非常现实的问题，就是人们的收入。收入最主要的形式，在中国现在只能是工资。在劳动力成本上，我们的优势已经失去。现在很多企业已经处境艰难，在这种情况下，靠提高工资来解决问题，空间可能已经很小了。那空间在什么地方呢？我觉得有两点是可以考虑的。

一个就是社会保障。在今天的美国，就两样东西，一个房子，一个汽车，仍然占家庭支出的50%以上，这仍然是他们经济生活最重要的内容。

所以现在耐用消费品和大宗消费有没有制度的支撑，是至关重要的。这个制度很大程度上就是社会保障制度，不解决人们预期的问题，不解决人们的不安全感、不确定性问题，就不能为这种消费创造条件。

在股灾发生之前，我曾经写过一篇长微博，题目叫《像驴子一样不停地奔跑》。什么意思呢？中国现在的老百姓有点像一头驴子，你打它两鞭子，说你跑一圈，它就跑了一圈。然后你说，这圈不算，你再跑一圈，又打了两鞭子，它又跑了一圈。你说这一圈也不算。它不停地跑，你不停地说这个不算。中国老百姓现在有点像这头驴子，什么意思呢？假如说一个老太太，15 年前她有 20 万元，她可以自信地跟人说自己这辈子养老没有问题，那钱可以在北京买一套不错的房子了。老太太刚把心放肚子里，房价涨起来了，现在这 20 万元能干什么呢？在北京买一个厕所肯定是买不了，买半个厕所差不多。半个厕所就想养老，门儿都没有。房价涨起来以后，这 20 万元就不算什么了，这圈算白跑了。

这时候有人说了，我没问题，我两套房，我住一套租一套，退休的时候用租金来补贴退休金，我这辈子没问题了；真遇到点大事，实在不行，大不了把多余的房子卖了，北京卖个五六百万元，就可以解决问题。他觉得两套房没有问题了。这个想法还没有几天，房产税遗产税要出来了，这套房子也不好拿了。这一圈也要不算了？

接着股市这轮牛市又开始了。这轮牛市至少在我旁边赚三五百万元、六七百万元、千八百万元的不在少数。一个是房子不好拿了，第二个是人的钱多了。那有没有某一天，这圈也不算了？

我的意思是什么呢？就是到了这样一个时代，我们的社会有没有一种制度的支撑非常重要。2014 年底我去西部某个市，这个市是一个资源性城市，是在煤矿的基础上建立起来的。前几年煤好的时候，盖了不少福利房卖给职工，大概是 2800 元一平方米，现在市面的价格差不多是 3200 元。我去的时候很多人要求退房，不是一个两个，非常普遍地要求退房，说：我也不想挣这个钱，你就按照当时的价格把钱退给我，这个房子我不想要了。怎么会是这样一种心态呢？我很难理解。当地的朋友解释说，现在很多人就觉得今后这几年吃饭都要成问题，手里拿的房子是值二三十万元，但是卖不出去有什么用？还不如把钱退给我，到时还能吃口饭。

在这样的情况下，当我们进入一个耐用消费品和大宗消费时代，怎么形成这种消费模式？所以这样一个制度的支撑，在中国就显得尤为重要，这是要解决的一个问题。

另一个问题，经济转型需要新的社会结构的支撑，主要是中产阶层的问题。耐用消费品或者是大宗消费的主体是谁？是中产阶层，没有中产阶层，就形成不了市场，转型就转不过来。但是我们都知道，中国中产阶层一直发育缓慢，虽然从绝对数来说还不少，但是前些年“三座大山”（住房、看病、上学）就把中产阶层“搜刮”得差不多了。这次股市又把中产阶层消灭了一批，有的是几年十几年积攒的钱，可以说这是非常大的问题。但是我觉得还没有完，弄不好还有一个陷阱。现在提倡大众创业、万众创新，“双创”。我觉得这事也不是那么简单。我们学校现在也引导学生，说要淡化就业意识，要增强创业意识，别一入学就想怎么就业，要想将来怎么创业。问题是，现在很多在市场里摸爬滚打这么多年的企业家都不知道干什么，都束手无策，连校门都没有出的大学生就知道干什么？这当中能不能出一两个比尔·盖茨？这倒有可能，但是大部分人是创不成的，不但创不成，弄不好把老爸、老妈在股市赔完还剩下的那点钱再给弄进去。这个弄不好，对中产阶层又是一次洗劫。

中国正在进入新的30年

现在我们真的要进入一个新的时代，要有一个新的理念。最近这几年我一直在讲30年，现在是一个重要的转折点，是新的30年的开端。中国历史上30年的现象是一个很有意思的现象。过去我们都说60年，实际上不是60年，是30年，包括我们老话说的“三十年河东，三十年河西”，说的都是30年。我们看看近代以来100多年的历史，真的差不多就是30年一段、30年一段走过来的。1911年辛亥革命到1949年中华人民共和国建立，38年的时间。中华人民共和国建立以后，“文革”前17年，“文革”10年，加起来27年，又将近30年。改革开放到党的十八大，又是30多年的时间过去。我认为这30多年的时间也差不多了，现在是一个新的30年的开端。

将来过了若干年，我们回想这30年，你可能说它好，也可能说它不好，但是有一点我估计是肯定的，这30年和过去的30年将会有明显的不同。现在很多问题都面临着重要的转折。

这新的30年，我们从经济困境、经济转型的角度来讲，必须得有一个能够支撑未来新的30年的理念。过去30年是以改革和发展作为中心的。但是要支撑起新的30年，能够解决当前我们面临的很现实的重大问题，必须得有一个新的理念。所以最近这几年，我经常讲两件事，一是社会进步，一是公平正义。

也就是说，进入新的30年可能需要我们建设一个更好的社会。而我们现在面临的，包括经济转型在内的很多现实问题，不在一个好的社会基础上来解决，实际上是很难的。所以在这样一个历史关头，我们需要一种新的理念，只有这样才能真正走向新的30年，才能真正切实解决现在我们面临的问题。

（本文系作者在2015年10月29日CMRA[①]第九届中国市场研究行业双年会上的演讲）

① CMRA，为“市场研究协会”的英文首字母缩写。——编者注。

党的十八届三中全会两周年：反思方能精进

刘胜军（中欧陆家嘴国际金融研究院执行副院长）

2013年11月12日，党的十八届三中全会闭幕。三天后的11月15日，公布了《关于全面深化改革若干重大问题的决定》，围绕“让市场在资源配置中发挥决定性作用”提出了60项、336条改革。改革力度之大、范围之广，超乎市场预期，引发全球舆论一片赞扬。笔者当时在微博上忍不住写下一句：“我又开始相信爱情了。”

的确，党的十八届三中全会的历史意义不容低估。此前，在“文革”结束后的中国历史上，有两次三中全会扭转了中国历史航向：1978年党的十一届三中全会拨乱反正，确立改革开放的国策；1993年党的十四届三中全会确立了社会主义市场经济体制，彻底告别了计划经济体制。可以说，这两次三中全会改变了中国的命运。

中国进入21世纪以来的第一个10年，犹如狄更斯那句名言所指：这是最好的时代，也是最坏的时代。一方面，在“入世”效应推动下，中国经济年均增速超过10%，是改革开放以来增长最快的10年，GDP跃居世界第二、外汇储备世界第一，创造了“中国奇迹”；另一方面，这10年也是环境污染失控、腐败失控、法治生态恶化、上访蔚然成风、贫富差距迅速拉大的10年，经济社会矛盾逼近临界点。

从某种意义上讲，我们应该感谢美国次贷危机。2008年的次贷危机宣告了“中国生产—美国消费”的“中美国”模式结束，使得中国经济转型的问题变得难以回避。中国最初采取了激进的“4万亿元刺激”（实际投资刺激规模远超4万亿元），但刺激效应只是昙花一现。

可见，党的十八届三中全会召开之际，中国内外压力不期而至，形成了“三期叠加”（增速换挡期、结构调整阵痛期、前期刺激政策消化期）效应。

压力越大，改革需求越是迫切。正是在这样的压力之下，党的十八届三中全会提出了令人激赏的全面改革方案。不仅如此，国家还设定了在2020年改革取得决定性成果的时间表，并成立了以习近平总书记为组长的中央全面深化改革领导小组。由此，改革成为本届领导人的中心任务。

改革进展

到我写作本文的时间为止，中央深化改革领导小组共召开了17次会议。该小组是负责改革方案设计的顶层机构，亦是改革大业的责任主体。

到目前为止，改革取得的积极进展有：

1. 商事登记制度改革 工商登记实行“先照后证”，前置审批事项85%改为后置审批；注册资本由实缴改为认缴，企业年检改为年报公示。其中，公司注册资本从实缴制改为认缴制意义重大，不仅取消了最低注册资本限制，省去了验资过程，大大降低了创业门槛，也消除了中国企业家时常惧怕的“虚报注册资本罪”“虚假出资罪”“抽逃出资罪”等罪名。这一改革对促进大众创业大有好处，被认为是中国就业数据向好的原因之一。这一改革，也成为习近平、李克强都公开作为正面典型提及的案例。

2. 利率市场化 在20世纪80年代，美国用了6年时间（1980—1986）才完成利率市场化进程。2014年3月，周小川公开表示利率市场化将在一两年内完成。2015年10月23日，中国央行取消所有的利率限制，标志着利率市场化走完了最后一公里。利率市场化能取得突破，与互联网金融的倒逼密不可分。李克强在2015年1月考察微众银行时明确提出：要以互联网金融倒逼金融改革。阿里巴巴创始人马云在几年前提出：银行不改变，我们就改变银行。由于影子银行的高利率引发银行资金大量流失，国有银行被迫放弃了对利率市场化的抵制态度。当然，中国的金融体系依然面临利率双轨制、预算软约束、刚性兑付等问题困扰。

3. 简政放权 大道至简。减少行政审批，被李克强视为推进改革的重要抓手。2014—2015年，简政放权是国务院常务会议聚焦最多的主题。两年多来，简政放权、放管结合工作取得明显成效。国务院部门共取消或下放行政审批事项537项，在2015年3月的两会上，李克强宣布：本届政府减少1/3行政审批事项的目标提前实现。当然，李克强也承认取消的审批权“含金量”有待提高，“一些审批事项，设立8年来竟连一次申请都没受理过”。此外，各级官员在改革过程中充分显示了“上有政策，下有对策”的智慧。例如，尽管商事制度改革实现了“先照后证”，有些人反映拿了照以后还是碰到层层阻碍，缺一个“证”，企业就运行不了。全国人大法律委员会、财政经济委员会在“简政放权改革”的调研中发现：放权比较多，但取消的权力比较少；放虚不放实，有些是很多年没发生的事项放了；放小不放大，真正有利益的并没有放。

4. 民营银行破局 长期以来中国银行业由国有银行垄断，民营资本不得其门而入。这一格局越来越不适应中国经济版图的变化，成为导致融资难融资贵的原因之一。最新数据显示，中国的国有企业创造了不到40%的GDP，其债务却占到中国企业部门的75%。2015年微众银行、网商银行的设立，标志着银行业的玻璃门终于打破。李克强总理表态：对民营银行家数不设上限。这一态度值得肯定。民营银行的崛起，将大大提升银行业的效率、优化结构，更好地服务中小微企业。

然而，更多的改革或者处于等待之中，或者方案令人失望，表明改革遭遇了实质性阻力：

1. 国企改革 国企改革兼具经济与政治层面的含义，因此笔者称之为党的十八届三中全会改革的"胜负手"。在市场焦急等待将近两年后，中央终于公布了《关于深化国有企业改革的指导意见》（以下简称《指导意见》），而且这只是"1＋N"中的"1"。从《指导意见》内容来看，在混合所有制、党政企分开、破除行政垄断、退出竞争性领域等关键问题上表态模糊，令市场失望。曾长期参与改革设计的吴敬琏教授批评说："《指导意见》有些思路还不够清晰，比如在国企定位和做强做优做大的问题上，就有和十五大、十五届四中全会决定不相衔接的地方。"早在1999年党的十五届四中全会《关于国有企业改革和发展若干重大问题的决定》就明确提出"企业和企业领导人不确定行政级别"。相比之下，《指导意见》却强调了如何具体在国企（包括混合所有制企业）中落实党的领导，意见提出"四个同步、两个交叉"："在国有企业改革中坚持党的建设同步谋划、党的组织及工作机构同步设置、党组织负责人及党务工作人员同步配备、党的工作同步开展……坚持和完善双向进入、交叉任职的领导体制，符合条件的党组织领导班子成员可以通过法定程序进入董事会、监事会、经理层……经理层成员与党组织领导班子成员适度交叉任职……党组织书记与董事长一般由一人担任"。要知道，长期以来董事会、党委职责定位不清被视为国企公司治理的一大弊病，因此，《指导意见》提出的方向令观察家感到困惑。

2. 财政改革 财政改革应该沿着提高透明度、人大制衡的预算民主方向前进，2015 年 1 月 1 日生效的新版《预算法》也为改革开辟了法律空间。但从实际情况来看，显然救急压倒了改革。由于地方融资平台债务问题的严重性超出预期，且在 2015 年出现很大的到期违约压力，财政部的精力被牵制于此。一个突出的表现是：2014 年 11 月发布了改革色彩浓厚的《国务院关于清理规范税收等优惠政策的通知》（62 号文），但仅仅半年后的 2015 年 5 月 10 日，国务院又出台《关于税收等优惠政策相关事项的通知》（25 号文）："各地与企业已签订合同中的优惠政策，继续有效；对已兑现的部分，不溯及既往。"62 号文规定的专项清理工作，则"待今后另行部署后再进行"。这在事实上等于收回了改革方案。迄今并未看到财税改革方面取得实质性进展。

3. 司法改革 司法改革一度被寄予厚望。虽然中央强调"依法治国"首先是"依宪治国"，但究竟如何落实违宪审查机制、赋予宪法生命力，目前依然没有眉目。国务院法制办副主任袁曙宏在 2014 年阐述了中国的司法现状："黑头不如红头，黑头就是法律；红头不如白头，白头有的是会议纪要，更厉害；白头不如低头，就是指领导的一个批示；低头不如口头，当面打招呼最厉害。"

如何改变权大于法的现实？从进展来看，包括最高人民法院在深圳、沈阳设立巡回法庭；上海试点司法人员分类管理；建立全世界最大的裁判文书网，上网文书已经超过 1000 万份；上海市第三中级人民法院成为中国首家专门审理跨行政区划案件的法院。尽管如此，由于缺乏对政法委的实质性改革，司法独立性的改善依然存疑。司法体系提出了按专业职务序列而非行政级别晋升，但在整个司法体系未能"去行政化"的体制大环境中，具体成效有待观察。省以下司法体系人财物由省级司法体系集中管理的改革，虽有试点，但缺乏明显突破。

4. 上海自贸区 作为本届政府的首个改革突破口，上海自贸区一度引发市场狂热情绪。尽管自贸区由上海扩展到天津、福建、广东，但两年过后，市场依然不清楚自贸区究竟要干什么，不同专家也都在瞎子摸象式地解读与推测。负面清单一度是市场关注的焦点，但如今已无人关心每年更新的负面清单（尽管从 2013 年的 190 个减少至 2015 年的 122 个）。自贸区金融开放一直是“只打雷不下雨”，细节落实阻力重重。2015 年 7 月的股灾和 8 月人民币汇改引发的外汇储备急剧下降，更加大了自贸区金融改革的不确定性。一个鲜明的对比是：2015 年 10 月美国宣布 TPP 达成协议引发中国网民热议，而自贸区正在被投资者逐渐遗忘。

5. IPO 注册制 IPO（首次公开募股）注册制尽管只是金融改革中的一个细节，但很具有观察意义：在中国企业部门负债过高的背景下，IPO 注册制改革是推动“去杠杆”的重要途径；IPO 注册制改革亦是促进大众创业、万众创新的关键，一旦上市通道不畅，将对创业企业的融资环境带来重大影响，也会打击风险投资机构；IPO 注册制涉及中国最具“含金量”的审批权，也将考验当局的改革诚意。最初预定于 2015 年 10 月完成的《证券法》修订被延后以及股灾后的新股发行再度喊停，无疑将推迟 IPO 注册制进程。

6. 一些令人困惑的改革 尽管党的十八届三中全会明确了市场化、法治化的改革方向，但具体操作中出现了一些似乎缺乏一致性的措施，例如国企高管的“限薪”、央企的合并。一个特别重要的观察案例是 2015 年 7 月的股灾。官方在牛市形成中的暧昧表态、股灾发生后介入救市的时机、暴力救市手段均引发激烈争议。必须承认，一些救市手段脱离了市场化、法治化的轨道，甚至动摇了国际投资者对中国改革开放的信心。中国官方也在事后试图弥补此次意外事故带来的“声誉损失”。

7. 大多数改革还在等待过程中 尽管已过去两年，但迄今进入操作状态的改革方案并不多。户籍、土地、教育等重大改革依然没有出台具体方案。中央深化改革领导小组会议涉及了诸多议题，但从讨论到成为可操作的方案之间存在很长的时间距离。

总体评价

从过去两年的改革实践来看，大致有如下印象：第一，改革进展缓慢，按照目前的速度，到 2020 年取得决定性成果的难度很大；第二，缺乏亮点和标志性改革；第三，一些关键改革被认为缺乏诚意，与党的十八届三中全会《决定》的立意相比有所后退。

市场上流传的段子非常精准地描绘了改革博弈的现状：上层踩油门，中层放空挡，下层踩刹车。一个突出案例是李克强总理的怒斥："部长们参加的国务院常务会议已经讨论通过的一些政策，现在却还'卡'在那儿，难道让几个处长来'把关'，这不在程序上完全颠倒了吗？这不是耽误时间吗？当时你们部长们都来开会了，会上都没有不同意见，现在难道还需要几个处长来'把关'？中央研究了一年多，拿出政策，结果各种手续再走上一年，这不是闹笑话吗！"

2015 年 9 月，中国欧盟商会发布《欧盟企业在中国建议书 2015/2016》称，"（党的十八届）三中全会《决定》发布两年以来，中国仅采取了为数不多的实质性市场化改革"。

素有"吴市场"之称的经济学家吴敬琏也忧心地表示："党的十八届三中全会以来的两年，改革方面有一些好消息，但是不足之处还很多，仍需要官方和大众的共同努力。"

在党的十八届三中全会召开两周年的今天，对于过去两年的改革进行客观的评价与反思是极其重要的。时间紧迫、任务艰巨，只有做出冷静、深入的反思，然后进行严肃的改进与调整，才能确保改革行进在正确的轨道上，2020年取得决定性成果的目标才有实现的可能。

改革陷入僵局的可能原因

改革进展不及预期，既令人意外也不令人意外。早在2013年党的十八届三中全会甫一闭幕的万众期待的激情时刻，全国人大常委吴晓灵就提醒说："《决定》令人振奋，但每次落实时总会遇到折扣。我们需要党内问责制。现在部门利益挡住了很多改革措施的落实。"习近平总书记在2013年也告诫：制定出一个好文件，只是万里长征走完了第一步，关键还在于落实。

从逻辑上分解，改革进展不如预期，无非以下几种可能。第一，改革进度并非线性的，目前仍处于蓄势过程，磨刀不误砍柴工，完全有可能在接下来的几年加快速度。第二，改革缺乏诚意。由于此次改革涉及极其庞大的利益格局，堪称政府的自我革命，当局究竟有无壮士断腕的勇气和决心？第三，改革缺乏足够的压力。压力是改革最好的动力。朱镕基时代的改革动力即源于当年国企普遍亏损、银行技术性破产、加入世界贸易组织的巨大压力。第四，改革者尚未找到有效办法来突破改革阻力。

在20世纪90年代改革中扮演重要角色的原体改办副主任李剑阁在2015年10月说："一个最重要的经验是，改革从来都是被逼出来的。党的十八届三中全会的《决定》，是一个非常重要的纲领性文件。这个改革文件写得非常好，可以说面面俱到。但是，我们回过头来看，这两年改革进程不尽如人意。到底是时机未到，还是面对的困难压力还没足够大呢？这个当然见仁见智。"

笔者倾向于认为，中国领导层具有改革的决心和诚意，但需要更为有效的办法来化解改革阻力。

直面改革阻力

直面问题是化解问题的前提。从目前局面来看，改革存在以下重大阻力。

1. 意识形态 对于中国这样一个从计划经济与苏联模式脱胎的国家而言，意识形态阻力在改革中如影随形。这在国企改革、司法改革、教育改革等领域体现得尤为明显。吴敬琏指出："党的十八届三中全会改革执行上存在很多阻力。虽然邓小平的思想受到许多人拥护，但苏联式的制度和意识形态不但对我们这一代人有影响，恐怕对下面几代人仍有很强影响。虽然现在物质利益比起意识形态更重要，但既得利益者打着意识形态的旗号来灌输他们那一套。"例如，在21世纪的今天，依然有人抛出阶级斗争论，或者把党的领导作为挡箭牌。李剑阁警告说，有些人"用虚无缥缈的、遥不可及的、过时的、陈旧的政治口号和概念"，去干扰"以经济建设为中心"的党的基本路线，"煽动一些不健康、不理性的社会情绪来阻碍或者反对改革。有人甚至要把中国拉回到计划经济，甚至还有人要在中国再搞一次'文化大革命'。当前最大的危险在于不改革，更大的危险在于改革往后退。邓小平曾多次果断、严厉地制止了将意识形态的争论引进经济领域。今天，我们也应该对否定市场化改革方向的言论旗帜鲜明地说'不'。"

从中国改革的历史经验看，改革的力度往往取决于思想解放的高度。没有"实践是检验真理的唯一标准"大讨论，就难以冲破"两个凡是"的思想禁锢，就不会有1978年改革开放国策的确立；没有皇甫平《解放日报》系列社论、邓小平南方谈话，就难以突破计划经济的思想禁锢，就不会有1993年社会主义市场经济体制的确立。今天，中国改革要取得突破，依然需要在国企垄断、政企分开、政府与市场的关系、司法独立等一系列重大问题上解放思想。

2. 官员缺乏激励兼容的动力机制 旨在“让市场发挥决定性作用”的改革，意味着官员权力减少、制约增多，显然是不符合官员的个体利益的。因此，从个体理性角度出发，官员肯定没有动力去配合与推动改革。尽管他们也不敢公然反对改革，但完全可以采取怠工、模糊焦点、拖延、制造思想混乱等方法来对抗。从历史上看，一旦官僚集团陷入普遍的抵制状态，改革取得进展是几乎不可能的（例如宋朝的王安石变法）。毕竟，中央的改革需要官僚集团去执行和落实，甚至改革方案的起草也要依赖官僚集团。当年王安石变法期间，宋神宗与近臣讨论免役法的好处时说：变更法制，士大夫们确实不高兴，然而对百姓有什么不方便的呢？宰相文彦博毫无遮掩地说：皇上是与士大夫们共同治理天下，不是与百姓共同治理天下。如果不重视官员的激励机制问题，改革注定会陷入“与虎谋皮”的尴尬局面。

3. 民粹主义与民族主义思潮 李剑阁最近指出：“导致不改革或者改革往回走的最大威胁主要有两个，一个是民族主义抬头，另一个是民粹主义抬头。”言下之意是，一旦被“两民主义”挟持，改革很容易偏离正确的方向。2015年的股灾即为典型案例：把股灾归咎于境外势力、股指期货，夸大股灾的危险性，不计后果地救市等等。中财办主任刘鹤在一篇文章中非常深刻地写道：“在面对严重危机的时候，主要国家在应对政策上总犯同样的错误。这些明显的错误在事后看起来显得可笑，但对当事人来说，实施正确的政策却困难重重。这是因为，大危机在人的一生中往往仅会遇到一次，决策者缺乏经验，又总是面临民粹主义、狭隘的民族主义和经济问题政治化这三座大山。政治家往往被短期民意绑架，被政治程序锁定，不敢突破意识形态束缚，这几乎是普遍的行为模式。”可以预期，中国未来的改革，还将不时遇到民粹主义和民族主义的干扰。

4. 改革方案制订中的角色缺位 当前改革方案制订过程仍由部委主导，而作为主要利益相关者的社会公众却在这一过程中“被缺位”，这是改革方法论上的一大缺陷。中央深化改革领导小组第九次会议提出：提高改革方案质量。一些改革方案质量不高，绝不是专业水平的问题，而是没有办法突破利益格局。如前所述，改革的本意是要政府自我革命，因此把改革方案起草工作交给部委岂非与虎谋皮？当然部委可以参与，因为部委人士掌握大量的政策信息，但不能变成部委的内部操作、闭门谢客的盛宴。例如，国资委新闻中心首席专家李锦曾言，“国企改革方案从 2013 年底便开始起草，一直在修改之中，没有出台的很重要的原因是触及各方利益，需要平衡，统筹考虑，需要征求意见，形成最大公约数”，遗憾的是却没有征求公众的意见。突破这一困局，必须让公众真正参与到改革方案的制订过程中来，才能避免改革议程被既得利益所绑架。从财政部《预算法实施条例（征求意见稿）》、国资委《关于深化国有企业改革的指导意见》、交通运输部《关于深化改革进一步推进出租汽车行业健康发展的指导意见(征求意见稿)》、央行《非银行支付机构网络支付业务管理办法（征求意见稿）》来看，部门利益法制化倾向明显。习近平总书记指出：法律是治国之重器。我们在立法领域面临着一些突出问题，比如，立法工作中部门化倾向、争权诿责现象较为突出……要明确立法权力边界，从体制机制和工作程序上有效防止部门利益和地方保护主义法律化。笔者认为，扩大社会参与才是防止部门利益法制化的根本途径。

改革怎么办

针对上述改革阻力，对症下药，笔者建议从以下方面入手以求突破改革僵局。

1. 以合理补偿实现官员队伍的精简 改革离不开官员的支持与配合。要改变官员的抵制心理，就应该正视官员合理的利益诉求。例如，一些部门在改革后可能没有继续存在的必要，官员下岗在所难免（例如取消计划生育后的计生委、取消投资审批后的发改委）。此时对下岗的官员进行利益补偿就是合理的。假定中国改革可以产生 10 万亿元的红利，为什么不能拿出 1 万亿元来补偿那些受损的官员呢？这样一来，改革就具有了从零和博弈向帕雷托改进转化的可能性，改革阻力大大减轻。李克强总理曾经感慨：政府养的人太多，养了人就要管事啊！从某种程度上讲，政府大幅精减人员才是简政放权的关键。20 世纪 80 年代邓小平百万大裁军帮助中国军队走向现代化；90 年代朱镕基推动国企“破三铁”、大量裁减冗员，让国企起死回生；今天如果中国政府能以历史魄力和胸襟大幅裁减官员，中国才有可能走向“小政府、大社会”的健康格局，才能真正建立国家的现代治理。

2. 谁不改革谁下台 改革思良将。推动改革，不仅需要理论和专业经验，更需要有理想、有历史责任感的改革派。朱镕基 20 世纪 90 年代推动改革，一个重要经验就是大胆起用王岐山、周小川、楼继伟、李剑阁、郭树清、吴晓灵等一批年轻的“改革促进派”。此外，建立以改革为导向的激励考核机制，将改革绩效作为官员考核的核心 KPI（关键绩效指标），尤为关键。90 年代初中国改革陷入迷茫，邓小平一句“谁不改革谁下台”迅速扭转局面。2015 年 5 月中央全面深化改革领导小组第十二次会议提出：“有的放矢开展思想政治工作，引导大家争当改革促进派。”这发出了调整用人导向的重要信号，但这仍不够，中央必须以实际行动来证明，果断提拔一批改革派、撤掉一批太平官。其中，一个关键细节是必须打破官员五年一届的考核周期，一年一考核，不换思想就换人，因为我们浪费不起五年的时间。2017 年中国共产党将迎来十九大，这将是起用改革促进派的一次历史性机遇，中央应以实际行动明确重用改革促进派的导向。

3. 优化反腐策略，实行有条件的特赦 反腐是治标，为治本赢得时间，改革才是反腐的治本之策。反腐应服从于改革大局。为避免反腐成为改革阻力，须优化反腐策略。从中纪委书记王岐山的表态来看，中国的反腐策略已经悄然更新了三个版本：1.0 版本是老虎苍蝇一起打，零容忍；2.0 版本是坚决查处十八大后不收敛不收手、问题反映集中、群众反映强烈、现在重要岗位且可能还要提拔使用的领导干部；3.0 版本是党纪轻处分和组织处理要成为大多数，对严重违纪的重处分、做出重大职务调整应当是少数，严重违纪涉嫌违法立案审查的只能是“极极少数”，必须改变要么是“好同志”、要么是“阶下囚”的状况。这对减少官员不作为和改革阻力是非常及时和必要的策略调整。

4. 思想解放 习近平指出：冲破思想观念的障碍、突破利益固化的藩篱，解放思想是首要的。思想解放的前提是自由的言论空间。诺贝尔经济学奖得主科斯在 2011 年语重心长地指出：“如今的中国经济面临着一个重要问题，即缺乏思想市场，这是中国经济诸多弊端和险象丛生的根源。”

推进思想解放，离不开最高领导人的发动。一个成功的案例是，江泽民于 1991 年冬主持 11 次专家座谈会，为 1993 年党的十四届三中全会进行了充分的思想准备。会议之所以成功，其经验就是自由讨论，会议充满自由讨论的气氛，没有桌签，与会专家到会议室后自由选座位，发言顺序不是预定的，都是临时要求发言，还可随时补充。多数人都不是念事先准备好的发言稿，而是敞开思想着重讲自己的意见，也有即席发言。

5. 扩大改革方案制订中的社会参与 改革的本质是利益格局的调整。要确保改革朝着合理的方向调整利益格局，扩大改革方案制订中的社会参与至关重要。保密不是借口。只要我们向社会公开征求意见的过程是透明的、公平的，就不存在泄密的问题。如果只有有关部门知道方案，这才是最大的信息不公平和滋生内幕交易的土壤。有关部门不能“丑媳妇怕见公婆”，把方案揣着，更不能“我说了算”，霸王硬上弓，置民众的合理诉求于不顾。除了公开征求意见外，公开的专家听证会也是重要的机制。只有公开的利益博弈，才有可能是公平的利益博弈。

6. 扩大经济下行容忍度 中国要真正转型、提高增长质量，从投资驱动走向创新驱动、消费驱动，经济增速的放缓不可避免。如果我们坚持维持一个高增速，很多重要的改革就很难推行下去。李克强总理最近表态说：我们从没讲过要死守某个点位。厉以宁也说：第三产业为主的发达国家，增长率3%就很不错了。有种观点认为中国经济应该保持在8%以上，而且8%还可以延长很多年。这是不对的。中国过去之所以有这么高的速度是因为以第二产业为主。如果还保持8%以上，只会产能过剩。如果能长期保持5%，那也是不错的了。最近在讨论“十三五”规划时，一种观点认为6.5%是增长底线，理由是低于这一速度就难以实现2020年收入翻番的小康社会目标。我们要避免被这样的观点套牢，能实现当然最好，实现不了也没关系。相反，如果为了实现6.5%而继续污染、继续积累债务风险、继续扩大收入分配差距，那就显得本末倒置了。

其实，经济维稳本身具有很高的社会成本，而这一点常被忽视。中金公司前总裁朱云来最近说："政府不断大笔投入稳增长项目，其实是给旧经济产业找借口和出路，最终会阻碍改革进程。2015 年国家已经投入了接近 2 万亿的稳增长项目，其实很多都是资源浪费，为过剩产能兜底。如果政府担心社会问题，直接去解决民众的生活问题，可能不需要花 2 万亿。建造那么多的公路，其实并没有这么庞大的需求，最终收不上费其实是亏损的。用大量的投资项目稳定GDP数据其实是对资源的一种浪费。实际上，短期索性让过剩产能快速下降也没关系，同时把社会保障准备好，至少是一个过渡时期还能做得到的事情。"我们至今仍未彻底消化"4 万亿元刺激"的后遗症，绝不能两次掉进同一陷阱，中国必须尽快脱离"稳增长"桎梏。

改革开放是决定当代中国命运的关键一招。举世瞩目的党的十八届三中全会改革已经历时两年，距离 2020 年取得决定性成果的大限时间无多。决策者当以舍我其谁的历史勇气，以"一万年太久，只争朝夕"的紧迫感，紧紧抓住未来几年的改革窗口期，这可能是中国最后的改革窗口期。

"不改革要承担历史责任""让改革成为中国经济最大的红利"，党的十八届三中全会改革攸关中国命运。李克强曾言：改革既要有勇气推进，又要有智慧把握。面对当前的改革僵局，决策者应直面改革阻力，优化策略，注重改革的科学方法论，正视改革中的利益格局调整，设计出激励兼容的改革动力机制，引领思想解放，扩大社会参与，聚精会神搞改革，让改革成为中国经济最大的红利。

习近平指出：改革是决定当代中国命运的关键……改革开放是前无古人的崭新事业，必须坚持正确的方法论……可以说，容易的、皆大欢喜的改革已经完成了，好吃的肉都吃掉了，剩下的都是难啃的硬骨头。从现在到 2020 年还有 5 年时间，中国决策层应该把改革当成所有任务中的头等大事，以抓反腐的勇气和力度狠抓改革，以正确的方法论实现改革的突破。

（本文原载于《金融时报》中文网）

第三章

新常态下如何发掘改革动力

在经济新常态下，我国仍然处于可以大有作为的重要战略机遇期。要根据各种产业的特性，发挥好有效的市场和有为的政府“两只手”的作用，推动产业转型升级。什么时候经济增长能够真正见底、平稳住，甚至有所回升，取决于我国有没有形成新的、有竞争力的企业，而这就需要进行经济结构性改革，它对经济稳定和保持中高速的可持续增长有积极的作用。

改革如何突破四大阻力

吴敬琏（国务院发展研究中心研究员）

中国经济现在确实面临着很复杂的状态：一方面，经过 30 多年改革，中国的经济和国际地位有很大的提升，面临着一个重要的战略机遇期；另一方面，我们又面临着很严峻的挑战。

“三期叠加”的挑战

党的十八届五中全会对这种状况做了总结，就是“我国发展仍处于可以大有作为的重要战略机遇期，也面临着诸多矛盾叠加、风险隐患增多的严峻挑战”。这一概括非常全面、准确和深刻。

我们所面临的矛盾、隐患和挑战可以用“三期叠加”来说明。

第一期是“经济增长换挡期”，经济增长减速是第一个矛盾和挑战。过去很多经济问题、社会问题都是靠数量扩张来摆平的，一减速这些问题就出来了。

第二期是“结构调整阵痛期”。“九五”计划时就提出需要调整产业结构，但是 20 年过去了，转变经济发展方式的任务还远远没有完成。现在越来越迫切地需要调整结构，实现结构优化，但这件事是要付出很大代价和成本的。

第三期是“前期刺激政策消化期”。我们一直用增加需求来拉动增长，特别是2008年全球金融危机爆发以后，在2008年底到2009年，用强刺激的政策扩需求保增长。增长率保住了，但是副作用很大。最突出的表现是我们资产负债表里面的负债率迅速提高，已经越过警戒线。日本1986年的刺激政策引发资产泡沫，泡沫破裂的后遗症至今还存在影响。日本的前车之鉴启示我们，刺激政策积累起来的负面结果必须消化掉。

这些问题叠加在一起，就是我们现在面临的各种矛盾，各种隐患，各种挑战。

根据“供给侧因素”提出对策

对于增速下降有两种对策选择。宏观经济分析不外乎从两个侧面，即从需求分析或者从供给分析。

第一种对策，可概括为从“需求侧因素”进行分析。之前最流行的“三驾马车”分析方法，就是从需求侧的三个主要因素——消费、投资、出口的状况去探求经济增速下行的根源和寻求对策。这种分析认为增长速度下降，因为消费、投资、出口这“三驾马车”萎靡不振，拉不动中国经济的大车，解决之道就是想办法重振这“三驾马车”。这种分析法显然源于凯恩斯主义的短期分析框架。凯恩斯主义认为需求决定供给，出现经济衰退的原因就是需求不足。

总需求则是由消费、投资、进出口、财政赤字构成的。由此得出的对策，就是运用扩张性的财政政策和货币政策来提振需求和保持增长。这种分析方法和从中引出的结论在理论上和实际运用中都是存在问题的。且不说经济学界对于凯恩斯主义的宏观经济理论是否正确存在激烈的争论，即使认为凯恩斯主义的宏观经济理论完全正确，它所针对的也仅仅是经济学所说的短期经济问题，用凯恩斯主义的分析框架去分析长期问题是不合适的。从长期来说，凯恩斯主义的处方不能用。

我们过去一直用需求拉动增长，特别是2009年的强刺激，反复的强刺激结果出现了两个问题。第一个问题是经济学上公认的投资报酬递减。中国经济的高速增长在维持了相当长时期以后，在2008年由于受到全球金融危机的冲击增速一度下降。随后在2009年4万亿元投资和10万亿元贷款的强刺激下止跌回升，重回8%以上的增长速度，甚至从2009年第四季度到2010年第一季度连续三个季度达到10%以上的增长率，然后就开始掉头向下。

近几年来，几乎每年政府都会出台一些保增长的刺激措施，但GDP增长率仍然一路下行。从2011年到2014年的4年中，GDP增长率分别是9.2%、7.8%、7.7%、7.4%。2015年上半年降到7%，第三季度进一步降到6.9%。2015年第三季度刺激措施的强度并不比2009年低，但是促进经济增长的效果却几近于无。

强刺激的另外一个问题就是债务积累。一般认为，总的杠杆率到200%以上就要引起注意。据有的机构研究，我国2014年总的杠杆率已达到283%，这是很高的负债率，有可能出现系统性风险。系统性的风险一定要规避，如果爆发的话不是短期内就能恢复的。

可见，一方面，由于投资报酬递减规律的作用，刺激政策促增长的效果每况愈下。另一方面，过量的投资会导致杠杆率不断提高、债务积累，这都使我们不能把增加投资作为经济增长的主要动力。而且，从它已经造成的后果来看，采用这种办法的风险太大了。

另外一种方法叫“供给侧因素”的分析。许多经济学家都认为，应该从供给侧的分析寻找对策。供给侧分析认为经济衰退不是需求薄弱，而是因为驱动力量或动力不足。

这个分析框架就是所谓新古典经济学的框架，认为推动供给的基本上是三个因素，第一个是劳动力，第二个是投资，第三个是索洛余值，即技术进步。在20世纪中期以前，人们普遍认为，总产出只由劳动力和资本这两个因素决定；如果没有新的劳动力加入，增长的动力只有新增资本（投资）一项。然而投资的单项增长，必然造成投资报酬递减的结果。于是，为了保持一定的增长率，投资率必须不断提高。

美国著名经济学家索洛在20世纪50年代中期对这个分析方法提出了挑战，他用美国20世纪前49年的数据做了一个回归分析，发现增长率并未下降，投资率并未提高。索洛认为，推动经济增长的还有一个因素，这是劳动和投资都不能解释的一个余数，经济理论上叫作索洛余值（Solow Residual），也就是技术进步。这一理论模型对中国过去的高速增长和目前的增速下降都有很强的解释力。

对索洛余值的内容，索洛、库兹涅茨和施瓦茨有不同的界定。索洛余值的“技术”概念很宽泛，是指所有生产方法的改进。一些发展经济学的学者认为，这是建立在科学基础上的技术运用。在实际的经济分析中，则是一个常常用到的统计上的概念，叫TFP（全要素生产率），就是效率提高。尽管用语不尽相同，大多数经济学家都肯定地认为现代经济增长的主要驱动力量在于技术进步和效率提高。

用我们现在在实际工作中、政治文件中用的话来说，就是1995年以来提出的经济增长方式转变，或者叫经济发展方式转变。结论是：我们只能依靠经济增长的驱动力从增加投资转向增加索洛余值（提高TFP），即经济发展方式转型。

关键在于建立新的体制机制

我们提出经济发展方式转型已经20年了。在1995年制订

“九五”计划时，提出要实现两个根本转变：第一个根本转变就是在经济增长方式上从粗放型转到集约型，它的核心是提高效率；第二个是经济体制从计划经济转变为市场经济，这是我们总结了苏联的教训之后提出来的。

“九五”（1996—2000年）计划期间适逢在党的十四届三中全会《关于建立社会主义市场经济若干问题的决定》的指引下兴起的改革大潮，经济体制转型和经济增长方式转型都取得了积极的进展。遗憾的是，到了“十五”（2001—2005年）计划期间，转型却停顿了下来。“十五”计划有好的方面，就是城市化加速。城市化是推动现代化、工业化一个非常重要的力量。但是我们城市化过程所依据的体制使得城市化增长的方式恶化了。

城市化有两种方式。大多数国家的城市化是从“市”发展而来的。市场主导的城市化有一个自发的权衡利弊的过程，尽量得到城市化的好处，又尽量防止其弊端。而中国的城市化是从“城”来的。我国的城是有行政级别的，世界上很少像中国这样，城市分成正部级城市、副部级城市、地级城市、县级城市等。城市的级别与城市规模有关，规模越大，级别越高；级别越高，掌握支配资源的能力越强。

我国的土地制度也给主导城市化进程的政府增加了一个巨量的资源。低价征购的土地以市场价出售，形成了巨量的土地批租收入，这就提供了政府主导城市化的财政基础，而且城市规模越大，土地财政的收入就越多。这就更加刺激了这种摊大饼的城市发展方式，于是形成了恶性循环。城市化本来是人的城市化，可是我国土地城市化的速度比人城市化的速度快得多。这样的摊大饼在全国蔚然成风，于是出现了“鬼城”，以及交通拥堵等等现状。

为什么我们过去这20年中虽然三令五申，但转变经济增长方式没有取得理想的效果呢？根本的问题在于改革推进不足，所以这些体制性障碍就没有能够消除。回到我们现在讨论的问题。如果以上分析是对的，就可以得出一个结论：我们采取的方针就是不要靠刺激措施来保证经济增长，而要在稳住大局、保证不出现系统性风险的前提下，把主要的力量放在推进改革上，通过推进改革消除这些障碍，来实现效率的提高、结构的改善、经济发展方式的转型。这是一个基本的方针，也是一个正确的方针。

控制和化解风险，为推进改革赢得时间

保证不出现系统性的风险，大体有两方面的措施。一方面堵塞漏洞、化解风险。要妥善处理各级政府的债务。要停止风险的积累，不要再做回报过低甚至完成没有回报的投资。要停止对“僵尸企业”的输血。动用国有资本偿还政府的或有债务。对资不抵债的企业实施破产或重整，释放风险。停止“刚性兑付”。有些企业已经出现了危机，应该在债权人和债务人之间分担风险，但是我们现在通常的办法是由政府承担。赔了都是由政府负责，当然最后都是由纳税人承担。盘活由于粗放式增长形成的死资产存量，例如闲置的地产项目、“晒太阳”的开发区等。总而言之有很多的办法把已有的风险释放掉，要想办法化大震为小震，不要因张力积累最后来一个大震。

另一方面是辅之以适当的货币和财政政策，维持宏观经济的基本稳定。在当前的形势下，宏观经济政策仍然应当执行 2014 年 12 月中央经济工作会议确定的“积极的财政政策要更有力度，货币政策要更加注重松紧适度”的方针。货币政策要坚持稳健的方针，是由于当资产负债表发生问题，杠杆负债率过高，就会出现普遍的偿债困难，人们都会捂紧“钱袋子”，保持足够流动性在手里，而不愿借债来进行长期投资。

如果主要用货币政策刺激需求，多发“票子”，扩大信用，人们拿到钱以后更愿意投在股市而非流动性低、不易抽身的实业上。如果过度使用货币政策，股市也容易出现泡沫膨胀，并在泡沫最终爆破时导致严重危机。在货币政策的执行上，还要注意把提供必要的流动性和去杠杆结合起来。

所以两个主要的宏观经济政策，即扩张性的货币政策和财政政策，主要是要用扩张性的财政政策。目前我国预算赤字离公认的警戒线还有一些距离，增加赤字还有一定的空间。怎样增加扩张性的财政政策力度呢？所谓扩张性的财政政策，说白了就是增加赤字。有两个办法，一个是增加支出，一个是减少收入。在我们当前的情况下，应该更多地采用普惠性的减税。现在我们碰到一个极大的问题，就是我们的企业家对未来没有信心，缺乏投资积极性。为了改善营商环境，政府降低税收将有利于提高企业家的积极性。

改革的四大阻力

党的十八届三中全会做出全面深化改革的决定，党的十八届四中全会做出依法治国的决定。对于党的十八大的决定大家都很兴奋，但是一定要考虑到，不是做出一个好的决定，躺在那里就可以实现的，因为障碍和阻力还非常强大。

贯彻党的十八届三中全会决定存在着四大阻力。

一是意识形态障碍。苏联式的意识形态在我们这一代人身上还是非常强烈的，这是一个沉重的包袱。下一代是不是好一些呢？不见得。有一个很大的问题，是思维方式的惯性还在继续。我们的教科书、各种论证材料，对这种苏联式的意识形态没有经过彻底的清理，所以它还是有力量的。有些人依然可以打着这个旗帜来反对改革。

二是既得利益阻力。因为改革得不彻底，所以就有很多腐败的机会，利用旧体制的遗产发财致富，这个力量在30年中积累得很强大了，不可小视。

三是不利的经济环境。我们过去已经得出这样的经验，推进改革要有一个良好的环境。

四是很高的技术难度。我们要建立一个统一竞争、开放有序的市场体系，这在技术上、专业上的要求非常高。

总而言之，改革的障碍和阻力还很大。中央的态度是，需要以极大的政治勇气和智慧来克服阻力和障碍，切实推进改革，这就需要我们所有的人共同来参与。

“十三五”规划强调创新和提高发展质量

“十三五”规划在总的方向上要求加强创新和提高发展质量，党的十八届五中全会《公报》指出，要坚持发展是第一要务，以提高发展质量和效益为中心。所谓发展质量就是说主要不是靠增加资本投入，而主要靠提高效率，加快形成引领经济发展新常态的体制机制和发展方式。我们要加快建设能够激励创新创业的体制机制，我们要动员但是不能光靠动员，而要靠体制机制。怎么能够建设这样的体制机制呢？归根结底要靠改革。

《公报》特别强调了提高效率，又特别突出了创新。《公报》有一个很重要的发展，就是提出了“创新、协调、绿色、开放、共享”五项发展理念。在这五项发展理念中，把创新提到首位。文件指出，“必须把创新摆在国家发展全局的核心位置”，“让创新在全社会蔚然成风”。要做到这一点，就是要加快建设能够激励创新和创业的体制机制。在简政放权、金融改革、财政体系完善、国有经济改革、自贸区实验、教育体制改革、法治建设等方面都需要我们群策群力、共同推进。

总之一句话，能否把党的十八届三中、四中、五中全会所要求的改革落到实处，是我们成败的关键，希望我们今后继续共同努力，使党中央的决定能够得到切实贯彻。

（原载于《比较》）

新常态下如何发掘改革动力

郑永年（新加坡国立大学东亚研究所所长）

中国的经济下行压力非常大，根据我自己到中国各地考察的结果，我是觉得下行压力甚至比我们预期中的还大。我们把它称为“新常态”，当然是比较正常的。从一个高达两位数的增长，现在下行到中高速增长，这是一个常态。那么为什么说中高速呢？就是针对中国自己以前高达两位数的增长来说，是中高速增长。但是如果中国跟世界其他国家来比较，无论是欧美的发达经济体，还是新兴经济体，中国的经济增长还是很高速的。

新常态要防止陷入中等收入陷阱

我们对这个新常态必须要有一个比较正确的认识。所谓的常态就是稳定的增长，如果说我们以后 10~15 年能达到人均 6%~7% 的增长的话，那么我们有望进入一个高收入社会。这几年我们一直在讨论中国的中等收入陷阱问题，这个问题是非常有意义的。逃避中等收入陷阱，对中国来说是非常重要的问题。根据世界银行的统计，“二战”以后，100 多个国家里面，大概只有十几个国家成功逃离了中等收入陷阱，大部分国家都进入了中等收入陷阱。这十几个国家里面，大部分还是中东石油等能源类型的国家。除了这些能源类型的国家之外，我们东亚，日本或者亚洲四小龙，中国香港、中国台湾和韩国、新加坡，避免了这个陷阱。什么叫中等收入陷阱呢？我举个例子就很清楚了。

东亚社会，日本、亚洲四小龙，是高收入社会，而马来西亚、印尼、菲律宾、泰国，这些国家是长期陷入中等收入陷阱的国家。当然，低发展国家也有，亚洲国家很多，像柬埔寨、老挝、缅甸这样一些国家一对比就非常清楚，这些经济体所面临的困难大家也看得很清楚，不用多说。高收入社会往往是政治比较开明、开放、稳定，政府比较清廉。长期陷入中等收入陷阱的社会，就是腐败非常流行，社会不稳定，经常出现暴力。所以我们的目标很明确，必须逃避这个中等收入陷阱。

我记得习近平总书记多次强调，他最担心的就是两个陷阱：一个是国内的中等收入陷阱，中国必须避免；一个是国际社会上的国际关系所说的修昔底德陷阱，就是不要和世界大国，尤其是美国，发生霸权之争，不要发生战争，这是非常明确的。

党的十八届五中全会通过的第十三个五年规划建议，已经说得非常清楚了，我们要在五年之后实现全面小康社会。全面小康社会的概念很清楚，明确具体地规定，今天我们的人均GDP已经是7800美元，五年之后要实现人均GDP 12000美元。什么概念呢？从今天开始，我们每年必须达到6.5%的增长，人均GDP才会达到12000美元。

另外一方面就是扶贫。中国现在统计贫困人口是根据中国自己的标准，农村还有7000多万贫困人口，城市还有1000多万贫困人口，这是我们自己的标准，即人均每天1.5美元的收入。如果按照国际标准，我们的贫困人口规模更大，因为根据国际标准是每天2美元，如果这样算，中国还有两亿多贫困人口。所以从这个社会结构来看，中国现在的中产阶层还是很少的，社会底端群体还是太大。为什么要担心中等收入陷阱？全面小康社会，我自己的理解，也就是我们执政党的中产阶层社会的概念，因为中产阶层概念可能比较敏感，所以我们把它称为全面小康，或者中等收入社会，意义上是一样的。如果不能改变这个情况，从长远来看，中国可能会像其他长期陷入中等收入陷阱的社会一样，会面临社会的不稳定。

不要对中国经济过分悲观

这个目标确定了，那么怎么避免中等收入陷阱，实现全面小康人均GDP 12000美元？从现在的7800美元到12000美元，我觉得还是可以的。现在我们一直在讨论两个百年，第一个百年的目标是全面建成小康社会，第二个百年是到本世纪中叶，把自己提升到一个高收入社会。我觉得那个阶段比较困难一点，比接下来五年还要困难一点。虽然现在经济下行，但是我觉得，也没有必要很悲观，也有好的方面。

举几个例子。第一，中国已经完成了大规模的基础设施建设，这个非常重要。从70年代末80年代初以来，中国进行了世界上最大规模的基础设施建设，大家如果去其他国家，哪怕是去欧美发达国家旅行的话，会发现中国现在的基础设施可能是世界上一流的。

第二，中国已经进入了大规模的工业化阶段，有大规模的制造业基础，是世界上少有的。现在大家一般把中国看成是世界制造业基地，光是珠江三角洲就是这样一个基地。这么大规模的工业化，在其他新兴经济体很难发现，包括印度。如果今天我们去印度看看的话，大家就会发现他们的基础设施不行，更没有大规模制造业的基础。

第三，中国的基础教育实在是做得非常好了，人力资源这方面还是没有问题的。从文化上来说，也是很重要的，中国有几千年的传统商业文化。我一直在想为什么日本和亚洲四小龙能逃避中等收入陷阱，因为这些都是东亚文化圈的经济体，这还是非常重要的。西方也有这个讨论，为什么早期发展的发达国家都是新教伦理圈，是德国社会学家马克斯·韦伯所论述的经济体，东亚儒家文化圈的五个经济体成为高收入社会？中国当然是儒家文化圈的中心。尽管“五四”运动以来，我们做了很多反文化的运动，但是随着中国文明的自觉，文明的复兴，中国越来越像传统儒家文化圈的经济体。文化的要素，当然经济学家是不太重视，因为比较软，但是我觉得还是会对中国的经济增长产生长远的影响。

从微观方面的一些经济形势来看，也有好的地方。第一方面，中国已经开始从一个出口导向型经济向内部消费的经济体转型。一个明确的事实就是，党的十八大反腐败以来，政府部门的消费，也就是“三公”消费，现在非常小。现在不仅政府部门自己消费减少了，政府跟企业家之间的关系也在发生变化。总体来说，中国的消费水平还是很快提高了，这表明民间的消费增加得很快。

第二方面，就业市场还是不错的。中国改革开放以来，因为以前人口基数很大，发展出了劳动密集型产业。从中央政府的角度来说，甚至从各个地方政府的角度来说，就业市场是他们最担心的。温家宝总理那时候提出“保 8”的口号，担心的就是就业问题，就业问题如果不能解决，就会产生社会稳定的问题。现在尽管经济下行，但是就业市场还是有改善的。

第三方面，新兴产业也在兴起，尤其是服务业最近几年兴起得非常快。我们现在感到比较悲观的就是有些产业，尤其是传统产业不作为，比如说房地产，因为以前房地产对中国的经济做了很大贡献，房地产成为中国经济的支柱，当然也产生了很多问题。

另一方面，因为中国大规模基础设施建设已经过去了，所以造成了以前的钢铁、水泥等这些行业产能大量过剩。大家到珠江三角洲、长江三角洲看看，会发现低端制造业发生了很大问题。由于中国劳动力成本提高，很多产业开始从中国往周边其他国家转移，这也是很正常的。当然还有农村这一块儿，后文我们可以讨论农村新的发展动力在哪里，农业对中国来说还是非常重要的一块儿，但是农业的发展方向是什么，我们还是要好好考虑的。

当然，中国经济的增长潜能是非常大的，什么潜能呢？习近平总书记说要实现从中国传统的数量经济到质量经济的转型，我们如果能正确理解质量经济一说，中国的经济潜力非常大。中国的消费者要跑到日本去买马桶盖、电饭煲和大米等农业产品，现在中国大陆实际上是日本、韩国、中国台湾农业产品的最大的外销市场。无论是电饭煲、马桶盖还是农业的技术，我们都是有的，是很容易做出来的，只是我们没有注意。当然如果要做欧美的那些名牌服装、名牌包包，可能需要很长的历史，但是技术类型的这些产品，我觉得中国是可以做得出来的，只是我们不够重视，这是产业升级的问题。

制度创新比技术创新更重要

从这个角度来说，现在政府提出来创新，怎么通过创新来触动下一步的改革？一般理解，好像创新只是一个技术的创新。我自己觉得，我们不能把创新狭义理解为技术的创新，我觉得更重要的还是体制的创新、制度的创新。最近李克强总理也讲到这一点，我也非常赞同，他把制度创新也包含到创新里面，是创新的一个方面。

最近提出的供给侧改革，我的理解就是要提供新的制度供给，要提供新的制度体系。但是到现在为止，大家理解的光是经济学意义上的供给。当然经济学意义上的供给也很重要，我刚才举的例子，技术供给，中国有庞大的消费市场，但是提供不了技术，所以通过技术的供给来发展经济。我觉得这个供给更需要制度的供给，制度供给非常重要。

供给侧改革实际上是邓小平早年提出来的，通过培养新利益来克服老的既得利益的阻碍，这样的思路是一样的。中国的改革从邓小平开始，都是通过培养新的利益来对老的利益构成压力，老的利益就是既得利益。在没有新利益的情况下，要改革既得利益，突破旧利益的阻碍，也是很难。要改革老的利益，是需要成本的，这个成本谁来承担？所以在体制外培养新的体制，培养新的利益，对旧的利益和旧的体制构成压力了，这些旧的利益、旧的体制就可以去改变自己。同时新的利益也可以消化因为改变老的利益而带来的成本。供给侧改革的提法非常好，就是要有新的制度供给。

没人干活儿，潜力没法转化成实际增长

具体来说，我们回到经济改革的领域。过去 30 多年，基本上中国改革的动力在于五个角色，我把它们简单称为一个中央政府加上四条腿，这四条腿是地方政府、国有企业、民营企业、外资，这非常重要，这就构成了中国 30 多年经济发展的强大动力。我是学政治学的，大家在讨论经济发展、经济改革的时候，不要太抽象，一定要看谁在做，这非常重要。很多人都不讲这一点，经济学家光是强调经济潜力，这是不够的。怎么把经济潜力转化成实际的经济增长？要有人来干活儿，没人干活儿，潜力还是潜力。世界上所有国家都有经济发展的潜力，哪怕是印尼、菲律宾，还有一些情况非常差的国家，经济发展潜力也是很大的，但是因为不同的制度，或者缺乏有效的制度，缺

经济层面需要纠正的几个错误

经济政策层面，也有一些问题需要纠正，有一些错误的认知。这是我自己的观察。金融自由化很重要，金融自由化是党的十八届三中全会一个很重要的改革方案，但是我们现在过度金融化。很多省的实体经济下行，但是金融经济在上升。我觉得中国现在要发展的是实体经济，而不是过度的金融自由化。如果是过度的金融自由化，反而使得我们的实体经济发展不起来。因为本来金融自由化的目标就是为了帮助实体经济，但是金融这个部门太能赚钱了，大量的钱反而从实体经济转向了金融经济，这个趋势我觉得是不健康的，是不好的。

此外，我们有些领导对中国中小型企业的发展困境判断不准。一般认为中小企业的发展就是缺少资本，当然很多中小企业发展确实是缺少资本，但是也有很多中小企业发展不是缺少资本，主要是缺少投资空间。实际上，中国现在是资本过剩的国家，虽然在国有银行拿不到钱，但是如果这些民营企业能找到很好的投资空间，它们投资并不是很困难，可以从国际金融市场通过引入外资来做。从这个角度来说，国有企业改革还要深化，因为国有企业现在自己不作为，但是大量的投资空间还是被国有企业占领着。现在国有企业改革方案出来了，分成几种，一种是商业性的，就是竞争性的；一种是公共服务部门；一种是垄断方面。如果是公共服务部门和垄断方面，国有企业还可以继续大有作为，要做强做大。我觉得竞争性方面，国有企业应当退出来，把大量的投资空间让给民营企业，这是一个需要改革的方向。

但是现在很遗憾的是，大家对国有企业的改革有些想法不正确。企业就是企业，国有企业就要赚钱，不赚钱就要倒闭。现在有一些思想不解放的，或者比较“左”的人，往往把国有企业跟国家命运、跟执政党命运捆绑起来，这不是好现象。一家、两家、三家国有企业倒了，国家不会倒的，执政党也不会倒的。所以不要过分意识形态化。

还有一个需要纠正的错误是，大家一直在谈“互联网+”的问题，我觉得“互联网+”还是要具体情况具体分析。有些领域确实是“互联网+”，像阿里巴巴、腾讯、百度，它们是互联网企业，它们通过互联网要加一些什么。更多的企业就是什么东西加互联网，这样是比较好的，因为互联网只是一个工具。这几年我们强调互联网没有问题，但是好像已经被创造出一个互联网乌托邦经济。我个人不认为互联网真正能成为中国的经济体，是一个乌托邦式的经济体。互联网只是一种工具，只是一种销售，本身技术含量并不是很大，只是一种管理的方式。互联网很重要，但不能取代实体经济，对中国这样一个国家来说，下一步要从中等收入走到全面小康、走到高收入的经济体，更重要的还是要继续发展实体经济，这一点大家不要被误导。这几年有一些误导。

下一步应制定“改革促进法”，允许试错

下一步怎么走呢？我想提几条。

第一条，我们要分权。要把权力分到改革者手里，要大规模分权。

第二条，要节制民粹主义。民粹主义要少一点，大家要走向法治，反腐败也好，各方面也好，都走向法治。工资水平要走向市场化。

第三条，地方政府的制度创新非常重要。我经常到广东，在广东比较一下深圳、东莞、广州这三个大城市。深圳是全国创新能力最强的城市。和上海比较也好，和北京比较也好，深圳是最强的。这些城市是一样的体制，为什么深圳能创新？地方的创新机制非常重要。

另外，企业跟社会的创新还是很重要的。如果企业跟社会不能创新的话，光有政府创新也不行。在深圳，地方政府跟企业、社会三者都是互赢的游戏，大家都充满了创新的动力。大家有机会应该好好去考察一下深圳的做法。

我最近也在提倡中国能不能制定一部“改革促进法”，或者“改革推动法”。改革缺乏法律基础，改革者又要负终身责任，那会怎么样呢？使得好多人不敢作为了。我们应该制定一部“改革促进法”，把腐败跟改革过程中的试错分开来。因为改革一定要有试错，不让他试错，那怎么改革？人不是上帝，没有人可以保证自己做的事情百分之百能成功，百分之百不失败。但是改革中的试错不是腐败。行政过程要公开透明，政策执行过程中出现一些差错、错误，也不是腐败。把好多东西分开来，如果能根据党的十八届三中全会、四中全会500多条改革项目，明确我们要改什么，这些改革需要哪些法律、法制条件，我们制定一部“改革促进法”或者“推动法”，下一步就可以把中央政府跟下面的四条腿，地方政府、国有企业、民营企业、外资，重新调动起来。这样的五个角色合力，我们有充分的信心，能把中国的经济从现在的人均GDP 7800美元上升到五年以后的12000美元，五年以后的12000美元经过十来年时间能达到今天中国台湾、香港的水平。

邓小平以前说，要在21世纪中叶实现民主富强的中国。从这样的角度来说，我觉得是完全有可能的。

问答部分

问：您在采访中提到：“民主在一定条件下是好的，如果不具备这些条件，民主会是非常糟糕的一个政体。”比如，波兰20

年改革历程表明，短期内民主政治可能会给经济政策的制定造成很多困难。您认为，中国目前具备民主改革的条件吗？

郑永年：这个问题提得非常好，因为今天我讲经济，如果将来有机会的话，我会专门就中国的民主化问题讲一下。

我的书里面强调过，民主有一定的条件。其实任何社会都可以民主化，问题是我们需要什么样的民主。我们需要一个稳定的、理性的民主，还是劣质的民主？比较麻烦的就是，我们光看到了欧美比较好的民主，但是忘掉了拉丁美洲、亚洲好多国家的那些劣质民主。我一直主张中国改革三步走，先经济改革，接着是社会改革跟制度建设，然后再政治开放。我觉得中国还没有到这一步，当然也可以像西方那样进行民主投票，这很简单。我一直强调，人均收入 1000 美元的投票，跟人均收入 10000 美元的投票，是完全不一样的。人均 1000 美元的投票，可能选票是不值钱，一块肥皂、一盒火柴就打发掉了，10000 美元的话，这些方面的腐败就少。

我自己觉得民主是需要的，但是我们一定要想一想我们需要什么样的民主。我为什么那么强调先经济改革，然后再社会改革，然后再政治开放呢？就是为了中国能实现一个比较好的民主、优质的民主，而不是像其他一些亚非拉国家，实现了比较劣质的民主。

具体说来，东欧的历史其实也是很好的例子。看一下东欧民主在早期的文献会发现，在早期东欧刚刚开始民主化的时候，大家感觉非常开心，但是看现在这几年的文献，他们谈论的是右派激进主义，东欧很多国家都面临这样的情况，像匈牙利。中国 20 世纪 80 年代要学的榜样，现在民主化以后，右派的专制又开始了。以前我们非常熟悉的科尔奈，他的作品也讲了，是可以供大家反思的。

像波兰，就抱怨西方答应得好好的，能给他们提供很大的经济援助，但是美国和西方其他国家还是把地缘政治看得远比民主重要。所以民主要发展得好，还是要依靠内部的动力，如果要依靠一个外在的动力来推动民主，现在找不到一个很好的案例。除了“二战”以后，美国占领日本、占领联邦德国，这两个民主比较成功之外，还真的找不到能用外力来推动民主比较成功的例子。到最终外在动力不会关注这个国家的内部怎么发展，而是关注它自己的地缘政治，这肯定是第一位的。这一点我们还是要有足够的认识。

问：您提到我们要逃避中等收入陷阱。我理解中等收入陷阱的本质就是一种依靠投资增长的发展阶段，这是发展的必然过程，超越就是要在投资增长边际效用下降后找到新的增长方式。您觉得是这样吗？

郑永年：我们现在说投资、消费、外贸，是中国过去几十年增长的所谓的“三驾马车”。但是现在消费重要起来了，并不是说投资不重要，投资还是非常重要，只是说这三个方面，尤其是投资和消费之间要保持一个平衡。中国投资领先于消费，这是任何一个国家经济发展所必须具备的条件，没有投资就没有发展，就没有消费，先投资、后消费这是正确的。当投资发展到一定程度，比如中国现在的程度，就要注重消费。因为投资过度了，产能过剩了，也会影响消费的问题。外贸也是一种消费，外贸只是说一国生产的东西、投资的东西，让外国人消费，不是本国人消费。现在外贸不是我们所能控制的，我们只能是转向内需。中国投资还是很需要，但投资要看什么样的投资，基础设施投资已经很大规模了，已经差不多了，大家不要再往这方面想。技术投资非常重要。我个人觉得，中国下一步的投资，一定要从经济性投资转向社会性投资。

社会性投资非常重要，我们现在还没有社会投资这个概念，西方是有的。什么叫社会投资？就是对社会政策的投资。社会保障、医疗、教育、公共住房，这些都是社会投资。我们现在无论是经济学界还是决策界的很多人，还是把社会投资看成是消费，这不是消费。我们现在说消费，消费就要有中产阶级。在西方，消费跟中产阶级基本上是同义词，没有中产阶级就没有消费。中国为什么消费增加不了？就是因为没有中产阶级，为什么没有中产阶级呢？就是因为我们投资不够。我们现在的居民，大部分的钱都要花在小孩的教育上，花在住房上，都是房奴、孩奴。

我们也缺少充分的医疗保障，一家人如果一个人生了大病，可能会倾家荡产。我们现在的中产阶层，一是做不大，二是没有制度基础，这就是社会投资不够。

下一波投资是什么？我们老龄化现在非常快，是可以看得见的。为什么我们不多造一点养老院、医院呢？我们现在改变二胎政策了，为什么不多造一点幼儿园、医院呢？这些方面的投资，实际上也会大量消耗产能，解决产能过剩的问题。我们现在解决产能过剩就讲“一带一路”，当然“一带一路”是当下很需要的。

如果我们把很多产能用于社会投资，效果我们可以看到。所以下一阶段，中国不仅要搞社会建设，还要把很多社会投资做起来，这些社会投资就是下一步经济增长的动力。在这方面我们的决策者还是要继续解放思想，我们基本上现在把社会政策简单地看成西方那样的福利社会。我觉得社会投资不是福利社会，现在很多领导干部，还是把社会投资看成福利社会。我们中国现在的经济发展水平还没有到西方福利国家那一步，投资是必需的，没有社会投资，经济很难可持续发展。

问：您最近出版了一本名为《中国模式》的专著，在您看来，中国是否形成了独特的模式？您还写了一本书《未来三十年》。那么，未来30年中国的主要任务是什么？所面临的最主要的挑战又是什么？

郑永年：中国现在是有两个一百年。其中一个百年是中华人民共和国成立一百年，我把这个一百年分成三个阶段。毛泽东的30年，主要是把我们国家整合起来。第二个是邓小平改革开放、发展市场经济的35年。从现在到2049年，还有34年。第三个阶段，就是要搞社会建设、制度建设，尤其是以法治为中心的制度建设，基本国家制度建设，这是我在《中国模式》这本书里非常强调的。我有个观点，基本国家制度建设一定要在民主化之前。

我前面提到，为什么有优质民主跟劣质民主之分呢？优质民主都是在国家基本制度建设好了以后，尤其是法治建设好了之后，开始有大众民主的。而劣质民主是在没有基本国家制度建设的情况下，直接进入了西方所谓的简单选举。一旦这个民主化开始以后，这些国家基本制度再也建立不起来了，这是我自己观察历史的结果，我相信这个是正确的，我一直在思考这个问题。

所以我把现在社会建设、制度建设称为基本国家制度建设。如果没有基本国家制度建设，就开始大众民主化，是很难的。西方200多年民主的历史，实际上真正的大众民主也只是在20世纪七八十年代才开始，前面都是少数人的民主，精英的民主。在精英的民主阶段，他们实现了经济的发展，成为高收入社会，开始基本国家制度建设。我们现在在做民主与法治的建设，从历史上看，首先必须有法治，再有民主。先有民主，很多社会发展了民主，但是没有能够发展出法治来。而如果先有法治的话，就能比较简单、比较容易地发展出民主。

我说的中国模式跟左右派所说的中国模式不一样。我把中国模式看成中国的一个客观对象，供我自己研究、考察；不是左派所说的，中国模式是世界上最好的，可以取代西方模式；也不是像右派所说的，中国根本没有模式，中国改革就是要消灭中国模式。我对他们政治化的意识形态上的争论不感兴趣。

中国这样的一个国家、这样的模式，到底怎么来的，现在到什么程度了，未来会怎么演化？从这个角度来说，中国确实形成了自己的模式。比如说，中国学市场经济、学西方，但是永远不会变成像西方那样的市场经济。中国可以学西方，也可以引入西方式的选举，但是中国的政治制度永远不会成为西方的政治制度。我自己其实还在写一本比较大的书，我把中国模式称为内部多元主义，而西方基于多党制以上的模式称为外部多元主义。上一次我在斯坦福大学跟福山他们交流，内部多元主义和外部多元主义是两个不同的模式，大家都有各自的优势，关键是怎么通过互相学习来改进，而不是说谁取代谁。中国是文明型国家，就像美国是文明型国家一样，大家是互相学习。我相信中国会往这个方向走下去，从客观层面来说，你喜欢它也好，不喜欢它也好，一定会朝着这个方向走下去。在这样的情况下，中国可以避免今天西方所犯的很多错误。西方大众民主从 20 世纪七八十年代走到今天，也是很难走下去了。各个党派互相否决，从民主制度走向互相否决制，也是他们西方遇到的问题。西方的问题就是为什么产生不了有效政府，无论是社会的分化、收入的高度不平等，社会的不正义，还是恐怖主义，都不是西方政府所能对付的。这就是为什么西方现在新一波右派又崛起的原因，我们也要看看西方的一些经验。

问：您如何看待中美关系对未来中国经济发展的影响。是竞争多？还是合作多？

郑永年：我自己对中美关系是非常乐观的。因为首先中国领导人非常重视，习近平关心的第二大陷阱就是修昔底德陷阱，就是不要陷入中国跟美国的争霸战争。

另外，中国跟美国两者之间根本不存在任何直接的地缘政治冲突，中国跟美国的冲突只是一种间接的冲突，是中国跟美国的那些盟友主要是亚洲的盟友，像日本、菲律宾等的冲突。今天中美之间不知道有多少平台在互动。以前有一些教授把它称为中美国，说明互相之间的依赖程度在升高。中国成为消费社会，中国会比较好地改变，慢慢美国就会依附中国多一点。美国在做TPP，是排他性的区域经济集团，中国所做的像“一带一路”，是包容性的、开放性的，欢迎任何国家来做。我觉得中国往这个方向发展，继续执行开放性的区域主义，实行包容性的区域经济，这样的话，中美之间不会发生根本性的冲突。

如果大家抛开一些政治面的表面上的东西，实质性的东西也没有多少冲突，无论是中国还是美国，都有政治考量，政治玩得比较多一点，其他实质性的冲突内容也没有多少。中国没有说把美国赶出亚洲去，中国也没有自己的门罗主义，这是很清楚的。中国也欢迎美国待在亚洲，只是让美国扮演一个积极的角色。

从美国方面来说，一方面美国习惯了当世界警察，要做下去。另一方面，它确实是基于同盟需要的考量，如果不做一些事情，美国的国际威信就会下降。美国现在在世界很多领域的威信下降很快，比如中东，现在美国基本上已经不能发挥比较有效的作用了。在非洲，中国的影响力可能比美国更大。而且美国后院本身也没做好。欧洲，因为俄罗斯普京，还有乌克兰等的做法，美国也没能怎么样。所以美国现在留下的就是亚太地区了，如果这一地区没有国家相信它的话，那么我觉得美国这个霸权就比较麻烦。所以我觉得，如果中美双方真正从各自立场去看，没有很多根本性的利益冲突，更多只是一种政治上和意识形态上的冲突。所以我个人的看法是，只要处理得当，就像习近平所说的，中美两个国家，各自不要对对方进行战略性的误判，这个世界的和平格局还是会持续下去的。

问：实际就国家发展而言，中产阶级的力量不可小觑，像日本、德国、英国等一些发达国家的中产阶级所占的比例一般都在80%左右，整个社会结构呈橄榄形。那么对如何壮大中国的中产阶层，我们从西方发达国家包括新加坡，能吸取到什么有益经验呢？

郑永年：中产阶层的问题是中国今天社会所面临的核心问题。全面建成小康社会是四个全面的第一个全面，怎么说都不过分。西方花了200年的时间，把中产阶级做成现在这样百分之七八十，亚洲的日本、亚洲四小龙，他们用30多年的时间把中产阶级做成百分之七八十，这是他们最成功的地方。

以前我也强调过，世界银行把东亚奇迹称为经济奇迹，但是我觉得东亚奇迹更是一个社会的奇迹，那就是说日本、亚洲四小龙，通过不同的方式把自己的中产阶级做大，这也就是东亚现在无论民主化产生什么样的问题、多么曲折，东亚的民主化、政治发展仍然是最稳定的。大家看看西方的历史，或者看看发展中国家的历史，民主化充满了血腥跟暴力，而东亚这几个社会的民主化，不管有什么样的困难，都是和平稳定的。这一点跟它的中产阶级有关，无论是可持续的经济发展，还是稳定和平的民主化。

我们现在衡量政府有很多指标，实际上我觉得很多指标没有必要。如果我们在今后15年定一个中产阶层的指标，不管怎么做，不用太在意怎么把中产阶层做大，不用做到80%，做到70%、65%以上也可以。中国改革开放36年，从1980年算起有36年了，但是我们的中产阶层有多大？大家对中产阶层的定义不一样，但是普遍认为我们现在中产阶层只有25%~30%，这就是为什么社会面临不稳定的结构。这个结构必须改变，因为基本上社会结构决定了政治结构。社会结构由什么来决定呢？由经济结构来决定，这一点上马克思是对的，要通过改变经济结构来改变社会结构，通过改变社会结构，也就是把中产阶级做大，来实现政治开放。

另外一个反例，西方不稳定。我看到一个数据，皮尤研究中心最新研究显示，在2008年金融危机以后，美国中产阶级从以前的70%下降到了现在的50%都不到。这就很容易理解奥巴马总统讲中产阶级是美国的北极星，中产阶级很重要。我觉得把中产阶层做大，实际上应当是中国今后相当长一段时间的要务。社会稳定、法治等，如果没有中产阶层就免谈，如果有了中产阶层，其他事情就好做得多。

（本文系作者在2015年中信出版线上年会的主题演讲）

新常态下政府如何推动转型升级

林毅夫（北京大学国家发展研究院教授、名誉院长）

最近，我们在调研中发现一个值得担忧的现象：在推动经济转型升级方面，市场在发力，但一些地方政府的作为相对滞后。面对经济新常态，曾经在以往高速增长中扮演了重要角色的一些地方政府，在一定程度上处于不知所措甚至懈怠的状态。我国仍然是一个发展中国家，跨越中等收入陷阱仍然是我们面临的严峻挑战。而且，国际竞争如逆水行舟，不进则退。为保持中高速增长、迈向中高端水平，地方政府必须积极作为。那么，经济新常态下，政府推动经济发展的抓手和着力点在哪里？

有效的市场和有为的政府缺一不可

回答经济新常态下政府推动经济发展的抓手和着力点在哪里，首先要理解经济持续发展的基本机制。一个国家经济发展的本质是人均收入不断增加，前提是劳动生产率不断提高。劳动生产率提高有两个途径：一是通过技术创新，提高现有产业的产品质量和生产效率；二是通过产业升级，将劳动力、土地、资本等生产要素配置到附加价值更高的产业。根据新结构经济学的分析，有效的市场和有为的政府共同发挥作用，才能构建起经济持续发展的基本机制。

有效的市场的重要性在于，只有充分竞争的市场才能形成充分反映要素相对稀缺性的价格体系。只有这样的价格体系和市场竞争的压力才能引导企业按照要素禀赋的比较优势来选择技术和产业，生产出来的产品才会成本最低、最有竞争力，从而创造最大的剩余和资本积累，推动比较优势从劳动或自然资源相对密集逐渐向资本相对密集提升，为现有产业、技术升级到资本更密集、附加价值更高的新产业、新技术提供物质基础。党的十八届三中全会提出使市场在资源配置中起决定性作用，就是要不断完善社会主义市场经济体制，使各种要素的价格能够反映其相对稀缺性，为我国经济更好地按照比较优势发展提供必要的制度基础。

在经济发展中，有为的政府不可或缺。首先，这是因为经济发展是一个资源随着要素积累、比较优势变化，而不断从现有技术和产业配置到新的技术和产业的结构变迁过程。在技术创新和产业升级过程中，必须有“第一个吃螃蟹的人”。如果没有其他必要的安排，倘若失败，这个人将承担所有成本；倘若成功，后来者将随之涌进，他不会享有垄断利润。也即对于“第一个吃螃蟹的人”而言，失败的成本和成功的收益是不对称的；而从社会的角度看，不管其失败还是成功，都能给后来者提供有用的信息。因此，政府需要采用专利制度和其他适当方式给“第一个吃螃蟹的人”一定的激励，这样才会有人愿意去冒风险，技术创新和产业升级活动才能开展。其次，“第一个吃螃蟹的人”成功与否，并不完全取决于其个人勇气、智慧和才能。新产业的发展需要新的能够动员更多资本、有效分散风险的金融制度安排与其匹配，需要交通、电力、港口等硬的基础设施和法律法规等软的制度环境，需要与新技术和新产业相关的基础科学的突破，这些都不是企业自己可以解决的。凡此种种困难，均需要有为的政府协调相关企业来克服，或是由政府直接提供服务。如此，技术创新和产业升级才能顺利进行。政府可动员和配置的资源有限，必须对可能的技术创新与产业升级的经济和社会回报做出甄别评估，以产业政策等手段集中有限资源，协助企业家实现那些回报最高的技术创新和产业升级。只有这样，才能有效促进经济发展，避免陷入中等收入陷阱。

新常态下政府发挥作用的着力点

从新结构经济学的视角看，根据产业发展与国际前沿的差距，我国各地政府可将本地的产业分成五种类型。对不同类型的产业，政府因势利导的作用也不相同。

追赶型产业。2014 年，我国人均 GDP 为 7500 多美元，美国为 54000 多美元，德国为 47000 多美元，日本为 36000 多美元，韩国为 28000 多美元。人均 GDP 的差距反映的是劳动生产率的差距，表明我国产业的技术和附加值水平比发达国家同类产业的水平低，处于追赶阶段。我国的汽车、高端装备制造、高端材料产业即属于这种类型。

对于追赶型产业，各地政府和金融机构可以在资金融通和外汇获取上支持合适的企业，像吉利汽车、三一重工、汉能那样，到海外并购同类产业中拥有先进技术的企业，作为技术创新、产业升级的来源。发达国家自 2008 年国际金融危机以来，很多拥有先进技术的企业低价求售，出现了许多好的并购机会。如果没有合适的并购机会，各地政府也可以提供方便，支持像华为、中兴那样的本地企业，到海外设立研发中心，直接利用国外的高端人才来推动技术创新。

另外，各地政府也可以筛选我国每年需要从发达国家大量进口的高端制造业产品，到海外招商引资，将这些产品的生产企业吸引到国内来设厂生产。我国现在的 GDP 规模约占世界的 13%。在新常态下，每年7%左右的增长意味着我国每年对世界市场容量扩张的贡献率达到25%~30%。如果地方政府能够根据这些高端制造业的需要提供合适的基础设施、人才培训、营商和法制环境，国外许多企业就会有积极性到我国设厂生产，既满足国内需求，又可作为出口基地。在中高端产业的招商引资上，我国仍处于可以大有作为的机遇期。

领先型产业。我国有些产业，像白色家电、高铁、造船等，其产品和技术已经处于国际领先或接近国际最高水平的地位。领先型产业只有依靠自主研发新产品、新技术，才能继续保持国际领先地位。自主研发包括两种不同性质的活动：新产品、新技术的开发和新产品、新技术开发所需基础科研的突破。企业开发的新产品、新技术可以申请专利，这类活动理当由企业自己进行。但是，基础科研投入大、风险高，属于社会公共知识，企业没有从事基础科研的积极性。美国的大多数产业属于领先型产业，技术创新和产业升级所需的基础研究，绝大多数是由美国国家科学基金会资助高校或是由美国国家健康研究院等政府支持的科研机构来进行，欧洲、日本等发达国家也以政府的资金支持这方面的基础研究。我国也应采取同样的方式。

中央和地方政府可以用财政拨款设立科研基金，支持企业与科研院所和高校协作进行基础科研。政府也可以支持相关行业的企业组成共用技术研发平台，攻关突破共用技术瓶颈。在企业新产品、新技术开发取得突破后，政府也可以通过采购，帮助企业较快形成规模化生产。领先型产业需要到世界各地建立销售、加工生产、售后服务等网络，也需要政府在人才培训、资金、法律、领事保护等方面给予必要的支持。

转移型产业。这类产业有两种类型，一类是丧失比较优势的产业，另一类是在我国还有比较优势但产能有富余的产业。

劳动密集型的出口加工业是最典型的第一类产业。到2020年实现党的十八大提出的两个“翻一番”目标，加上人民币升值，我国普通工人的月工资会上升到1000美元。这类产业在我国失去比较优势是不可逆转的趋势。面对这种挑战，一部分企业可以升级到品牌、研发、市场渠道管理等高附加值的“微笑曲线”两端；而多数企业只能像20世纪60年代以后日本和80年代以后“亚洲四小龙”的同类企业那样，利用技术、管理、市场渠道的优势，转移到海外工资水平较低的地方去创造“第二春”。

劳动密集型出口加工产业集群所在地的政府可以采取两种因势利导的政策：一是提供设计、营销方面的人才培训和商品展销平台，以及制定优惠政策等，鼓励一部分有能力的企业向“微笑曲线”两端攀升；二是协助加工企业抱团出海，向企业提供信息、海外经营人才培训、资金支持，以及同承接地政府合作设立加工出口工业园区等，帮助企业利用当地廉价劳动力和资源优势来提高竞争力。商务、外交等政府部门和中国进出口银行、国家开发银行、中非基金等金融机构应在投资保护、签证便利和金融上给走出去的企业以必要支持。

第二类转移型产业包括钢筋、水泥、平板玻璃、电解铝等建材行业。这些产业近些年在我国发展很快，机器设备很新，技术相当先进，生产能力是按满足过去高速增长的投资需要形成的。我国经济进入新常态后，这些产业出现了不少富余产能。但是，这些产业的产品在非洲、南亚、中亚、拉丁美洲等发展中国家还严重短缺，可以像支持劳动密集型加工出口产业转移那样，支持这些产业中的企业以直接投资的方式将产能转移到同我友好、基建投资需求大的发展中国家。这样的投资既能使这些企业摆脱困境，也能帮助相关国家发展，是双赢的选择。

弯道超车型产业。这类新兴产业的特征是人力资本需求高、研发周期短，例如信息、通信产业的软件、手机等。在这类产业发展上，我国拥有国内市场巨大、科技人才多、生产加工能力完备、能够迅速把概念变成产品等优势，并出现了华为、中兴、阿里巴巴、腾讯等成功企业。各地政府可以针对这类企业发展的需要，提供孵化基地、加强知识产权保护、鼓励风险投资、制定优惠的人才和税收政策，支持创新型人才创业，利用我国的优势，推动弯道超车型产业发展。

战略型产业。这类产业通常资本非常密集，研发周期长，投入巨大，我国尚不具备比较优势，但其发展关系国家安全和长远发展，大飞机、航天、超级计算机产业即属于这种类型。战略型产业有一个特性，即它不能完全依靠市场，需要政府的保护性补贴才能发展起来。过去，政府的保护性补贴主要是通过各种要素的价格扭曲和直接配置实现的。党的十八届三中全会提出全面深化改革，要素价格的人为扭曲将被消除，今后应通过财政直接拨款来补贴这类企业。在美欧等发达国家，不论国防安全型战略产业属于民营还是国有，都由政府财政直接拨款来支持。对战略型产业的扶持是国家行为，应由中央财政来承担。但是，这类产业落户在哪个地方，就会促进当地配套产业的技术进步和产业升级。所以，各地政府可以鼓励支持配套产业发展，并改善基础设施、子女教育、生活环境等条件，争取战略型产业落户当地，以实现战略型产业发展和当地产业转型升级的双赢。

在经济新常态下，我国仍然处于可以大有作为的重要战略机遇期。根据各种产业的特性，发挥好有效的市场和有为的政府“两只手”的作用，推动产业转型升级，即使在相对不利的国际环境中，我国经济也能保持7%左右的中高速增长，到2020年前后进入高收入国家行列，向实现中华民族伟大复兴的中国梦迈出决定性的一步。

（本文原载于《人民日报》）

没有产业支撑的增长都是空谈

黄益平（北京大学国家发展研究院教授、央行货币政策委员会委员）

针对目前生产中存在低效率、资源配置不当、技术进步比较缓慢、企业创新能力不足等问题，中央高层提出的“供给侧结构改革”是有益的。中国经济增长下行的压力还会持续相当长一段时间，增长速度可能会有波动，但往下的趋势不会改变。

假如我们把主要的经济学家们召集在一起，让他们预测未来五年中国GDP增长可能处于一个什么样的区间，非常有意思的是，乐观的经济学家和悲观的经济学家给出来的数字将非常贴近，基本上都在6%~7%。

唯一能够把增长速度稳住的就是创新和产业升级。但更重要的是，党的十八届三中全会改革方案形成至今，改革落实的速度慢于经济学家们的预期，中国需要更强的顶层协调来推进改革。

在创新产业的培育中，作为“有为政府”，应当将产业政策集中在教育、科研、知识产权保护、金融体系改革等基础性的方面，而非直接支持某一产业。凡是政府明确支持的一个产业，这个产业就会很快发展，但产能过剩也会更快速地形成。

供给侧政策与需求侧政策是长期与短期的关系

供给侧政策与需求侧政策，我不认为存在谁胜出的问题，这两方面都很重要。其实大多数需求侧的政策，主要是宏观政策、短期政策，其实更多的是平衡经济。而供给侧改革，更多的是考虑如何实现资源的有效配置，可持续的生产率的提高和技术进步，所以它可能是一个更长期性的政策。

在发生全球性经济危机的时候，讨论供给侧的政策是没有意义的，那时需要的就是反周期、稳定宏观经济的政策；但我们现在进入了一个新的阶段，我们考虑的是中国经济还能不能持续增长 5 年、10 年甚至更长时间，这时候考虑供给方面的政策是有意义的。

供给侧结构性改革，从解决我国目前生产当中存在的低效率、资源配置不当、技术进步比较缓慢、企业创新能力不足等问题的角度来说，是比较有针对性的。

短期宏观经济政策适度放宽松有可能

有经济学家认为，中央提出供给侧改革，意味着此前“通过增加投资刺激需求来拉动经济增长”的思路有所转变，因此货币政策会相对收缩。这种说法是没有根据的。

首先，现在货币政策并没有特别宽松，目前实行的一直是稳健的货币政策。其次，这两个问题并不在同一个维度上。货币政策和财政政策用于解决短期稳定的问题，比如经济下行压力过大，将货币和财政政策用于经济的短期托底、稳增长；而供给侧的政策，通常用于解决中长期增长的可持续性问题。

不过，在重视供给侧结构性改革的情况下，将货币政策、财政政策刺激暂缓，这的确是一种可能性；而同时存在的另一种可能性是，需要推进供给侧改革。

比如，一些产业需要重组，意味着短期内经济增长下行的压力可能会进一步加大，因为需要人为关停部分企业，那么原来有的就业和生产，现在都没有了。当然，这些生产和就业本身都是无效的。但即便如此，把它们人为关停，经济活动就会变得更少。此时，为了配合改革，以及实现保持经济平稳过渡，将短期宏观经济政策适度放宽松一些，也是有可能的。

党的十八届三中全会的改革方案出来后，国际货币基金组织曾经做过一个测算，发现如果所有的政策都能完全实施的话，对于长期经济增长是有益的——中国经济增长的潜力可以提高两个百分点。

但它同时发现，在短期内，这个改革会让经济增长下降 0.3 个百分点，即调整和重组在短期内是会让经济活动有损失的。因此，经济结构改革，包括供给侧结构性改革，一般是改革政策（例如关停僵尸国企等）与宏观政策之间的协调，它是多层次、多维度的，而不是简单的一个方面。

僵尸国企退出的障碍并非无法化解

改革确实比较复杂。例如要让僵尸国企不生存，从理论上来说很容易，但如果真要把一个大国企关掉，会有什么样的后果？执行的时候肯定会比较谨慎一些。另一个原因可能是，顶层设计方案做好了，但它最终实施的时候还是通过各个部门去落实，而各个部门的考虑和动力不太一样，所以有时候不同的部门，政策推进差距很大。现在的有利之处是，有了顶层设计，就可以进一步加强实施和落实方面的协调，共同推进。

就国企改革而言，如果是僵尸国企要被关闭、被兼并或被重组，政府担心的无非是几方面的问题：第一，如果工人失业，会不会有社会问题；第二，会不会有很多不良资产——银行的不良贷款过多会导致问题；第三，一些地区的经济增长可能会受到影响。

这三个问题，有可能导致改革推进变得非常困难。但反过来看，不推进的后果是什么？例如我们确实担心失业问题，但通过支持一个本来已经资不抵债和产能过剩非常严重的企业继续运行，来保证一部分人的就业，和直接用资金保障这部分人的生活，哪一个效率更高？答案显而易见。

并且，目前我国有一定的社保体系，与过去什么都没有的改革环境已大不相同。同时，与过去劳动密集型国企很多的情形不同，目前的很多大国企尽管规模很大，但其实都是资本密集型的，因此就业的问题其实是能够被化解的。

不良资产的问题也同样可以化解。其实，通过给僵尸企业提供更多的融资，让它们的不良资产不爆发，这更加危险。

如果现在不处理，不良资产问题会变得越来越严重。我们已经见到很多企业，在2008年或2009年本来要破产了，结果在2009年的刺激政策中全都被救活，但最近又要破产了。唯一的区别是，现在的负债已经比那个时候庞大很多。

从目前来看，以我国政府的资产负债表，或者说我们整个国家的财政能力，要化解不良资产问题是有可能的。比如，过去通过资产管理公司，将一部分不良资产先放在一个单独的平台上，慢慢化解。

第三个问题就是影响GDP增长：关闭国企使当地的经济暂时不活跃了。这正是长痛和短痛的问题。所以从一定意义上来说，它确实考验顶层的决断力。如果我是市长，估计我也不愿意关停。但如果不化解，以后的问题会更大。

因此，顶层设计在一定意义上来说，其实意味着顶层的协调和顶层的实施，大家一起来推动这件事进行。

有竞争力的产业形成后经济增长才会企稳

所有的改革政策，两年前都已经告诉我们了：党的十八届三中全会的改革方案非常完整，而且中心思想非常明确，即市场机制要在市场配置当中发挥决定性作用。现在的问题就是能不能落实。

因此，经济增长短期的触底回升是有可能的，但那些触底回升都不可持续。什么时候经济增长能够真正见底、平稳住，甚至有所回升，取决于我国有没有形成新的、有竞争力的企业，而这就需要经济结构性改革，或者说目前提出的供给侧结构性改革，它对经济稳定和保持中高速的可持续增长有积极的作用。

但是我想说的是，供给侧结构性改革的政策，对经济增长发挥显著作用，将有很明显的时间滞后，不会今天采取措施，明天增长就回升。

过去，中国经济很大一部分问题是宏观经济问题，即经济上下波动，并进行配套的金融改革。但现在的问题是，过去有竞争力的产业都不行了。无论是宏观政策还是增长潜力，核心问题是下一轮中国经济靠什么产业支撑，如果这个产业都想不出来，我们讨论的宏观政策、增长潜力，这些展望全部都是空的，因为最终GDP是靠企业、靠一块钱一块钱做出来的。

这也可以看成是一个特殊的问题，即中等收入陷阱。中等收入陷阱的核心问题，就是以前有竞争力的产业都不行了，下一个阶段有竞争力的产业还在形成，有的我们现在还没看到。这其实有很大的不确定性，因此产业升级真的非常关键。

金融市场的纪律问题很重要

我目前比较关心的一个问题是金融市场的纪律问题。比如利率定价放开了，但是如果借钱的人没有后顾之忧，借了钱不需要还，或者存在软预算约束、刚性兑付，其实是很危险的。

因此，现在我很关心国企改革问题，尤其是那些做得不好的、产能过剩很严重的，即僵尸企业能不能退出，如果它不能退出的话，对于提高资源效率会有很大的约束。

一方面，它要占用很多资源来让它继续运行、继续生产；另外一方面，这其实与鼓励创新相违背。我跟企业家交流时，被问得最多的问题，就是政府什么时候会出台更大的政策，看自己什么时候能熬过去：如果2016年初政府宣布很大规模的方案，那再熬几个月就过去了。如果做得不好的企业也能分到很多资金，那大家也就都没有很大的动力去创新了。

（本文系作者在2015北京大学成都金融论坛上的演讲）

中国经济未来五年的四大支点

周其仁（北京大学国家发展研究院教授）

听说，联想之星（联想控股旗下创投、培训机构）是2008年成立的，这一年发生了什么事呢？中国经济开始下行。这是一个很重要的思维方式：两个东西放在一起，它们有没有因果关系，哪一个是因，哪一个是果，需要具体的分析。

从“经济下行”讲起

2008年以后，中国的经济为什么下来？原因概括地讲就是，原先的增长方式很难维持下去了。首先是速度。一个大国，多年来连续保持平均14%的增长，这是“二战”之后世界范围内极其少见的，主要原因是什么？高度依赖全球化。

不要把账都记在自己头上，说中国人艰苦奋斗、肯干，所以增长速度才会这么快。改革开放之前，我们也艰苦奋斗，也肯干，怎么没有富起来呢？这是因为，我们的付出没有在全球范围获得评价。

长期封闭之后的开放，释放出一个巨大的潜能：我们的劳动和产品，可以在全球范围内流通了，这个不得了。

最早邓小平搞改革开放的时候，还没想到中国的产品可以出去，当时是缺钱，上个大项目全国要勒紧裤腰带，开放的最大需求是“引进外国资本和先进技术”。20 世纪 70 年代后期谷牧（时任国务院副总理）带团访问欧洲，德国总理到机场送行的时候就带着协议，50 亿、100 亿美元，我们如果想要，马上就可以签。

这个情况让高层非常振奋，所以邓小平说，胆子要大一点，把门开大一点，多借一点外国资本。但是谁也没想到，他们的资本、技术一过来，和中国的资源，特别是劳动力资源结合起来了，不管什么产品，以前我们不会做拉倒，一旦我们学会了，就非常有竞争力。

国际市场一打开，发达国家的购买力和需求都是现成的，他们的生产成本又高，发现中国人的便宜，那就买吧，这是中国经济多年来高速增长的真正秘密。不是中国人以前不辛苦，后来变得辛苦了，而是同样的辛苦，评价的尺度变了。

特别是 1997 年加入世界贸易组织的协议一签，5 年后正式加入，贸易的壁垒大幅度打掉，中国国内改革之前又持续了一二十年，民营企业起来了，一部分国有企业先行改革了，体制和机制都已经有了变化。两者一结合，经济一下子飞起来了，这是双方之前都没有想过的。

中国成了世界工厂，甚至是世界车间，美国人的传统制造业有了替代品，贸易出现大量逆差，尽管经济增长、速度不差，但是（美国）就业状况越来越不好。为什么？我们这边是高速工业化，节节往上走，逼着美国人在IT（信息技术）方面不断创新，但是，这个创新主要是资本和技术，知识阶层获益了，普通工人没占到便宜。

发达国家的资本可以出来，工人可出不来。他们的工资水平也是刚性的，涨可以，随便降是不行的。这样麻烦就开始了，社会一般阶层收入增长不多、失业率提高，反映在政治上，那就是大问题。

美国两党，哪一个上台都要增加社会福利和保障，让国外资本的投资所得分出一部分来给普通人享受。次贷就是这么出现的，2007

年美国金融危机，是引发发达国家经济衰退的起点。

美国的穷人买不起房子，商业贷款评估信用，也不给贷款，政府就成立“两房”（房利美、房地美）帮他们买，贷给他们首付。商业贷款一看政府担保了，就跟着配发贷款，再把这些债务打包做成金融产品，上市流通。

穷人很高兴，搬进新家里，但是就业岗位没增加，收入没增长，进去也是付不了租金、物业费等等，只要把房子退回来，退得多了，银行就要拍卖回款，房价也就跟着下来了。这个可是基准资产的价格，它一下跌，跟它有关的金融产品就都不行了。

就是这么一项次贷，规模大概 100 亿美元，居然后来会引发这么大一次金融危机，华尔街一出事，发达国家都跟着出事。当时我们可没想到华尔街出事，以前我们都是跟它学，金融、投行、基金、保险……全是跟它学，老师一出事，学生这心里还挺高兴的。

没开心两天，火就烧过来了，美国的金融带动消费，金融下去了，消费也跟着下去，买不了中国这么多东西，我们的出口就下去了。这时候正好是 2008 年，当时的 4 万亿刺激计划，就是在这个背景下推出来的，也就是联想之星成立这一年（国内创业投资开始兴起）。

2000 年之前，我们的出口总量相当于GDP的 30%多，这个数字全世界的大国里，独此一份。也就是说，我们的“高速增长”这驾马车，高度依赖“出口”这一匹马，全球市场需求一收缩，首当其冲就是这匹马。

除了出口这匹马，另外一匹就是投资。这匹马历来也很猛，但是质量不高。以前我们没钱的时候倒还好办，哪里没路走了，就修条路，哪里没房子住了，就建几栋房子，尽管困难、紧张，但路是没走错的。

后来，我们有钱了，开始主动规划，政府的权力又很大。比如说土地，世界上没有我们这样的土地制度：只要我想要，就可以从农民手里拿，我来设定补偿金额，我来征地，我来变更属性。

一只手拿地，另一只手又可以在市场上招拍挂出售，干部又是5年一个任期，上来就要政绩。那就投吧，结果就是城市遍地开花，畸形发展，路修好了没人走，房子建好了没人住，引发一系列问题，资源浪费，社会矛盾突出，自然环境破坏严重。雾霾这个东西可不是外国输入的，是我们自己搞出来的。环保可能是现在社会最严重的问题。

而且，还害了一批干部。这两年反腐打掉的干部，以前不腐败的时候，不是没工作能力，也不是没理想，现在成吨的现金砸过来，很难扛得住。

2008年以来的经济低迷，就是这么来的。

过去的事说完了。未来怎么样，谁也没法准确预测。但是，经济这个东西，心态很重要。邓小平当年听汇报的时候，要是说特别好，他就会说：没那么好吧？要是说特别差，他就会说：没那么差吧？

如果让我说，未来5年、10年经济情况怎么样，我也没法预测。但是，有四个已经形成的支点，还是靠得住的。

第一个支点：国内市场体系和理念的兴起

据说当年毛主席让陈伯达算过，如果我们像苏联一样，全部搞成国有、集体农庄，把全国人民包起来，发工资行不行？陈伯达找了一屋子人来算，算完汇报说：不行，我们比苏联落后，农村人口太多，包不起。

现在看，陈伯达还是有贡献的。人要包下来，会有什么行为倾向？哪怕这里勉强生活，外面海阔天空，他也不会往外走。

向未来看，中国经济靠得住的一条还是：国家不包农民、不包民营企业，大家都得在市场上去拼。你看马云现在这么富有，市场一翻脸，他可能就没了。

现在好多人大富大贵，查20年前，家底都是一样的，都是无产阶级。一部分人、一些企业、一些地区先富起来，很多人尝到了这个甜头，前面有榜样，后边的人就挡不住，这个带动力量极其关键。

而且，80后、90后这一代人起来了，他们中很多人家庭条件不错，不像父辈当年一样，毕业马上要找工作，养家糊口。现在的年轻人家境不错，就可以任性一下，不想上班，要创业了。

社会有这个氛围，再加上前面有榜样，就是未来5~10年靠得住的力量。我看马云最大的贡献，不一定是淘宝网，而是让年轻人知道，只要敢做梦就行，万一实现了呢？

第二个支点：国际市场特别是新兴市场，还靠得住

我们从全球化里成长起来，学了不少本事，现在也可以用了。金融危机之后，新兴市场板块兴起、购买力增加，这是个现实，但是不好做，为什么呢？

以前，我们对外贸易的对象是发达国家为主，生意好做，为什么？它出价高，基础设施、商业服务都很发达。我们就是个车间，只要按订单生产出来，港口发货就行了，只受累不操心，后续的都是人家给安排。

现在，要面对新兴市场，它们就不行了：基础设施和商业服务都跟不上，甚至钱也不够。你看咱们的总理现在主要忙什么——用“对外投资”带动“对外贸易”，跟发达国家当年对我们做的差不多。

没钱借给你钱，基础设施不行我们帮你建设。这些年我们的建

设、制造能力是起来了，人强马壮，矿山、港口、电力、铁路……什么造不出来？我们向西发展，哪个国家的资源都很好，用它们的土地、劳工，加上中国的制造设备，做通了再卖中国货，这个市场大有可为。

现在，中国的年轻大学生很多，“就业不行”成了社会问题。我在大学工作，我就经常说：你们还是要振奋精神，为什么老在国内转悠，世界大着呢，去开疆拓土，去跑营销。有些地方确实不安全，天上要飞炸弹的，销售经理要冒着炮火前进，但这才是企业家精神。

第三个支点：国内投资和内需，还靠得住

举个例子。你看村里有卖早点的吗？有人专门剪指甲吗？没有。但是，村里人不吃早饭不剪指甲吗？规模太小，分工分不了。但是，到了北京、上海这样的大都会，早点是巨大的产业，手机下单就有人专门给你送。

我访问过一个地产公司的保安，他以前是保安，现在培训保安，培训过几千个。我问：“你是怎么做农村年轻人思想工作的？”他说，我就说你好好干，站着就能领工资！在农村里，站就算是白站，在城里就给发钱。这就是分工的问题。

服务业要想像发达国家一样，比例到百分之七八十，我们的经济空间和人口还是要集聚，要集聚还是要投资。但这不是放宽土地、财政政策就行了，最大的课题是：我们要学会管理“高密度的社会经济体”。

现在北京的地铁里人都快挤扁了，怎么办？靠疏散搞好交通？我看不行，集聚还会继续，挡不住的，还是要提高城市的管理水平。

第四个支点：持续创新的能力，是靠得住的

以前老听说“我们的教育不成功”，去了印度我才知道，我们过去的教育也有非常成功的地方，“普及”做得好，这是一个重要方面。

知识这个东西很奇怪，生产的成本和学习的成本是不一样的。爱因斯坦、牛顿，他们的知识是怎么生产出来的，是哪个大学里培养出来的吗？门儿都没有！但是，一旦他们的原创知识生产出来，只要有一个有效的教育体系，就会很快被人学会。

中国在“原创知识生产”方面确实不行，原因是什么？不是经济问题，我们不展开讨论。我的判断是，这样的情况还会持续很多年。

但是，我们多年穷国办大教育，包括应试教育，培养了大量高效劳动力，能写会算，有抽象和想象能力。另一个层面，我们的工程师也很多。两者一结合，我们的集成创新（不是原始创新）的能力是非常靠得住的，不但能设计，而且有高效的劳动力可以生产。现在，印度也开始抓基础教育了。你到印度看一下，哥哥姐姐没有书包，弟弟妹妹开始有了。这个东西重视起来，6~9 年就会产生效果。

没出路，才会找出路

谈到宏观经济形势，我的看法跟很多人不同。经济和人体一样，不能只有往上走，不能往下走，也要有春夏秋冬。收缩，不一定是坏的。不收缩，人们钱多得数都数不过来，谁有空搞创新？经济下行会带来很多痛苦，没办法，调整，全世界都在调整。但是，经济危机也有它的正面功能：可以激发积极力量的成长。

如果一直顺风顺水，旧常态还能继续下去，新常态就出不来。从这个观点看，经济下行和 2008 年成立联想之星（国内创投兴起），

谁是因谁是果，就比较清楚了，经济下行是创新（创业）兴起的“因”。商业跟军队一样，没出路才会找出路，这是必要条件。

什么叫创新？就是毁灭性的创造。一个新的东西出来，很多东西就没有用了，废了，创新是很无情的。

舞台已经准备好了，怎么看它都不小，至于大家能在这个舞台上演多大的戏，可不是经济学家能说清楚的。未来，不是靠预测，而是靠行动，靠舞台上的这些角儿。

（本文原载于《21世纪经济报道》）

第四章

供给侧改革：中国经济的一剂良药

要解决世界经济的深层次问题，单纯靠货币刺激政策是不够的，必须下决心在推进经济结构性改革方面做更大努力，使供给体系更适应需求结构的变化。着力加强结构性改革，在适度扩大总需求的同时，提高供给体系质量和效率，提高投资有效性。

供给侧改革的核心内涵是解放生产力

贾康（华夏新供给经济学研究院院长）

供给侧结构性改革在“十三五”规划时期乃至更长的时间将处在一个突出位置上，为中国经济的发展发挥重要作用。供给侧改革必须把核心内涵放在进一步深化改革来解放生产力的命题上。我们需要更注重以中长期的高质量制度供给统领全局的创新模式，在优化供给侧环境机制中，强调以高效的制度供给和开放的市场空间，激发微观主体创新、创业、创造的潜能，构建、塑造和强化我国经济长期稳定发展的新动力。

“中西医结合”，以制度供给为核心

2011年以后，我国经济告别两位数增长状态，进入潜在增长率“下台阶”的新阶段。“新常态”其“新”已在经济下行中明朗化，而其“常”则还未实现，需要完成探底，在企稳后对接一个增长质量提升且尽可能长久的中高速增长平台。对此至为关键的结构优化和创新驱动，必须以实质性推进攻坚克难的全面改革来保障。

当前，中国经济社会发展的现代化进程已经到达一个非同寻常的关键时期和历史性的考验关口，仅以短中期调控为眼界的需求管理已不能适应客观需要，应当及时、全面引入以“固本培元”为主旨、以制度供给为核心、以改革为统领的新供给管理方略，针对中国经济社会的重大现实问题，“中西医结合”多管齐下，共收疗效。

为处理好新阶段动力机制转换与优化、促使微观经济主体潜力与活力充分释放的相关问题，需要十分注重在整个经济体系的供给侧，正确把握改善其环境与机制的思路和要领。在传统的需求管理还有一定作用和优化提升空间的同时，我们迫切需要释放新需求，创造新供给，着力改善供给环境、优化供给侧机制，特别是通过改进制度供给，大力激发微观经济主体活力，构建、塑造和强化我国经济长期稳定发展的新动力。

在中央财经领导小组第十一次会议上，习近平总书记强调：在适度扩大总需求的同时，着力加强供给侧结构性改革，着力提高供给体系质量和效率，增强经济持续增长动力。这为推动我国社会生产力水平实现“升级版”的整体跃升，给出了极为重要的指导。

中国经济的供给升级客观需要和结构性分化过程正趋于明显。如果我们在原来货币政策的“从紧”和财政政策的“稳健”搭配，转入认识适应和引领“新常态”的适当宽松的货币政策与扩张性积极财政政策的搭配之后，坚持有所区别地对待我国“三农”、社会保障、区域协调发展、自主创新、节能降耗、生态保护、支持深化改革等领域，运用结构性对策加大要素投入的力度和促进相关机制创新改进，便是通过“供给管理”加强了这些经济社会中的薄弱环节，即增加了国民经济中的有效供给和可持续发展支撑条件，并适应了激发微观主体活力、增强经济发展动力的环境建设客观需要。

优化供给侧环境与机制的五大建议

在我国，往往在经济下行压力明显时，也正是改革推进阻力较小之时。应抓住时机，推进改革优化供给侧环境机制，为我国的长远可持续发展夯实基础。我们主要有以下建议。

第一，从控制人口数量转向优化实施人力资本战略。面对我国劳动人口明显下降、老龄化社会加速到来的趋势，必须尽快、果断调整我国人口政策。一是全面两孩政策调整出台后，还可以并应当动态推进后续优化举措。二是将计划生育重点针对体制内的人口控制，过渡到以整个社会全面优生和提高人口质量为核心的人口战略，并进一步改写为以教育和提升创新能力为核心的人力资本战略。另外，促进人口流动、适当吸引移民也应当成为我国人口政策的重要内容。

第二，积极审慎推动土地制度改革，逐步建立城乡统一的土地流转制度。土地制度是国家的基础性制度，也是供给管理的极重要内容。当前，土地制度改革的焦点主要集中在农村土地方面（涉及集体经营用地、农民承包地和宅基地）。我们建议积极落实十八届三中全会《决定》中的有关精神，明确农村集体经营性建设用地入市范围和途径；建立健全市场交易规则和服务监管制度，积极总结借鉴重庆等区域以“地票”制度处理远离城市中心区的农民在农地“占补平衡”框架下分享城镇化红利的经验。全面推动农民承包土地使用权的确权、流通、转让、租赁制度，保护农民的合法权益。

第三，全面实施金融改革，积极解除“金融抑制”，有效支持实体经济。一是进一步深化金融机构特别是国有控股商业银行改革，适当降低国家持股比例，提升社会资本持股比例；二是积极发展证券、保险等非银行金融机构；三是在政策性融资机制创新中构建多层次、广覆盖、可持续的开发性金融、农村金融、绿色金融、科技金融等服务体系；四是依托存款保险制度积极发展一大批社区银行、村镇银行，健全小型、微型企业融资体制，改进小微企业的金融服务；五是应全面放开存贷款利率管制，实现市场化定价的方针，在利率市场化的最后“临门一脚”——放开存款利率上取得突破后继续改进和完善相关机制；六是以显著提升直接融资比重为目标，大力发展多层次资本市场，在继续完善主板、中小企业板和创业板市场的基础上，积极探索覆盖全国的股权交易市场（三板），并推动“大资产管理公司”建设；七是提高金融业稳健性标准，牢牢守住不发生系统性风险、区域性风险的底线；八是加强金融业监管，落实金融监管改革措施和稳健标准，完善监管协调机制，界定中央和地方金融监管职责和风险处置责任；九是做好准备适时实行人民币在资本项目下的可兑换，支持人民币国际化。

第四，切实改革，为企业经营创业活动“松绑”“减负”，激发微观经济活力。结合当前企业的实际情况，应以“负面清单”原则取向，创造高标准法治化营商环境。以自贸区为标杆，进一步简政放权，降低门槛、减少准入控制，同时改革监管方式，优化服务，推动全国统一的行政审批标准化改革，建立覆盖所有法人、自然人的全国性信息信用系统，执行统一的市场监管规则，以此最大限度地减少社会交易成本，为企业创造良好的经营环境。适度降低我国社保缴费率，同时加快推进实施基本养老社会保障全国统筹步伐；建立全国统筹的社保体系可结合调入国资经营收益等机制。进一步清理收费，降低企业实际综合负担特别是税外负担。

第五，大力实施教育改革和创新驱动战略，培育高水平人才有效建设创新型国家。以改造应试教育和去行政化为重点的教育改革势在必行，以利培养造就一大批创新人才。面对新一轮生产力革命（“第三次产业革命”）的挑战，我国从中长期来看，需要在高端“买不来的技术”领域靠原始、自主创新艰难前行，在中高端依靠全面开放和“拿来主义”“引进、消化吸收再创新”与“集成创新”结合，最终建成“创新型国家”，完成从工业时代经济向与“第三次产业革命”接轨的“中国新经济”的转轨。为力求主动，必须积极深化科技体制改革，完善支持自主创新和成果转化的政策体系，引导各类创新主体加大研发投入，调动社会各方面参与和推动自主创新的积极性。要完善以企业为主体、市场为导向、产学研结合的技术创新体系；加强创新型人才队伍建设，重视培养引进高科技领军人才；培育创新文化，保护创新热情，宽容创新挫折，形成有利于创新的全社会氛围，多元化支持从发展基础科研、实施国家科技重大项目到促进科技成果产业化各个方面的自主创新，提升创新绩效。

（本文原载于《中国经济周刊》）

我们也可以看同一个时期一些高收入，而且表现一向比较好、出口比重比较大的经济体。比如韩国 2010 年的增长速度是 6.5%，2014 年的增长速度只有 3.3%。我们的台湾 2010 年的增长速度是 10.8%，2014 年的增长速度是 3.5%。新加坡 2010 年的增长速度 15.2%，2014 年的增长速度只有 2.9%。

这些都是所谓高收入、表现好的经济体。照理说它们的体制机制、增长模式应该没多大的问题。但是在同一个时期，这些国家和地区的经济增长速度都跟我们一样下滑，而且下滑的幅度比我们还大。

从这些比较来看，不难证明从 2010 年以后的增长速度更多的是外部性、周期性的因素造成的。这是我的第一个看法。

掌握好供给侧改革推行时间点

有的供给侧改革会抑制消费、抑制投资，因此，推行时间点要掌握好。作为一个发展中国家、转型中国家，我们的体制机制问题不能回避，在我们经济工作当中，确实要坚定信心，推动各种改革。但是，当外部性、周期性的因素是增长速度下滑的主要原因的时候，在推动一些必要的体制机制结构性改革的同时，也一定要推行一定的稳增长、反周期措施。

因为，如果没有稳增长、反周期措施，经济增长速度下滑得太厉害，可能会造成就业问题，也可能会造成银行呆坏账急剧增加的问题。如果就业出现问题，可能会影响社会稳定；如果银行呆坏账急剧增加，可能产生系统性金融问题，影响到整个金融安全。

当这些问题发生的时候，其实是不利于我们推动应该有的体制性、机制性或结构性的改革的。因为当危机发生的时候，政府采取的很多应急措施可能跟我们需要的改革是不一致的。所以，在当前状况之下，中央经济工作会议对2016年经济工作定的总调子是，在适度扩大总需求的同时，再去加强供给侧的结构性改革。这句话一定要了解。

所以扩大总需求的稳增长、反周期的措施是需要的，并且在推动结构性改革的时候，也要对结构性改革的各种措施进行梳理，分清轻重缓急。

供给侧的结构性改革长期来看肯定是好的，需要考虑的是在短期推行时，有些供给侧改革可能会抑制消费需求，也可能会抑制投资需求，因此要有轻重缓急，要审时度势。对那些短期能增加消费需求或投资需求的改革措施，应该优先推行。对那些短期可能抑制消费，或者抑制投资需求的改革措施，就需要审时度势。并不是说不应该推行，而是推行的时间点要掌握好。

扩大总需求必须以投资为主，有效投资是补短板

在稳增长，适度扩大总需求的措施当中，到底是应该以消费为主还是应该侧重投资方面，前段时间国内有很多的争论。

过去有一种看法，就是把我国过去的增长方式是投资拉动的经济增长方式，并认为这种增长方式是不可持续的。也有不少学者把我们当前的经济困难归结为2008年的4万亿的后遗症，认为以投资作为反周期的措施是不可行的。

这两种观点汇总起来，就是说中国应该将以投资拉动经济增长的方式，改变为以消费拉动经济增长的方式。

消费很重要，消费是我们经济发展的目标，但是消费要能持续拉动经济增长，收入必须要不断增长。但收入怎么才能不断增长呢？劳动生产力水平要不断提高。如果说我们为了刺激消费，用国民收入

分配的方式，或是用减税的方式都只是一次性的增加收入，不能持续地提高收入。

要持续提高收入必须提高劳动生产力水平，或者降低交易费用。提高劳动生产力水平的前提是技术不断创新、产业不断升级。生产力水平提高了以后产的东西多了，附加价值也提高了。但是在经济活动过程当中，能够实现多少价值取决于交易费用的多少。打个比喻，某个工厂的产品是冰块，这个冰块能实现多少价值，取决于消费者来买时还剩多少，所以要减少交易费用。

提高劳动力水平的技术创新、产业升级需要投资，降低交易费用的基础设施的完善也需要投资，所以政府扩张需求的措施当中，应该还是必须以投资为主。当然这个投资是必须能提高劳动生产力水平，或者是能降低交易费用的投资。

国内学界、舆论界有相当长的时间，一提到投资就将其等同于过剩产能，不是说投资不会造成过剩产能，如果在已经产能过剩部门增加投资，那当然会加重过剩产能。但是如果投资在我们的短缺部门，这是在补短板（这也是我们 2015 年的五大任务之一），为了补短板的投资是不会加重过剩产能的。

具体来讲补短板的投资，比如仅制造业产品进口方面，2014 年我们就进口了 1.3 万亿美元的工业制品。这些正是我们国内不能生产，或者生产较少，附加价值比较高、技术含量比较高的产品。

如果在这些领域进行产业升级、进行技术方面的投资，是在补我们的短板，这样的投资不会造成产能过剩。而且在国内形成有效的生产能力以后，这会增加我们的出口。

2014 年我们到国外旅游购物的花费大约有 1000 亿美元，那也是我们国内自己不能生产这些产品，或者质量比较差。如果国内生产质量提高了，也是增加了我们的供给，并不会造成我们的产能过剩，只是减少了国外购买的量而已。

基础设施也是一样的，比如北京和许多城市，地下管网还是短缺的。还有我们正处在城镇化过程中，城镇化其实也是一个短板，我们现在的城镇化率只有 54%，发达国家普遍达到 80% 以上。如果在城镇化领域进行投资，人口的集中、规模经济的不断形成，那是可以提高效率的。这方面的投资也是不会加重产能过剩的。

我们现在过剩的产能部门主要在什么地方？大部分是在建筑行业，包括钢筋水泥、平板玻璃、电解铝等等。这些建筑行业产能过剩的原因很清楚，过去我们平均每年的 GDP 增长率是 9.7%，现在降到 7% 左右，必然有 30% 的产能过剩。

但是这个过剩产能有多少，又决定于我们下一步的投资有多少。如果我们投资多了，那些建筑领域的过剩产能就少了；我们要是投资减少了，这类建筑领域的过剩产能就多，我想这是必然的。

所以认为投资会增加过剩产能的观点是不妥当的，恰恰相反，只要这个投资是用来补短板，提高我们的劳动生产力的，满足我们国内现在自己不能生产的产品需求，或者是降低交易费用的，补足我们基础设施瓶颈的，不仅不会造成过剩产能，而且可以减少我们国内现有的过剩产能。

投资没有挤压消费，相反投资跟消费正相关

反对以投资来拉动经济增长的观点当中，有一种说法是，投资会挤占消费。持这种观点的人没有从动态的角度来看。如果投资能提高生产能力，或者降低交易费用，这样不仅不会挤占消费，而且可以提高家庭收入，提高家庭消费水平。可以看一些具体的数字。

从 1979 年到 2014 年，我们平均每年的消费增长率是 8%，从

1982 年到 2014 年我们每年投资增长是 21.2%。

投资挤占消费这个说法被提出来的背景是，2003 年国际经济出现不均衡，尤其是 2008 年国际金融危机后，我们推行了 4 万亿的刺激政策，投资增量非常迅猛。于是很多人就说我们投资太多，出口太多，造成国际不均衡以及国内的产能过剩。还批评说这个体系维持不下去了，因此为了自己国内的经济稳定以及国际经济的稳定，中国必须放弃高投资、高储蓄，必须改成以消费来拉动经济增长，这是 2003 年以来，尤其是 2008 年以后盛行的看法。

但是，实际情况呢？ 1982 年到 2014 年我们平均每年的投资增长率是 21.2%，2009 年我们的投资增长是 30.3%，那是 4 万亿元的结果。

2010 年和 2011 年的投资增长都是 23.8%，2012 年投资增长是 20.3%，2013 年的投资增长是 19.1%，2014 年的投资增长是 15.3%。2011 年以前的投资增长高于我们长期的平均增长，2012 年以后的投资增长低于我们长期的投资增长。

那么我们再看消费增长。2009 年的消费增长是 9.8%，高于我们长期的消费增长，因为长期消费增长是 8%。2010 年的消费增长是 9.6%，虽然 2010 年的投资增长 23.8% 高于长期的平均增长 21.2%，但是消费增长 9.6% 同样高于长期的平均消费增长 8%。

2011 年我们的消费增长是 11.0%，这也高于长期的平均增长，虽然 2011 年的投资增长 23.8% 也高于长期平均增长。

反过来，当我们的消费增长低于长期的平均增长，比如 2013 年投资增长只有 19.1%，2014 年投资增长只有 15.2%，但是我们 2013 年的消费增长只有 7.3%，低于长期的平均增长，2014 年消费增长只有 7.2%，同样低于长期的平均增长。

从这样的角度来看，你会发现，反而是投资增长快的时候消费增长快，投资增长慢的时候消费增长慢。

一般老百姓关心的不是消费占GDP的比重是多少，而是消费的增长，今年的消费跟去年的消费比增长了多少，明年的消费跟今年比会增长多少。

为什么投资增长和消费增长的关系是这样呢？其实只要投资增长是有效的，有效的投资会创造价值，而且会提高劳动生产力水平，就业增加了，劳动生产力提高了，家庭的收入就能增长。家庭收入增长了消费就会增长。

反过来讲，如果没有投资，或者是投资下降，创造就业就少，对未来的就业和收入预期不好，而且劳动生产力的水平提高比较慢，这种情况下消费增长反而会变慢。背后的道理要讲清楚，不能简单地认为投资就会挤占消费，必须要动态来看投资增长对现在和未来的就业和收入增长的影响。

政府对基础设施的投资不会挤占民间投资

如果说我们要扩大投资，投资有两部分，一部分是基础设施方面的投资，一部分是产业方面的投资。产业方面的投资应该是企业为主。如果要通过政府投资来扩大总需求，政府投的应该更多是在基础设施方面。

但是最近也有很多人反对政府支持基础设施的投资，主要有两个反对原因：一是政府在基础设施的投资上会挤占民间投资，二是政府投资基础设施的回报率低。

这些观点是否正确？

首先，有人说，政府对基础设施的投资挤占了民间的投资，这个观点忽视了政府推出积极财政政策的背景。2008 年政府 4 万亿元的投资，究竟是因为民间的投资意愿低，政府为了适度扩大需求才去做基础设施投资呢，还是因为政府扩大了基础设施投资，造成 2008 年、2009 年民间不去投资？

这个答案很清楚，是因为民间的投资意愿非常低。当时国际经济一蹶不振，外贸出口减少一半，产能过剩非常厉害，大家对未来没信心，过剩产能不仅在出口加工部门，也出现在一些装备制造部门。那种情况下，为了稳增长，政府才做基础设施投资的。

我们现在讲稳增长，适度扩大投资，也是因为民间投资的意愿不足，而且我们有那么多的储蓄，才搞基础设施投资。

第二点是，基础设施的回报率低。以这个观点反对基础设施建设的学者有很详细的经验数据的统计。确实这段时间政府做了很多基础设施的投资，而且投资的回报率低，这是事实。但是，是不是政府投资回报率太低，我们就不要政府去做基础设施投资了？

首先来讲为什么基础设施投资回报率比较低。我想有两个方面的因素。

第一，因为基础设施投资是长期的，回收期可能是四五十年。一般民营经济的投资是在产业部门，产业部门一般 10 年以后就全部折旧光了，甚至有的还短于 10 年。当然折旧期短的回报率一定要高，才有足够收入来偿还投资。基础设施的折旧和回报期长，如果基础设施的投资回报率和产业部门的投资回报率一样，是会太高的。基础设施投资的回报三五个百分点就差不多了，而民间产业的回报率应该是 10% 以上。因为周期性不同，要求回报率不同。

第二，基础设施投资有许多外部性，比如交通不拥堵，最大的受益者是企业和人民，但基础设施投资很难对外部性的收益直接收费。

经济直接回报比较小的，有外部性的这种基础设施投资，让民间去做会怎么样呢？因为长期的回报率低，而且有很多外部性，民间是没有积极性的，除非给他垄断地位，让民营资本可以靠垄断来将外部性收益内部化，收取垄断价格。

如果基础设施让民间来垄断，从投资者来讲是合适的，但是从整个经济发展来讲是不合适的。

实际上，20 世纪 80 年代，包括世界银行等很多国际机构都倡导，基础设施投资作为一项经济活动，应该由民间来投资。结果 80 年代以后，发现民间愿意投的基础设施只有一种，就是移动通信。

民间投资移动通信的积极性很高，有两方面的原因：第一，有垄断性质，规模经济太大了，所以形成了自然垄断；第二，容易收费。

除此之外，民间投资基础设施的意愿非常低，2014 年我们提出要通过PPP（公私合作模式）投资基础设施，但是最终落地的项目非常少，除非政府给民间资本垄断地位，但是这又不适合经济的发展。如果要由民间做，导致的结果就是跟其他的发展中国家一样，到处是基础设施的瓶颈，因为民间的投资意愿太低。

这种情况下，基础设施的投资，尤其是消除增长瓶颈的基础设施投资，必然要让政府来做。

经济下行期，民资投资意愿低。世行最新报告显示，2015 年上半年社会资本对基础设施领域投资降幅超过 50%。

政府投资基础设施的时间点：经济下行正当时

政府应该对基础设施的完善负起责任，什么时候做最好？这也是 2008 年国际金融经济危机爆发之后，2009 年我就开始倡导的：如果基础设施建设的责任是政府，最好的投资时间是经济下行的时候。因为这时候政府做基础设施投资，创造需求，稳定增长，增加就业。

而且，在经济下行的时候做基础设施投资，成本也是最低的，因为各种原材料的成本、工资的成本都相对低。反过来讲，如果在经济发展非常好的状况下去做基础设施投资，可能造成经济过热，各种原材料成本又上升了，这样基础设施的成本又高。在经济下行的时候成本最低，又能够稳增长。只要项目选择好，短期是创造需求的，长期是提高增长力、增加政府税收的，所以是一石双鸟。

从我 2009 年初提出这个观点以来，在国际上已经逐渐成为主流。2014 年 10 月国际货币基金组织《世界经济展望》提出的政策建议就是：经济下行时是进行基础设施的最好时机。

供给侧改革不应照搬西方，要有自己的理论创新

我呼吁国内学界关注理论创新的重要性。国内学界、舆论界一般都是拿国外的理论来看我们的政策。比如，大家讲过去中国的政策是需求侧的政策，是凯恩斯主义的政策。2015 年 11 月 10 日，中央提出要在适度扩大总需求的同时，着力加强供给侧的结构性改革。国内学界、舆论界现在马上就说，我们抛弃凯恩斯主义了，我们现在是拥抱供给学派的政策。

我觉得这两种看法都不正确。凯恩斯主义的措施是“挖个洞、补个洞”或发失业救济短期提高需求，但长期不增加劳动生产力；而供给学派的措施主要是降低税收，提高投资和增加供给的积极性。

供给学派的政策是在 20 世纪 80 年代的时候美国里根总统执行的一个政策主张，当时是新自由主义最盛行的时候，里根被认为是推动新自由主义的主要政府领导人。当时美国的供给学派是完全反对产业政策的，他们认为不应该针对某个产业去制定政策，应该用普遍降税的方式来提高投资的积极性。

但是，我们推行的积极财政政策就是凯恩斯主义的吗？实际上，我们过去或者是2008年以后（即使我们在推出4万亿的时候），我们所投资的基础设施也基本上是在改善交通基础设施、消除增长瓶颈的，那种财政政策确实是在短期提高了需求，但长期来看降低了我们的交易费用，提高了我们的竞争力。

这一点在发达国家可能做不到，因为发达国家基础设施普遍是比较好的，既然基础设施比较完善了，政府再投资基础设施只能是把现有的基础设施挖开，然后再补上，这是不提高生产力的。但是我们的基础设施建设，是建新的，而且是消除增长的瓶颈，是提高生产力水平的。这不是传统的凯恩斯主义，而是超越凯恩斯主义，把需求和供给的增加结合起来的措施。

我们现在讲的着力加强供给侧的结构性改革，确实是因为我们有很多短板：我们也有很多税收过高的地方，要降低关税；也有一些过剩产能应该退出，这是供给侧的改革。

但是我们跟发达国家不一样，发达国家推行供给学派的政策时是反对产业政策的。我们现在推行的是宏观政策要稳，产业政策要准，我们还是要有产业政策的，这跟过去是完全不一样的。

所以，我们过去的政策既不是凯恩斯主义的政策，现在的政策也不是供应学派的政策。我们应该有自己的理论创新，结合我国的实际状况，分析清楚我国当前经济的实际问题和机会在什么地方，然后我们的政策该怎么做比较好。

任何一个国家确实都会遭遇到周期的冲击，在受到冲击的时候应该有反周期的措施。可是发达国家的反周期措施，很难跟促进增长的措施结合在一起，而发展中国家是可以跟促进增长的措施结合在一起的。

发达国家和发展中国家面临国际冲击，或者是周期性下滑的时候，政府同样应该做些积极的稳增长的措施，比如主要在基础设施方面投资。我们的基础设施不是发达国家那样的，挖个洞，补个洞，我们是消除增长瓶颈的基础设施投资，所以是需求侧的管理，同时也是供给侧的补短板的措施。

另外，发达国家产业政策不是没有，但是比较难做。因为发达国家的产业跟技术都是全世界最前沿的。再往前自己必须发明新的技术、新的产业。而我们发展中国家有相当多的产业升级属于补短板的产业。实际上发达国家这种产业已经有了，那么政府应当因势利导这种短板的产业的发展，这时候我们政府所能用的信息、所能用的政策手段是比发达国家多的。

所以我们的产业政策在特性上跟发达国家不一样。我们可以根据短板产业的需要支持发展相关人力资本、金融、基础设施，等等。这些都是属于影响产业发展方向的，都属于产业政策的内容。

这样的产业政策在发达国家很难做，或者做的机会非常少。我们有很多机会能做，不能因为发达国家推行供给学派的政策时，没有推行产业政策，我们也不推行产业政策。

实际上中央也不是这个精神。中央说宏观政策要稳，产业政策要准。发达国家的理论是根据发达国家的发展阶段、产业特性、生产特性提出的，他们的宏观政策、发展政策有他们的特性。但是我们是发展中国家，我们不要用发达国家的理论来套我们当前的问题，或者是来理解我们当前的宏观政策，因为照这样理解很可能会对我们的政策造成很大的误解和社会压力。

比如说 2008 年的 4 万亿，我们有改进的空间，但是现在社会上很多人认为发达国家学界已经认为凯恩斯主义是错误的，已经被抛弃了，所以，我国也不应该采用凯恩斯主义的政策。可是我们做的并不完全是凯恩斯主义，而是超越凯恩斯主义的政策。

我们推行供给侧的结构性改革也不是推行供应学派的政策，而是在适度增加总需求的前提下来进行，并且要应用产业政策，而不是只有减税。过去积极财政政策的措施既增加短期的需求，也增加长期的供给；现在供给侧改革的许多措施能增加我国长期的供给，但也需要短期的投资才能实现。

所以，我国不管过去还是现在的宏观政策，一直是需求和供给结合在一起的，既不是发达国家的凯恩斯主义政策，也不是发达国家的供给学派的政策。实际上，我国理论界的认识是落在我国的政策实践之后的。

我们应该推动我国经济学界了解发展中国家跟发达国家的要素禀赋、产业、技术、结构的特性上的差异，找到在经济发展或者宏观周期波动时的原因、挑战和机会在什么地方。了解转型中国家目前遗留下来的很多结构性的、机制性的、发展模式的问题的原因是什么，针对这些原因，与时俱进地对症下药。

经过对上述一系列因果关系的了解，提出我们自己的理论框架，然后用这种理论框架给我们的发展政策、宏观政策提供参考。理论的适用性决定于条件的相似性。中国这样一个发展中国家、转型中国家形成的发展理论，不仅对我们有价值，对其他的发展中国家也有很多的参考借鉴价值。

（本文系作者在北大国发院第 50 期“朗润格致”论坛上的演讲）

供给侧改革：中国经济的一剂良药

刘世锦（国务院发展研究中心副主任）

近期供给侧结构性改革成为舆论关注的热点，对此存在不同的理解和争论。中国的经济改革，从来是问题导向的。供给侧改革要改什么，要看中国经济运行和发展面临的要害问题是什么。

中国经济已经进入新常态，正处在由10%左右的高速增长向中高速增长的转换过程之中，背后则是结构、动力、体制政策环境的转换，由此也可以称其为“转型再平衡”，即由高速增长平台上的供求平衡转向中高速平台上的供求平衡。以往长时期支撑中国经济高速增长的基础设施、房地产等相继出现历史需求峰值，出口的高增长也由于国内要素成本和汇率上升而难以为继。在需求增速回落的同时，供给侧相对应的重化工业也开始调整，但调整幅度远不及需求回落幅度，于是出现了严重的产能过剩，并引发了PPI超过40个月的负增长，最新的PPI已达-5.9%，导致了中国式的结构性通缩。与增速下行压力相比，更具挑战性的工业企业利润超过一年的负增长。利润负增长非同小可，持续下去将会加大金融财政风险压力。最新数据显示，这种负增长仍在加剧。分析显示，煤炭、钢铁、铁矿石、石油、石化、建材等过剩最为严重行业在PPI和利润下降中占到70%以上的份额。

中国经济达到中高速增长平衡点，将会有两个“底”。一个是“需求底”。房地产投资增速已经由以往的高增长回落到最新的月度同比负增长，当房地产投资增速由负转正时，将是房地产投资乃至中国经济从需求侧来看的经济增速触底的信号。估计这个“需求底”有较大可能在2016年年中左右看到。另一个是“效益底”，即工业企业利润增速由负转正，并保持可持续的增长。这个“效益底”的出现，直接取决于减产能的力度和进度。但目前来看，仍有相当大的不确定性。如果“效益底”滞后于“需求底”迟迟不能出现，经济很可能落入低效益、高风险的特殊困难时期。

要摆脱这种困局，首先是高度重视并大力度减产能，同时解决其他领域“低效率洼地”问题。这样就涉及需求侧政策的局限性。供给和需求是现代经济活动互为关联的两个方面。所谓“三驾马车”是对需求侧消费、投资、出口活动的通俗描述。有人以为讲供给侧结构性改革就是否定“三驾马车”。这种看法会导致误解，而且低估了供给侧结构性改革的意义。

解决中国经济当下面临的转型期结构性问题，需求侧政策并非不可用，而是不能只靠需求侧政策，也难以将其作为重点。例如，对一个时期以来的通货紧缩现象，主张放松货币的声音很大。从成因看，中国目前的通缩与某些西方国家曾经出现的通缩全然不同，不是由于流动性不足，而是源于增长阶段转换期的结构性严重过剩。对此类通缩，仅是放松货币不大可能有效，这正是近些年连续降准降息、过剩问题有增无减的原因所在。在增长阶段转换的大背景下，需求侧的刺激政策主要是防止短期内增速下滑过快，而不可能通过刺激政策使过剩产能不再过剩。这个“度”过了，刺激起来的很可能是短期内无现金流和经济效益，长远效益和社会效益也难以确定的低效或无效投资。另一个同样不能忽视的问题是，注意力放在需求侧刺激上，很可能错过减产能、实现转型再平衡的有利时机。

在这种情景下，供给侧改革的必要性、紧迫性就显而易见了。供给侧改革也有宏观和微观之分。供给侧结构性改革不排除宏观政策的必要调整，比如采取供给学派所强调的减税等措施，但重点还是在微观层面，通过实质性的改革措施，进一步开放要素市场，打通要素流动通道，优化资源配置，全面提高要素生产率。具体地说，优先和重点的改革领域包括如下几项。

第一，对减产能要采取果断管用办法，在一定时间内取得实质性进展。理想办法是通过市场化的优胜劣汰挤出过剩产能，但在现有体制条件下，尤其对国企占主导地位的重化工业领域，市场机制作用有限。可考虑由国家层面确定减产能总量，按现有产能将减产配额分配到各地，同时允许配额交易，这样优势企业可以不减，还可以去买劣势企业配额。同时在解决“人”和“债”问题上出台得力政策，如将部分国有资本转入社保基金，解决职工安置问题；对相关银行坏账允许核销等。同时要推动优势企业主导的市场化的兼并重组。

第二，进一步放宽准入，加快行政性垄断行业改革。放宽准入，既要“放小”，更要“放大”，在行政性垄断问题突出的领域，如石油天然气、电力、电信、铁路、医疗、教育、文化、体育等领域，引入新的投资者，鼓励和加强竞争。有的领域，表面上看投资已经不少了，如果放宽准入，还有降低成本、提高效率的很大空间。我们现在最需要的，是那些能够真正提高效率的投资。

第三，加快城乡之间土地、资金、人员等要素的流动和优化配置。中国城市化还有很大发展潜力，但重点不在现有的大城市，而在大城市之间。要把以往孤岛型城市转变为网络型城市，进一步拓展城市带、城市圈，在大城市之间带动大量小城镇发展，推动互联互通和基本公共服务的均等化，带动人口居住和产业布局的再配置，由此将可引出可观的基础设施和房地产投资机会。农民要进城，城里的人员、资金等也有到小城镇和下乡的意愿，要下决心打破城乡间土地、人员、资金等要素流动、交易、优化配置的诸多不合理体制和政策限制。农民所拥有的资产只有在确权的基础上允许流动、允许交易，价值才能充分显现，利益才能得到真正维护。

第四，加快产业转型升级、精致生产。尽管服务业比重超过制造业，但制造业仍然是国家竞争力的核心所在。服务业中发展潜力最大的生产性服务业，直接服务于制造业转型升级。必须牢固确立制造立国的理念和政策导向，推动制造业由粗放经营转向精致生产，倡导“工匠精神”，把活儿做精做细，提高附加价值比重，向全球价值链的中高端提升。借鉴日本等国的成功经验，全面实行加速折旧政策，此举相当于为企业减税，同时起到促进设备更新、扩大投资需求的多种效应。

第五，在尊重创新规律的基础上培育创新环境。与模仿为主的发展相比，创新面临的不确定性大大增加。必须通过市场上的大量试错，提高创新成功的概率。政府习惯于居高临下地做产业规划，但创新从本质上说是很难规划的，最重要的是着力创造有利于创新的环境，包括保护产权特别是知识产权，稳定企业家、科研人员的预期，排除泡沫经济的扰乱，促进创新要素流动，培育人力资本，改造金融支撑体系等。要把培育创新环境与地方竞争结合起来，推动形成若干个有吸引力、影响力的创新中心。

以上重点领域改革，集中于要素市场，将是供给侧改革的主战场。过剩产能、低效无效要素要出去，有竞争力的、创新的要素要进来，通过生产要素的进一步解放、流动和优化配置，攻占经济生活中仍然随处可见的低效率洼地，形成全面提高要素生产率的新格局。

在供给侧结构性改革中，企业盈利水平是需要特别关注的核心指标。中国经济转型，一定意义上说就是企业盈利模式的转型。增长速度和效益的关系相当复杂，在特定增长状态下，存在一个最优结合点。上面的分析表明，存在严重过剩产能的较高增长速度，将会降低企业利润，这就存在着稳增长与稳效益的矛盾。只要企业盈利处在一个正常或改进的状态，增长速度高一点、低一点就不会成为很大问题。也可以说，与企业好的盈利状态相对应的速度就是一个合理的、好的速度。我们曾经提出过“企业可盈利、就业可充分、财政可增收、风险可控制、民生可改善、资源环境可持续”的“六可”目标，其中核心是企业可盈利，这一条好了，其他几条才有保障。供给侧改革是否深入并取得成效，企业盈利水平将是一个关键的度量指标。

对于供给侧改革，从党的十八届三中全会到十八届五中全会已经讲了很多，大的部署都有了，关键是要把文件变成实践，顶层设计和基层试验互动。顶层设计主要是管方向、画底线。改革中到底哪些措施真正有效管用，还是要给出地方、基层和企业更大的空间来试验，通过试错、比较、改进，找出符合实际、确有实效的办法。这也是我国过去30多年改革开放最为重要的一条成功经验，应该说现在依然适用，并可在实践中进一步拓展和提升。

（本文原载于光明网）

从供给方面发力促进经济稳定增长

厉以宁（北京大学社会科学学部主任、光华管理学院名誉院长）

2015 年 10 月 10 日，习近平同志在中央财经领导小组会议上，首次提出“在适度扩大总需求的同时，着力加强供给侧的结构性改革，着力提高供给体系的质量和效率”。10 月 15 日在二十国集团会议上，习近平同志又重申重视供给端和需求端的共同协同发力。至此，供给方面改革进入决策公共讨论。

何谓供给方面发力

经济学当中经常考虑供求平衡问题，都认为可以从需求方面调控，也可以从供给方面着手调控，二者区别在哪里？从需求方面调控是近期可以做到的，主要通过增加财政收入、货币贷款来刺激需求，或者用减少财政收入和减少信贷来抑制需求面。

需求方面调控是近期的调控，供给方面调控是中期的调控，主要在于经济结构的调整，包括产业政策的调整、技术政策的调整、资源配置的调整，这些都不是短期就可以见效的。

供给方面可以抑制供给，但不是主要的，抑制供给比如关闭产能过剩、消耗能源和资源过多的企业，看起来容易，实际上也会遇到困难，比如怎样安置失业工人、怎样处理闲置设备和厂房。当然供给方面的发力和需求方面的发力都可以取得一定成效，但是供给方面的调控比需求方面调控一般要难一点，风险也会大一点。

风险在哪里呢？风险在于失业人数增加，如果这样长期存在失业，社会将不稳定，因此一谈到供给侧的发力，通常指增加供给而不是关停企业，首先把供给发力讲明。

供给侧发力的难点和障碍

在供给产能不够的情况下，盲目扩展产能是有问题的，产能扩张会使停产企业由于重新得到贷款又恢复运行，使资金继续流向那些停产、减产的企业，结果不但宏观上会造成通货膨胀，而且会使国内经济结构更加不合理，结构调整也就更困难。此外，供给增加的同时会带来三个不足：资本不足，因为要增加投资；专业人员跟技工不足；土地能力、淡水、营销力量不足。

这三个不足都需要统一规划、统筹解决，因此把供给方面发力看成中期调控，需求管理是近期调控。

要克服供给侧改革的障碍，我有六个方面的建议。

第一，可以通过定向调控。定向调控也就是结构性调控，以定向的减税、免税手段来鼓励现有生产能力，增加供给。

第二，鼓励高新企业的成长，扶持短板行业，以弥补生产能力的不足。

第三，大力发展新产品，提供居民需要的消费品与服务，以扩大需求。

第四，加强职业技术培训，提高劳动力素质，缓解人力资源供给的不足。

第五，继续简政放权，明确三个清单，就是负面清单、权力清单、责任清单。这样有利于民间资本投入供给方面，增加供给的主体。

第六，调动企业创新的积极性，加快国企混合所有制改革，也使民营企业更快转型。民营企业转型主要是指到了一定规模以后，应该从家族经营制改为现代企业制度，要实行职业经理人制度，实行产权的细化、产权的奖励。

增加供给和增加需求往往是互动的

供给方投资主体和需求方投资主体都不是被动的，他们各有自己的盈利目标和实现目标途径，他们的行为是互相影响的。简要地说，要增加供给必须增加投入，包括资本的投入、各种生产资料的投入，以及人力资本的投入。而要增加需求，除了政府购买以外，更需要民间的消费。民间的消费包括居民的购买力，这就要缩小城乡收入差距，还要提高居民的消费愿望。

2015 年上半年我曾经在河北做了一些调查，被一些企业家围住了，我针对当前形势给他们提了几个建议。

第一，让产品更个性化。把自己家里的柜子、箱子打开，里边放的衣服都是很新的，为什么买了不穿？几年前买的，样式过时、料子不够时尚，所以就都不穿了。衣服还是几年前的样式、几年前的料，大家就不买。所以产品一定要个性化，才能打开销路。

第二，加强购买意愿。购买意愿是很复杂的问题，实际是文化问题，比如你有某种信仰、某种习惯，即使衣服不够了，他也不买，或者宁可把钱存了不消费。所以购买意愿的转变实际是更长期的事情，是跟文化的更新、文化的创新结合在一起的。

要真正扩大消费，不仅要从居民购买能力方面做出努力，而且要加强他们的购买意愿。年青一代的消费观念跟老一代不一样，但是年青一代一般没有什么钱，有钱可能不一定投入消费，他愿意投资。

作为投资者，无论是投资到供给方面，还是投资到需求设施方面，一定要考虑回收的成本、利率高低，假设都往供给方面投，这个时候需求怎么样？需求方投资者会转到供给方面，因为感觉到供给方面力量大。假定供给方力量没有需求方力量大，人们又会从供给方面把资金抽出，改投到需求公共设施上，所以双方是一个互动的过程。在这个过程中，很多资本要先观察，所以这个过程是需要时间的。

第三，通过供给增加，还需要配套人力资源结构调整。供给不仅要看资本的投入，如果人力资本跟不上、技术工人跟不上、专业人员跟不上，供给不可能取得那么大的效果。所以这里就涉及一个重要的问题，我们要重视供给的发力，要跟人力资源升级结合在一起。我们现在经常讲旧的人口红利没有了，但新的人口红利将不断涌现。

大众创业、万众创新，给人类自然升级创造了条件。农民热衷于创办家庭工厂，创办一些小微企业，这都是人力资源在创新。所以中国的人力资源将随着供给的发力逐步提高，不提高跟不上供给需求。供给需要熟练技工、需要责任人员，就要靠创新创业，这是我们能够看到和完成的希望。

但也要考虑到，人类资源的提高涉及一个根本性的问题，就是教育制度要改革。我去贵州调研发现，过去的学院改成工程学院，培养技工，90%的毕业生分到企业，和企业合办，除了增加供给以外，也使得人力资本构成得到改变。

这也告诉我们一点，旧的人口红利虽然消失了，新的人口红利正在涌现。我到云南也看到职业教育在向沿海一带输送技工，99.99%都能够被企业聘走，所以我们应该看到这个问题。

供给侧改革要符合经济规律

供给的增加会遇到一个不可逾越的障碍，也就是土地有限、资源有限，包括淡水、交通运输等都属于资源有限。东南沿海土地已经稀缺，那就往西部投资。西部土地虽然多，但是其他资源不足，运输成本高。把原料运到那里，成本就高，这个问题怎么办？要增加供给，必须在劳动生产率提高基础上增加供给，供给是中期的调整，中期的调整就跟政府规划有关。

增加供给不是万能的，因为供给增加也要符合经济规律，要注意增加供给长期效益，不然将来又会遇到麻烦。

我们知道新常态已经给我们带来很多启示，但是供给方发力，一方面供给跟需求是互动的，一方面有些问题短期内不容易解决，比如土地供给问题、资源供给有限问题、交通运输问题。

我对企业家讲过四句话。第一句是让产品更个性化。第二是让服务更人性化。第三句话是把品牌打到国外。曾经有一个调查，给外商发调查表，把知道的中国品牌写下来。最后问卷拿来一看，就一个品牌“茅台酒”。中国的制造业，他们只知道茅台酒，好多国内很有名气的品牌不知道，所以要把品牌打到国外。第四句话是把顾客留在国内。现在到国外旅游的人很多。据不完全统计，旅游者在国外购买生活品花的资金大概是 1 万亿人民币，为什么到国外买呢？我们在调研中发现，有几个回答。一是买真货。二是国外价格比中国便宜，为什么中国卖得贵？因为关税高。我们到国外去买不是不可以，但是到国外买，增加的税收是外国的税收，增加的就业是外国的就业。这 1 万亿如果在国内能买到，增加的税收是国内的税收，增加的就业是国内的就业。所以供给方发力要先考虑这些问题，特别是改革中的问题。

（本文系作者在 2015 腾讯财经年会上的主题演讲）

建立有利于创新的制度体系，推动供给侧变革

吴敬琏（国务院发展研究中心研究员）

投资拉动已经基本无效，怎么强调提高效率都不过分

从过去讨论宏观经济问题时主要着重在需求侧转向了供给侧，是非常重大的转变，是积极的转变。供给侧存在问题提出了很久了，但是在分析问题的时候、在提出解决办法的时候，往往把重点放到了需求侧。为什么现在会碰到这么多问题呢？一分析就是需求方力道不足，就是大家所知道的“三驾马车”。

特别是 2008 年全球金融危机发生以后，经济上暴露出许多问题，这些问题的根源在哪里？习惯的思维就是因为需求侧出了问题，需求不足。需求侧主要是三个因素：投资、消费、出口。因为这三方面不振，所以经济上出现了速度下滑以及其他一些问题。

从这样的观点、角度去考虑问题，得出的答案是增加需求。增加消费需求碰到很多困难，设法增加出口需求也碰到很大的困难。最容易办的，政府也比较有能力去做的是增加投资，叫作“扩需求、保增长”。但是这个办法看来是有局限性的，甚至会引起一些副作用。比如 2009 年 4 万亿投资、10 万亿贷款下去后，经济增速马上就回升

了。最近两年副作用表现很大，主要是两个方面。第一是投资回报递减。2009年的时候一刺激，增速马上就回升三个甚至四个百分点，但是近年来效率递减，同样的刺激力度，但是回升得很少，而且持续的时间很短，甚至到了最近这一年投资下去了GDP增速没有变化。用增强需求的办法去解决问题效果越来越差了。

另一方面，我们如果靠投入资源去解决问题，可我们又没有那么多的资源，资源越来越紧缺，投进去的是什么呢？就是票子、就是债务、就是寅吃卯粮，这样使得国民资产负债表，包括政府的资产负债表、企业的资产负债表和居民资产负债表的杠杆率越升越高，特别是整个企业界杠杆率远远超过了欧盟所规定的90%的水平，这样某些环节上就不断出现债务危机和资金链断裂。如果这种情况继续发生而且扩散开来，会影响整个国民经济的稳定，出现所谓系统性风险。这样对于从需求侧去看问题、从需求侧去找解决的办法，大多数人失去了信心。

对于经济学界来说，这样观察宏观经济长期问题的方法和解决长期持续增长问题所用的这些措施是不恰当的，本来经济学界是有定论的，可是对于社会各界来说认识这种方法的偏差有一个过程。在2016年看来，从朝野各界在这个问题上是否达成了共识，特别是2015年11月的中央财经领导小组会议上，党和政府的领导都明确了一点，就是要从供给侧去分析问题的根源，从供给侧采取措施。

从长期经济发展趋势来说，经济学的普遍共识是应该从供给侧的基本因素去分析，从供给方面去看增长。主要的因素是三个：第一个因素是投资，投资就是新增资本；第二个因素是新增劳动力；第三个因素是效率提高。

近年来因为城市化过程到了后期，一般的技术水平和先进国家的差距大大缩小，不可能用简单的购买和引进的办法来提高技术水平，这方面拉动增长的可能性就逐渐在消失，加上刚才说的投资已经引起了消极后果的积累，也不能再大量用这个办法保持供给的增长。这种情况下要改善供给方，最重要的是提高效率，在效率提高上下功夫，这是非常重大的转变。对它的积极意义怎么估计都不过分。这是我的第一点意见。

供给侧改革要靠市场手段

第二点意见是，怎么改善供给？其实改善供给的问题在党和政府的一些决定里，早在20年前就已经出现了，这就是第九个五年计划，第九个五年计划规定了要进行增长方式从粗放增长到集约增长的转变。什么是从粗放增长到集约增长的转变呢？当时在普及宣传“九五”计划的时候，其实说了很多，不过后面慢慢人们就忘了。其实所谓粗放增长就是主要依靠投资实现的增长，主要依靠投入资源实现的增长。所谓集约增长就是主要靠提高效率实现的增长。在1995—2000年的五年计划里就要求实现这个转变，用现代的话来说就是供给侧的改善。

为什么“九五”计划就做了规定，到现在已经过去了20年，又重新提出这个问题呢？就是方法上可能不当，可能不够有力。中共中央在1995年做出的制订“九五”计划的建议里说得很清楚，增长方式的转变要跟另外一个转变一起进行，另外一个转变就是体制的转变。所以“九五”计划所规定的转变叫两个“根本转变”，第一个根本转变是增长方式从粗放增长到集约增长的转变；第二个转变是经济体制从计划经济到市场经济的转变，而且说得很清楚，第二个转变是第一个转变的基础。

在“九五”计划期间，因为是党的十四届三中全会以后的改革正在进行，应该说体制的转变在一定程度上推动了增长方式的转变。但是到了“十五”计划，这两个根本转变都大大减弱了。虽然2003年党的十六届三中全会决定要推进改革，要改善社会主义、完善社会主义市场经济体制，但是实际上“十五”计划期间热衷于大投资，进行所谓政绩工程和形象工程的建设，所以增长方式其实是有所退步的，是更加粗放。

到“十一五”规划 又重提要把增长方式的转变作为“十一五”规划工作的主线，但是这方面进展一直不够快，原因就在于改革推进得不够。政府习惯于遇到经济问题就想办法从需求侧解决，靠投资拉动来解决问题，而且即使注意到供给侧的时候，往往也采取计划经济的办法，政府出手来改变供给结构、改变供给体系。

比较突出的是全球金融危机发生后，发展战略性新兴产业那一拨运动，那是供给侧的改善，使得供给结构有所变化，使战略性新兴产业能够发展起来，能够提高整个经济的效率。但是用的办法在相当程度上是政府出手，政府起决定性作用来配置资源，大量给企业补贴来发展光伏产业、LED（发光二极管）产业等等，而不是用市场的方法，即使已认定问题出现在供给侧。

改善供给有两种不同的办法，在我看来，正确的办法是建立有利于创新创业的制度体系，通过市场化、法治化、国际化这样的制度体系，推动供给侧的改善、供给体系和供给结构的改善。

所以面对要改善供给的时候也需要注意，要坚持市场化、法治化的改革，要用能够支持激励创新和创业的体制去推动实现结构的改善。

政府应建设法治环境，而非直接干预市场

第三点意见，政府、企业和社会要共同推动改革，来实现这样的改变。所谓突破变革的关口，就面临着供给侧的体系和结构的变革，更重要的是经济体制和法制建设这方面的变革，而这些变革都需要我们共同来做好。要像党的十八届三中全会所说的那样，政府在应该做的事情上做得更好，而不是像过去那样，政府做了一些不应该做或者做不好的事情，而应该做的事情又没有做或者没有做好，要改变这种状况。

譬如说要在供给侧鼓励创新，政府最重要的还是要建设稳定的宏观经济环境，要建设法治化的市场体系，而不是直接去确定攻关的内容、确定技术路线、给企业许多补贴，甚至是已经到了竞争后的阶段，继续给一些企业补贴，这样削弱了市场的竞争。

我们所有的企业都应该是变革的积极参加者。这项变革，市场化、法治化的变革对于某些企业的既得利益是有影响的，但是对于企业长远发展和整个国家的健康发展是有好处的，所以就要取舍，是不是支持这样一些会损害自己短期利益的改革，全力进行支持还是阻挠，去阻挡改革的实现。

另一方面，企业家要做好准备，适应新的经营环境。过去因为体制不健全，所以就有很多特殊政策或者优惠等。但是为了推进供给侧的转变，使经济持续稳定地向前发展，一定要建立刚才说到的市场化、法治化、国际化营商环境。在这样的营商环境中，或者说在党的十八届三中全会所说的统一、开放、竞争、有序的市场下，从事商业活动，而且能够把企业办得很成功，不是一件很轻松的事情，因为不能再依靠政府给予的特殊政策、特殊优惠去赚钱，只有靠提高核心竞争力、

提高适应消费者需要的能力，把企业做成功，这是需要花力气的。

政府、企业和整个社会共同来过这个关，我相信我们就能够创造力量，突破变革的关口，保证中国的经济持续稳定地发展。

（本文系作者在 2015 中国企业领袖年会上的主题演讲）

第五章

新科技革命，中国将坐上“头等舱”

综合国力竞争说到底是创新的竞争。要深入实施创新驱动发展战略，推动科技创新、产业创新、企业创新、市场创新、产品创新、业态创新、管理创新等，加快形成以创新为主要引领和支撑的经济体系和发展模式……深化科技体制改革，增强科技创新活力，集中力量推进科技创新，真正把创新驱动发展战略落到实处。

创新的逻辑

周其仁（北京大学国家发展研究院教授）

创新是摆脱平庸增长的唯一出路

一位奥地利经济学家叫约瑟夫·熊彼特，于20世纪30年代提出一套创新理论。在熊彼特看来，多数经济变化都是周而复始的，人口增加，经济总量也增加，但人均水平没有太大的变化。那是一种平庸的经济，要冲破这种平庸的、周而复始的经济发展，实现现代经济增长，真正的关键、最激动人心之处就是突破平庸，达到人均产出和人均所得的持续提高。为什么人均水平极其重要？因为只有人均水平提高了，经济结构才会发生变化。人均收入水平低，满足温饱还有困难，那些较高附加价值的经济活动、技术活动和文化享受就没有空间。那样的话，整个经济面貌就不会是我们现在看得到的现代经济增长。

那么如何突破周而复始的平庸经济增长呢？

熊彼特提出了一个到今天还非常有影响力的概念，就是创新。他认为，如果没有创新，很难突破经济增长，仅仅随人口增加而增长，就无从实现人均所得的持续提高。我们国家有着五千年历史的伟大文明，但是在很长时间内，中国的增长也就是人口增加、经济总量也相应增加，但人均水平没有显著提高。据经济史学家的研究，大概从13世纪到19世纪，中国经济大体就处于这样一种状态，论总量全球第一，但人均水平在600年内没有显著提高。1840年以后，人均水平还有所下降，那就是能不能保留地球球籍的问题了。为什么传统中国经济呈现这个势头？按熊彼特的理念，就是缺乏创新，或者有创新的苗头却没能普遍和持续。

创新是从0到1的飞跃式创造

人均收入快速上升也带来挑战。

最大的问题，是在满足温饱之后，人们的消费需求究竟向哪个方向走，越来越难以驾驭。大概念当然还是衣食住行，但文化娱乐和社会交往的需求也上来了。究竟搞哪样不搞哪样，优先顺序如何，谁也不完全知道。产业部门当然尊重顾客，可以信奉“消费者为王”，但消费者往往也不完全知道，发问卷也不成。马车时代发问卷，问需要什么，消费者可能说要更快一点、更舒服一点的马车，如此而已，不容易蹦出一个“要汽车”的需求来。这就是说，从温饱满足向上走，连续的需求中可能出现不连续的飞跃。从马车的连续改善中，不一定跳出一辆汽车来。在邮路的连续改善中，也不一定跳得出一列火车来。但是一旦蹦出一辆汽车、跳出一列火车，再问问广大消费者，人们可能说“我们要的就是这家伙”！这里，要发生不连续飞跃，有个先有鸡还是先有蛋的困局。

在熊彼特看来，能实现不连续跳跃的，恰恰就是企业家。不管他实际的社会身份是老板，还是工程师或工匠，甚至是文化人或普通消费者，谁突发奇思怪想、谁坚持把想法变成产品、谁的跳跃性产品得到市场的认可，谁就是企业家。所以他的经济发展理论，就合乎逻辑地把企业家看作经济增长的关键。

经济增长真正激动人心的就是非连续性的飞跃。经济当中有很多连续性的东西，支撑了我们的经济一代一代的发展，但是经济要有看头，最关键的还是要有飞跃。熊彼特把这个飞跃叫创新，产品的创新，生产方式的创新，原料的创新，商业模式的创新，开辟了新的市场，找到了新的搞经济的办法。没有创新的冲击，经济就很平庸，顶多人口规模与经济总量一起变大，但人均水平没有持续提高。

创新是走出经济困局的抓手

熊彼特还有一个看法，经济增长是人的活动，总会有波动。当然，他对长波、短波周期的估计，今天看划分得过于机械了。不过经济总有波，则得到了验证。高速增长有惯性，上山容易下山难。因为高速增长时期很多成本惯性，有延滞性。高速增长时大家用人抢人，工资就高，大家都要拿地，地价就高，大家争用资源，所有资源的价格就高。政府的雄心也大，抽税也多。到了经济下行，并不是所有指标同时都一起下行的。对很多企业来说，卖价下去了，但成本没有马上下去。这时候怎么生存？非常重要的一点，就是创新突围。

道理是用同样的成本，生产不同的东西，其含义就不一样。用老办法生产老款式的产品，成本压力当然不堪负担。但如果有一点创新，同样的成本就负担得起了，这是最近很多企业的一种生存之道。乔布斯用的那些工程师不会便宜吧？为什么用得起？苹果手机在美国萧条时期还有能耐让大家通宵排队争相购买！这是什么力量？就是以创新消化成本的力量。华为也一样，2014 年我们去考察时，华为主动给新进入的员工加薪。它就没有成本压力？有，但创新的产品让它更有竞争力。

创新需要优质土壤的孵化

当然，创新的风险非常高。像今天很多新产品、新技术、新模式，以及各个年代企业家们脑子里冒出来的新主意，到底哪个最后在市场上会成？哪个能长久引领潮流？恐怕上帝也不一定知道。为此，就要有一个合适的体制完成这个艰巨的筛选过程。现在我们都知道，这个体制不可能是别的什么东西，只能是市场经济体制。

什么是市场经济体制？市场经济体制就是最大限度提供创新创业机会的体制，就是保护企业家发挥创新职能的体制。天高任鸟飞，海阔凭鱼跃，不管你是几零后，有个想法、有个创意就可以试一把。别人不信，你自己信不信，自己能不能完全投入？能不能说服形形色色的投资人支持你来试？然后把创意变产品，把产品放到竞争的市场舞台里接受检验。现在看，走出温饱以后，要对付起起伏伏的经济增长之波，也就只能靠这一套。这个体制已写进了十八届三中全会决议，叫“市场在资源配置中起决定性作用”。我对此的理解，就是搭一个平台，招呼天下英雄好汉，把连续过程当中可能产生飞跃的创意，从想法变成商业计划，变成产品，变成服务，然后拿到市场上来检验。

这里有一个关键，因为创新风险极高，所以非有大奖不可。为什么要保护企业家？大家看阿里巴巴一上市，天下多少年轻人就不睡觉了？没有一个超级大奖在那里，谁来玩？现在的收入分配环节，首先要最大限度地消除不公平因素。市场开出天价的大奖，没有什么不公，顶多有点运气成分，那也应该保护。当然首富们自愿多搞公益，更好，但政府、舆论、公众要咬牙支持，因为“一将功成万骨枯”，一个苹果乔布斯的成功，要赔进去多少企业和企业家？一个马云的成功，又得多少企业家赔上？平均说来，“利润”就没有那么高了。但激励更多潜在的企业家、创业家进入，在充分的竞争中提升品质，降低成本，最后的好处还是消费者和全社会的。

中国转型到今天，还是要注意体制运行的成本。把一个想法变成行动，麻烦是大还是小？各种审批手续容易还是不容易？行政审批是不是减到只剩必须审批的部分？这也决定创新的命运。在中国讲创新创业，一定是跟改革、法治联系在一起。没有这一方面的跟进，创新创业的规模很难对冲下行压力。

（本文原载于“正和岛”）

新科技革命，中国将坐上“头等舱”

姚洋（北京大学国家发展研究院院长）

转型期将变得更痛苦

新常态不仅仅是增长速度的下降，更重要的是结构的变化。从2001年到2008年这段时间，中国超高速的经济增长是人类历史上少有的，不可能长期持续。试想一下，中国现在已经是世界第一大出口国和贸易国，如果我们的出口增长速度还超过世界平均水平，那就一定意味着有些国家的出口在萎缩。这种事情不可能长期持续下去，所以我们只能期待中国的出口增长速度能维持在世界平均水平，这已经非常不错了。

第二个转变，以前我们是靠一些低级产品打遍天下，现在不行了。宏观数据显示，我们的制造业对就业的贡献以及对GDP的占比都在下降，而服务业的占比在上升，这是一个非常重要的转变。

制造业的市场是全球的，它的需求来自外部，但是服务业不一样。服务业的需求是靠我们自己创造的，是内生的，所以这方面的转型增长就变得非常困难。这也是今天经济遇到深层次困难的原因。

当然还有一些短期的原因，比如过剩，因为前一阶段我们上了很多项目，盖了很多房子，到了今天就过剩了。这两项因素的叠加，使得我们的经济进入一个比较痛苦的调整期。

日本、韩国和我国台湾地区是如何渡过痛苦转型期的

但是，是不是因此就应该悲观呢？国际上的经济学家对此都比较悲观，比如美国前财长、哈佛前校长萨默斯，就认为整个世界进入了一个长期低速增长的时期，还认为在 10 年之内，中国的经济增长会跌到 3%、4%，也就是进入长期低速增长的时代。

但我觉得这个判断过于悲观，还是要看一下历史。我觉得可以和中国做比较的是日本、韩国，还有我国台湾地区，因为我们今天经济所达到的高度，和 20 世纪 60 年代末的日本、80 年代的韩国和我国台湾地区几乎是一样的，比如都是高储蓄率、高投资率，再比如教育水平和科研投入也都非常高，所以这样的比较才有意义，我们也会有很大的信心。

我们现在的人均收入基本相当于日本 20 世纪 60 年代末 70 年代初的时候，但日本在 70 年代的经济增长速度还是超过了 7%。70 年代是日本产品开始“统治世界”的时期，日本成了世界产品的主导，几乎所有新的产品都来自于日本。大家可能说那是赶上了好时间，实际上不是。20 世纪 70 年代和现在面临的国际环境差不多，石油危机、债务危机，到了 80 年代初期，整个美国也陷入非常困难的境地，但是日本经济仍然保持了高速增长。那么，日本经济增长的源泉在哪里呢？就是创新，经过长期积累后的技术爆发。

韩国的经济爆发性增长期相对短一些，我认为本来应该在 90 年代爆发，但是由于亚洲危机而推后了。今天韩国达到的高度已经接近了日本在 20 世纪 70 年代和 80 年代的水平。韩国能做到这点是靠什

么？靠创新，而且是战略性的创新。比如韩国的芯片，三星从70年代末就开始搞芯片，并投入了海量资金，最后成功了。

在创新方面也可以对比一下我国台湾地区，台湾的人均收入一直比韩国高，但这几年韩国超越台湾。我们很少听到台湾有国际性企业，但是韩国有，这和韩国重视创新分不开。

最好的投资应该投到哪里

展望未来，我觉得世界经济还会保持高速增长，只不过会经历痛苦的调整期，可能需要10年时间。

那么，下一轮工业革命在哪里呢？我们不知道，但是有一些苗头是非常好的。

比如我国在世界上领先的量子通讯，一旦成功，将是一个革命性的东西，是对传统通讯方式的重大突破。

另外一个技术是石墨烯。现在的电子元器件普遍采用的是硅材料，而石墨烯传导性极其好、容量极其大，不仅是电子行业会发生革命性的变化，电池行业也会发生革命性的变化，而且由此延伸，就意味着能解决电动车的电池问题。

现在电动车唯一的一个问题是电池太重、充电太慢、续航能力太差，如果石墨烯实现应用，这些问题就都解决了，今后电动车将成为大众化的汽车。我以前对电动车抱有怀疑态度：先用煤发电，然后储存为化学能，再转为机械能，实际上效率还是比内燃汽车要高两到三倍，如果有了石墨烯，就更是插上了翅膀，电动车就会主导未来。

中国在这两方面都走在世界的前列，有可能成为突破，前途还是光明的。

都说现在企业盈利难了，因为成本和工资水平等都在增加。工资水平一定要提高，因为GDP在增长，如果工资水平不提高，那还叫什么经济增长？提高工资的唯一出路就是技术进步，中国创新有很好的基础，因为教育水平非常高，每年有700万大学毕业生和研究生被培养出来，只要有10%的人参与创新，就足够了。

另一方面，我们的资本存量又极其多，M2（广义货币）已经达到130万亿元，实际上就是我们纸面上的财富。我们的问题是，如何把纸面上的财富变成实际的财富呢？

一个是搞固定资产投资，但是这个领域现在已经开始饱和了，而且成本很高。

最好的投资应该投到哪里呢？投到创新和人才上面去。这样才能把过去15年积累的财富变成未来有收入流的资产，现在它还睡在账面上。在这方面，中国应该有信心。

给大家举一个数字，我们的科技投入占GDP的比重，在“十二五”规划初期，大概还只有1.7%，2015年是“十二五”规划结束之年，达到2.2%左右，“十三五”规划要达到什么水平呢？我估计铁定超过2.5%，就是达到世界发达国家的水平。

那个时候，按照可比价格计算，我们的人均收入大概也只会是发达国家的1/4左右，但是科研投入已经达到发达国家的水平。有人会说很多投入，特别是国家的投入都浪费掉了，的确有浪费，但还是会有收益。

在我们的科技投入中，企业投入已经超过了国家投入，这是一个非常好的现象。企业投入是市场导向的，这是非常重要的一个改变。我去看过一个地产公司在做生物医药方面的孵化器，投入了海量的资金。负责人希望有10%的成功概率，那样就可以收回成本。这都是我们国家未来的希望。

“破”的阻力来自哪里

2015年是改革的元年，很多改革措施都已经推出来了。有人疑惑：“你看政治上这么紧，难道经济上的改革就能推进吗？”我认为一点儿问题都没有。市场化改革已经势不可当，改革无非做两件事，一件是破，一件是立，过去30多年间，中国的改革历程都是破的过程，那么破的阻力来自于哪里呢？

我觉得来自于三个方面。第一方面是思想。因为很多官员还没有转变观念，也还没有建立一个概念。市场和社会其实可以做很多事情，市场和社会有自主能力，可以实现非常有效的配置和社会管理，他们不相信这一点。我们老听说一收就死、一放就乱，官员老担心，其实放开了以后一点儿都不会乱，市场会做得很好。

第二方面是权力，要把权力都放给市场。国务院做的决定为什么一个处长就能给它挡住？就是因为处长手中有权力，可以使用。我们的很多规制都是官员自己生造出来的，根本毫无用处。比如报考研究生，以前都是各个学校自己报就完了，教育部弄了一个网站，说所有报考研究生的都必须去注册一下，必须在网上报考，人为地加了一道成本，一点儿用处都没有，就是要体现出教育部有权力，要把权力收起来，你得听我的。

第三个方面是利益集团的阻挠。很多人在旧体制当中有很强大的利益，不想变革。这方面还是需要一些强有力的领导，好在我们的领导有担当、有责任、敢行动，中国的改革有希望。

以上三点是战略层面的问题，那么具体到实施层面上，应该怎么去搞改革呢？最好的办法还是以开放促改革。这是用外力的改变来促成国内的改革，在这方面有两件事值得大家关注，一个是自贸区的扩容，一个是我们和美国正在谈的双边投资保护协议。

自贸区要做的无非两件事，一个是金融开放，一个是服务业开放。既然对外开放，对内就一定要开放，这是一个利好的消息。

而投资保护协定，名义上是保护双边国家在对方国家投资的协定，美国人到中国来投资，中国要给予保护；中国企业到美国投资，美国要给予保护。

按照美国拿出来的母版，这个双边投资保护协定远比现有的开放程度高。对中国而言，这个协定关系全面改革，要求我们开放市场，要求所有的企业统一国民待遇，必须一视同仁，包括民营企业、外资企业和国有企业，同时，在环境保护和劳工保护方面都会有新的措施出来，这是一个巨大的改变。双边保护投资协定 22 条，每一条对中国都是革命性的。

现在谈判相对比较顺利，我估计 2016 年底之前一定要签，那就意味着我们到 2016 年底的时候，会有一个大的改革开放。这是“破”的方面，我们要用开放来促进国内的“破”。

什么地方该“立”，“立”什么

中国经过了这么多年，有些地方应该“立”了，立什么呢？我觉得要立产权，建立产权保护制度。我们对民营资本的保护还远远不够，对知识产权的保护也还远远不够。

在大学里工作，我对知识产权深有感触。我们大学里头的老师搞科研，基本上就是写论文，写完之后就撂到那儿不管了。现有的保护知识产权的法律规定，实验室里的成果都属于学校，学校又属于财政部，北大的一草一木都是属于财政部的，财政部要管。在这种情况下，不可能把知识产权转移出去。

在这种情况下，如何把我们与创新有关的知识产权保护制度建立起来，使之更灵活，使得我们真正地把产学研相结合并做到位，需要我们建立更加灵活的制度。

在这方面，美国威斯康星大学做得非常好，美国也有同样的法律，但法律之外还有一些灵活度。在那里，老师有了自己的科研成果，就可以拿出去办一个企业，企业的收益由学校和教授按机制分配。这样做的结果是威斯康星州的人在下降，但是大学所在的这个城在扩张，因为大学知识产权成果的转化产生了很多新兴的生物医药公司，带动了就业。

未来十几年，我认为世界上会有一个科技革命，我们正处在科技革命的前夜。这一轮科技革命，中国一定能搭上这趟列车，而且可能会坐在头等车厢里。中国到底能不能做到这一点呢？这完全取决于我们的企业家。

（本文系作者在学习型中国——第七届企业资本论坛上的演讲）

新起点，创新与互联网

许小年（中欧国际工商学院教授）

讲创新和互联网，我想还是从宏观经济谈起。为什么在这时候提创新的问题？因为中国经济走到了今天，不靠创新，已经走不下去了。看过去一两年的宏观数据，经济的增长速度是在不断放慢。虽然统计出来 2015 年一季度、二季度的GDP全是 7%，但电力的指标、运输货运量的增长率和企业的层面等各方面的情况，都很清楚地告诉我们，经济正在滑入衰退。为什么会衰退？因为经过多年的高速增长，经济内部所积累下的结构性问题到现在已经捂盖不住了，必须由某种方式表现出来。表现在宏观上，增长速度放慢；在微观上，企业经营越来越困难。

为什么会发生这样的情况？如何看待，如何走出当前的困境？衰退的原因是过去透支了今天的经济景气。2008 年在国际金融危机的冲击之下，中国的经济有个断崖式的下跌，虽然是外部冲击引起的，但也反映了中国经济的脆弱性。如果我们能利用 2008 年那个时机，在经济下跌的过程中，忍受痛苦，进行结构调整和产业升级换代，就不会有今天的困境。但是我们推出了“4 万亿元”刺激计划，浪费了一次衰退，浪费了一次极好的调整机会。现在我们看到，今天调整的困难比 2008 年还要大。2009 年“4 万亿元”执行的结果，使本来已严重的结构失衡更加恶化，这表现在很多传统制造业部门，就是那时产能已经过剩，产品技术落后，在市场上找不到销路，急需更新换代。然而政府的巨量投资，又使这些落后的产能、落后的技术和产品得以苟延残喘，甚至继续扩张一直到今天。原来经济中的内在增长动力减弱了，这个时候需要增强它的体质，我们非但没有消除导致虚弱的内部结构性弊病，反而给它注射“强心针”，让落后产能继续膨胀。

比如，全国钢铁的生产能力大概在11亿~12亿吨，而全国的消费只有6亿~7亿吨，也就是说钢铁产能过剩30%~40%。这些过剩产能没有消除之前，钢价不会反弹，各家都在产能的压力下，低价在市场上销售钢铁。低价销售的结果是谁都没有利润，一些钢铁公司是靠着政府的救济活着，其实早就应该倒掉了。它们不倒的话，那些效益高的钢铁公司也没有办法正常经营，因为价格被压得太低了。钢铁行业是传统制造业的一个代表，我们用新的产能泡沫去掩盖旧的产能泡沫，结果致使泡沫越来越大。资本市场有泡沫，但泡沫主要是在实体经济中，表现为过剩产能。

由于中国经济增长长期依靠投资驱动，当出现过剩产能的时候，企业不敢投资，依赖投资的增长就掉下来了，这是结构性扭曲持续到今天的一个必然结果。出路在哪里？去产能化。如果不把过剩的产能消除掉，价格起不来，企业经营会很困难，经济就会长期在低位运行。所以，去产能化是当前最紧迫的任务。这和2008年金融危机之后，欧美经济的去杠杆化所面临的挑战是一样的。欧美发生金融危机的原因是过度借债，杠杆过高，把家庭和金融机构压垮了。要想经济恢复，必须把过高的杠杆率降下去。美国去杠杆化从2008年开始，到2014年才基本结束。

欧洲经济为什么现在还不行，因为它的去杠杆化没有认真展开。我们有数据表明，欧洲的杠杆率只是稍稍低于2008、2009年，而美国的杠杆率已经回到了历史的平均水平，这也是欧美两个经济体的表现大相径庭的主要原因所在。同样，对于中国来说，我们不仅要去杠杆，还要去产能。实际上，去产能和去杠杆是一回事，实体经济中的过剩产能，对应的是银行的天量信贷，要不是银行放出那么多的贷款，也不会有今天这么多的过剩产能。实体经济要去产能，金融行业要去杠杆。

如果说A股场外配资是个问题的话，那么和金融体系与政府体系中的坏账相比，那简直就是小菜一碟。A股配资总共有两三万亿元吧？我们金融体系的贷款余额是80多万亿元，坏账率如果是10%，那么就是七八万亿元，有可能还不止。政府融资平台在执行4万亿元过程中积累的债务，现在官方估计就有20万亿元，这才是中国经济的大隐患。

A股市场靠政府制造牛市，当风险逐渐显现的时候，又是政府去清理场外配资，把它打下去，暴跌之后，又是政府出来救市。尽管社会反响很大，其实A股市场只是中国经济中的一个小问题。大问题是政府负债、银行坏账、实体经济中的过剩产能。过剩产能有多严重？各个行业不一样，据说水泥行业的过剩产能是60%以上。这些数字告诉我们，去杠杆和去产能的过程可能会相当长，到底需要多少年？我想3年5年总是要的。

在去产能和去杠杆的过程中，企业的首要任务不是说发展多快、要做多大，不是赚钱多少，而是活着，活下去就好办。宏观形势严峻，是不是我们就不干了呢？当然不是。在经济下行的过程中，价值才能显现。我喜欢熊市，不喜欢牛市，为什么？因为在牛市中，资产的价格都被高估，只有在熊市中，资产的公允价值才能够在市场上出现，就像巴菲特喜欢熊市一样。所以，不要害怕熊市，不要害怕经济的下行和经济的调整，在调整的过程中，会出现大量的商业机会。为什么要在这个时候谈创新，谈创业，谈互联网？原因就在这里。

最近我除了上课以外，就在各地看企业。为什么现在企业看得比较多？因为宏观经济没得看了，而且我研究宏观经济，人家也不喜欢听。我去看基层，发现机会起码有这几个方面：一个是行业重组，行业重组的机会非常之多。我刚才说的钢铁行业，很多中小型的钢铁公司都要倒掉，这个时候是购并的好机会。但是现在购并的障碍在于地方政府的干预，所以我和政府说不要阻碍市场上的购并，不要阻碍企业的倒闭。企业不行了，地方政府首先想到的是税收和就业，用各种各样的办法来挽救濒临死亡的企业。我对他们说，经济就像自然界，生老病死是自然现象。死的时候你要让它死，它不死，那些活着的也活不好。因为这些濒临死亡的企业是不惜一切代价获取现金流，把价格压得非常低，以至于那些好企业也活不下去。政府和经济学家的考虑不一样，由于地方政府的干预，好企业不敢去收购，因为收购的前提条件是不许裁员。这怎么可能呢？我去购并一个低效的企业，当然要裁减冗员。地方政府说不许裁员，这就阻碍了行业重组的进行。如果不是地方政府阻碍的话，现在购并有很多机会。优秀的企业通过购并提高它的市场集中度，获得一定的定价能力来改进它的利润率，实现经营状况的好转。

这些市场份额比较集中的企业下一个要做的就是研发，推动升级换代。在行业分散的情况下，中小型企业没有做研发的力量。中国各行各业的一个特点就是太分散了，分散到了没有几家领军的企业能够做创新式的研发，所以市场集中度一定要提高，世界各国全都是这么走过来的。在20世纪，汽车工业刚刚开始发展的时候，美国有200多家汽车公司，中国现在有1000多家，太分散了，分散到规模经济效益无法发挥，分散到每个企业都不可能做大规模的研发投入。在市场力量的驱动下，几十年间美国的200多家汽车公司最后变成了

3 家。中国工业的发展也会走同样的道路，不断集中，只有集中才有规模效益，只有集中才能有足够的资源进行研究与开发。

我们上千家的汽车公司，要通过购并、通过行业重组来提高市场的集中度。再比如零售业，中国全年的零售额是 20 多万亿元，我们最大的零售公司不算京东，一年的销售额是多少？国有零售商 1000 多亿元，但是不赚钱，赚钱的是民营的，最大的也不过 500 亿元。而沃尔玛的年销售额是 4800 亿美元，和中国的 500 亿元人民币怎么比？我们的传统行业过于分散，效率太低。这些问题在经济高速增长的时期无法解决，为什么？因为在高增长时谁都赚钱，中型的、小型的企业也赚钱，经济一慢下来，问题就暴露了。

过去几十年中，很多人也许都很成功，但并不一定优秀，大家赶上了一个好时候。谁是真正的优秀企业家，在今后两三年才能表现出来。哪些是好企业，哪些是平庸的企业，哪些是低效的企业，要在下行中才能看出来。以零售业为例，为什么京东这样的电商在几年的时间里就成长为中国第一大零售商？亚马逊干了这么多年，干不过沃尔玛，只是沃尔玛的 1/5，而京东在很短的时间里就超越了所有的零售商成为中国第一，因为传统零售商的效率太低。我说的是自营零售，不是淘宝、天猫那样的销售平台。就是京东这个全国第一也不过 1200 亿元人民币的销售额，和中国 20 万亿元的零售额相比，微不足道。零售业一定会进行大规模的整合，钢铁行业、水泥行业都会进行大规模的整合，一些企业在衰退的时候倒掉，把市场份额让给那些有竞争力、有竞争优势的企业。在整合的过程中有多少机会？对于做投资的来说，机会是非常多的，我要有钱的话就想搞个购并基金，遗憾的是我没钱。

第二个机会是传统企业的更新换代。2014 年我看了奔驰和宝马的生产线，车间里面没有几个工人，虽然还没有达到工业 4.0 的标准，顶多3.0、3.5，也已经相当好了。机器人到处都是，工位和工位之间的搬运全都是自动化，不用人工，车间内部全都连了起来，自动化程度很高。我们要做的，就是用新技术去提高效率，不必硬把自己套进互联网思维中，而是要思考如何运用这些新技术来提高企业的效率。

我们一个校友是做缝纫机的，缝纫机整个行业2015年上半年的销售额大概跌了20%，整个行业利润跌了60%，而他的企业销售额和2014年基本持平，利润跌了大概不到10%。我问他为什么可以取得高于行业平均的成绩，他说无非把电脑装到了缝纫机上，用电控提高缝纫机的自动化程度。产品的升级，他早就开始做了，说不做不行，因为传统的缝纫工越来越难招。设想手工操作的缝纫机，手里捏着布，眼睛盯着针，一天紧紧张张8小时，现在谁愿意干这样的活儿？劳动力市场的形势迫使他提高缝纫机的自动化程度，稍稍提升一点，就可以在市场上脱颖而出。不需要追求那些高大上的东西，一点一点改进产品，一点一点改进技术，这方面的空间是非常大的。又比如钢价的下跌迫使钢铁厂削减成本，回收炼钢的余热，因为相比国外，我们能源的成本还是高的，现在它可以做到能耗的80%来自利用余热、余气的发电。所以经济下行并不可怕，倒逼企业研发，改进产品和技术，提高传统行业的效率。

第三个机会就是创业。创业不是人人都能做的，不是大众之事，而是小众之事。互联网在中国之所以轰轰烈烈，以至于大市值互联网公司有一半在中国，为什么呢？有两个原因。第一是中国的传统行业效率低，给互联网公司留出了很大的空间。第二个原因就是政府管制少，进入相对自由。现在是一提创业必谈互联网，其实传统行业一样有创业机会，不一定非做“互联网+”，传统行业+互联网也可以啊。到底是“互联网+”还是“+互联网”，没有一定之规，要做具体分析，哪一个有效我走哪一条路，并不存在着不可抗拒的历史趋势。我们可以找到很多的案例说明，“+互联网”比“互联网+”更有效。当然，搞互联网的可能不同意我这个观点。

我不否认互联网是一个很有效的工具，但是互联网的作用是什么？必须有自己的思考。互联网无非一种更为快捷的传递信息的手段，有助于降低和消除信息的不对称。信息的不对称会产生交易成本，所以互联网的作用是提高信息的传播速度和传播量，降低信息不对称，从而降低交易成本。互联网的应用因此主要是在交易环节，而不是在生产环节。至于生产环节效率的提高，我们仍然要靠传统的研发，在这个领域中，互联网帮不了你什么忙，能帮忙的是在交易环节上。目前我们所看到的，互联网用得最多的就是营销，减少交易中介，缩短交易链条，降低交易成本。新产品和新技术的开发和研究，还得走传统的老路子。

有人说，现在有大数据了，可以改变生产，可以改变研发，可以改变传统的设计。我看到的大数据，离真正能够产生效益的还远着呢！对于现在很流行的网上金融，也不要寄予过高希望。例如用众筹的方式做股权融资，可以大胆尝试，但预期不能太高，因为股权投资是小众的事情，风险太高，大众无法承担。

“互联网+”可以做蚂蚁金服，传统的金融业也可以做“+互联网”，比如陆金所。我认为传统金融+互联网更有优势，这是由金融行业的性质所决定的。当然，互联网公司可能也有不同的意见，它们说互联网最大的优势就是大数据。我不否认，你可以在大数据中发掘、分析，为你的客户做信用评级，但是从这些大数据到准确的信用评级，道路还非常漫长。以阿里在淘宝、天猫积累的交易数据，能做多少贷款？阿里金融今天的余额是多少？300多亿元吧，对传统金融业来说，是个很小的数目，和全国贷款余额七八十万亿元根本就没法比。为什么呢？因为大数据的信息含量太低，相当于低品位的矿石，你要用多少吨的贫矿才能生产炼出一吨铁？要用多少大数据才能放出一笔贷款？

所以对互联网，既不要排斥、轻视它，也不要产生恐慌情绪，而是要冷静地沉下心来分析自己行业的业务特征，有哪些是适合互联网上做的，有哪些是互联网没办法做的，自己的优势到底在什么地方？要不要上网，怎么上网？这些问题要独立思考。传统企业对互联网刚开始是漠视，当互联网冲击到自己的时候，很快就从冷漠变成了恐慌，又从恐慌变成了盲目崇拜，现在是在恐慌情绪下盲目崇拜，以为我不上网就要死，没有那回事。很多传统企业向互联网投降，我觉得太早了，还没有认真抵抗呢，就投降了。

我们不妨看看沃尔玛，沃尔玛做网上销售做了十几年，投资建自己的网站和电商仓库，沃尔玛在中国收购了仅次于京东的1号店，要发展自己的网上销售。同时沃尔玛在调整自己的店面结构，下沉，逐渐减少大型的门店，增加中小型的社区店，这些社区店将来就是它电商的提货点和送货点。为什么亚马逊在美国无法撼动沃尔玛的统治地位？为什么电商在日本几乎没有生存的空间？日本的电商如果想干的话，可能干不过遍地开花的便利店，便利店过两条街就是一个，电商无法和它们竞争。中国的电商发展快，一个原因是传统零售业实在太落后。落后也不必紧张，传统零售业也去上线，和电商过个招，谁赢谁输还不知道呢。要分析电商优势，也要分析自己的优势，要知道电商的劣势，也要知道自己的劣势，以己之长攻人之短，就可以生存和发展。所以沃尔玛现在一方面是去做电商，另一方面改造传统业态。它这样搞起来，亚马逊有可能招架不住，将来亚马逊也许就不是电商公司了，把主业转向云计算了。要观察，不要慌，沉下心来仔细研究，决定今后往哪个方向走。创新、创业不光是电商一个行业，其他行业也有机会。

互联网在中国搞得这么热闹，前面讲过，第二个原因是相对而言，互联网行业的管制最少，因此大量的资源和优秀的人才涌进这个行业。管制是创新的大敌。美国最近有一项了不起的创新，就是大家都知道页岩气开采技术，液燃气的成本不断下降，带动全球的油价下跌，沙特的好日子结束了。中国页岩气储量巨大，我们为什么干不了？因为油气行业是国企垄断的，进不去。我们互联网搞得这么热闹，其中一个很重要的原因，就是政府管制相对较少。

这并不意味着，除了互联网以外，其他行业就没有机会。要看到在经济下行的过程中，政府的改革措施反而比经济上行的时候更到位。最近的取消审批权，最近上市的审批制改为注册制，都是进步。我对中国的资本市场向来评价不高，但给予新三板很高的评价，新三板是第一块没有审批制的。什么样的企业都可以上，只要有人愿意买，我认为这是一个很好的开端。我希望从新三板扩展到创业板，再到中小板和主板，都搞注册制就行了，别再审批了。取消发审委，企业只要满足了信息披露要求，都可以上，市场交易就是周瑜打黄盖，愿打愿挨的事。政府要做的唯一的事就是保证足够的信息披露，使得投资者可以判断这家企业的状况。

经济形势不好，倒逼改革，最近政府出台的政策有些我觉得还不错。那种大而化之的战略，不必去关注，有同学问：“教授，‘一路一带’有什么机会？”我说那是国家的战略，和你有什么关系？你应该关心的是新三板，取消审批制之后我可以做什么。你可以帮助中小公司提高它的技术水平，扩大市场份额，然后拿到新三板去上市，这是很好的投资。希望大家更多关注微观层面上政策的变化，监管的变化，这些变化所带来的市场机会。

（本文系作者在Jeep–中欧戈十回归日的主题演讲）

鼓励创新，政府既要给“温床”，也要留后路

刘世锦（国务院发展研究中心副主任）

“互联网+制造业”这个词现在比较热，就是所谓的风口。但是企业需要的可能并不仅仅是风口，虽然风口是很好，但是哪天风停了该怎么办？如果只是奔着风口这个热点来凑热闹，最后一定会失望。我们真正需要认真思考的是，等这个“热潮”过去以后，能够有点儿什么东西？

“互联网+”到底要解决什么问题

第一，现在很多人都在谈“互联网+”，不光要“+”制造业，还要“+”很多其他的东西。“互联网+制造业”和“制造业+互联网”有什么区别呢？前者是原本搞互联网的人去搞制造业，后者是原本搞制造业的人去搞互联网。无论哪一种更有优势，都需要考虑最后到底要解决什么样的问题。

我认为要解决三个问题，第一是信息密度问题。过去的信息密度并不高，比如在10年前，有事出去找个电话都很难；但现在谁要是没手机，大家都会感觉很奇怪。只要拿着手机，无论是在楼道里还是在院子里，随时都可以跟人联系，这就是信息的密度在增加。

第二是信息不对称的问题。信息不对称是经济学中一个核心的命题，如果同样的信息，有人知道有人不知道，那么知道的人就会有一种优势，不但可以要更高的价格，甚至可以去欺骗不知道的人。我们现在的很多问题，实际上都是由信息不对称引起的。

第三是资源配置的问题。通过线上和线下的互动，可以推动资源的优化配置，这是我们最后的目的。例如，同样是打车，过去在路上看到一辆出租车，招个手就能联系上，而现在可以在房子里通过手机看到有多少辆车在附近活动，同时司机在车上也能看到有多少位客人愿意打车，沟通的渠道和密度都比以前大大增加了。打车软件增加了信息密度，让有需求的乘客和能提供服务的出租车司机相互匹配，实际上是解决了资源配置的问题，大大增加了打车的成功率。

所以，无论互联网是“+”制造业还是其他东西，都是要提高信息密度，大大扩展资源优化配置的空间。比如，工业机床是制造业的基础之一，过去的工厂里基本上都有，价格不菲，但是利用率并不高；增加信息密度以后，如果有的企业临时需要加工零部件，可以不自己购买机床，而是把需求反馈给专业的机床加工中心，完成之后通过物流配送就可以。再比如，Uber和滴滴打车，本质上也是一种资源配置方式。

在“互联网+制造业”的过程中，物流、信息流和资金流同时在发生交互，从而影响整个制造业和其他行业，让资源从生态流通到消费都发生了很大的变化。这个过程中，金融会服务于实体经济，随着物流和信息流的变化采取不同的方式，对风险收益进行重新定价，会出现一些新的金融形态。真正的互联网金融就是这样逐渐发生的。

只有真正改变了资源配置、提高了效率，“互联网+制造业”才有生命力，才能够活得长，否则，风一过去，原本飞起来的“猪”就会掉下来。

为什么中国制造业总是“慢半拍”

互联网发展得再好，也不能直接解决两个问题：一是工匠精神和工匠意识，二是执着精神。我年轻的时候曾经在工厂车间当过工人，后来明白一个道理：现在说的很多事情，比如制造业转型升级，很多事还是得在现场干。

过去这么多年，中国制造业有很大的进步，基础也很好，但是和国际上制造业水平比较高的国家，如德国、日本、美国、瑞士等，在某些领域里差距还是比较大。我曾经和一些企业的同志交流过，问我们的制造业看起来还不错，进步也很快，但为什么高端的装备一定要从发达国家进口呢？当然，该进口还是要进口，但是这么多年过去了，为什么我们的制造能力就是提高不上去呢？他们说，往往就差那么一点点，就是越不过去，到底差在什么地方呢？即使有了很好的装备，但大量的工作其实还是需要人来进行操作、试验和组合，问题就出在这里。

用现代知识经济的话来讲，很多事是不可编码的知识，也就是俗话说的“只可意会不可言传”，这种情况在制造业里还是大量存在，连计算机都替代不了。具体说来，就是经验和数据。我曾经到汽车厂去参观，它们的研发中心装配水平也相当不错，但是和跨国公司的研发中心相比主要就是差在数据上。比如，车辆在高寒地区和热带，不同的状况下到底是什么情况？这就需要有数据。而别人有很丰富的数据，我们还需要长时间的积累。

培养工匠意识，体制得让人愿意干

制造业转型升级有两个问题，一是创新，二就是精致。创新是要搞出一个新的东西来，而精致是在不改变现有大框架的前提下，把产品做得更精致。除了互联网意识之外，还需要有工匠意识。培养工匠意识非常不容易，一个人得铆着劲儿干很多年，得心无旁骛付出那么多时间，还不一定能干成——但如果不干的话，一定不成。

这就对体制有很高的要求，体制得让人愿意干。比如现在的某些国有企业可能面临这样的问题，某个负责人过了一年半载就换了，他本想干5年，但是任职时间不允许，我曾经看过一个企业，四五年的时间已经换了六七个人。此外，还可能出现这样的情况：一个人干了以后，即使干成也可能跟自己没有太大的关系，但万一出错了，试错成本就比较高，最后反而还得被追究责任。如果不解决这一系列的问题，我们的创新就非常难。

那么，民营企业怎么样呢？民营企业现在也有问题，一是有人担心预期不稳定，一条腿还在国内，有些资金和后路却已经放到国外去了，要让他们潜下心来做5年、10年的事，他们也很难下定决心。二是诱惑太多，原本搞制造业的企业发现房地产很赚钱，一年赚的钱比制造业十几年赚的还多，所以就把制造业放在一边，去搞房地产；过一阵子看股票很赚钱，又杀进股市。我们的民营企业家能不能有稳定的预期，能不能不受外边泡沫经济的诱惑，铆着劲儿在那儿干上5年时间，有没有这样的体制和机制呢？中国下一步的转型升级，体制、机制和政策要为创新创造条件，否则现在定的很多目标是做不到的。

支持创新，政府需要做些什么

在这个过程中，我们的政府要干什么？简单地说，就是要从过去的重扶持转向重环境。过去，政府要推动一些新产业的发展，一般采取的就是一些特殊政策，扶持某个行业或者某些企业。但当我们进入创新驱动或“互联网+”的环境后，这样的措施是很难持续的。

最近大家都在认真地学习和讨论“中国制造 2025”，但是我认为，政府还是尽可能不要去制定具体的技术路线，因为过去有过很多这方面的教训。5 年前谁也不知道现在网络会发生这么大的变化，现在谁也不知道 5 年后的制造业会是什么样的状态，这些都是无法具体预测而只能大体展望的。

另外，不要具体扶持某一个产业，因为所有行业的变化都很快。某个技术今天看起来还不错，到明天可能就落伍了；这个企业今天看起来还不错，明天可能就不再领先了。所以，政府最重要的还是要创造一个环境。

前段时间听舆论说要搞创新规划，听了以后有一个疑问：创新是可以规划的吗？能规划的东西叫创新吗？毕竟，创新是具有高度不确定性的。我们想搞某个东西，规定三年以后搞出来，也许今天晚上就搞出来了，又也许三年、六年甚至九年还搞不出来，毕竟创新成果是不确定的。那么，我们能确定的是什么呢？就是创造某种环境和某种条件，比如保护知识产权、鼓励公平竞争、培育人力资本、完善社会保障体系，等等，把这些东西搞好以后，创新资源就可能集中在这个地方，将来出创新成果的概率也比较高。至于将来到底哪些企业、哪些产品能够脱颖而出，到底哪些行业具有前景和竞争力，可以交给市场来检验。

要培育适合创新的环境，政府需要做的事相当多，任务也相当重。过去几年的地方竞争中，片面看重招商引资和GDP，以后要通过竞争形成一个创新的中心。不是各个地方都有创新的机会，因为创新资源无时无刻不在流动，最后会在全国形成几个创新的中心，成为创新型的城市或者区域创新中心，美国就是这样，中国现在也是这样。

这几年，深圳已经成了一个创新的中心，虽然没有人规定过它应该成为一个创新中心。事实上，有时候我们将某个城市规划为创新中心，最后可能不是；有时候没有规划，最后可能反而是。每个城市都可以有创新规划，但最后谁成谁不成，还取决于很多因素，而且很大程度上取决于地方政府本身努力的程度。应该让所有城市都有机会去相互竞争，城市之间应该有一个争当创新中心的竞赛或者竞争。

现在讲大众创业和万众创新也是这个意思，最后真正创业成功当老板的肯定是少数人，不是大众而是小众。十个人创新，最后能成功十分之一，概率就不算低了。虽然多数人要失败，但我们还是要给大家多一点这样的机会。政府一方面要创造有利于创新的环境，同时要为可能失败的大多数人留一条后路，他们摔倒了以后能够爬起来，要营造一种宽容失败的氛围。

最近有一些关于大学生创业的报道，说甚至有些大学生休学去创业。学生创业成功有几个例子呢？国际上最著名的一个例子应该是比尔·盖茨，哈佛大学没上完就创办了一个公司，创办的产品大家现在还都在用。中国也能找到类似的例子，但只是创业大学生的百分之一甚至千分之一。绝大多数的学生最后还是要学习，其中相当一部分最后也还是要就业。大学可以支持愿意创新的学生，但是更多的大学生还是要学习，我们的大学现在要解决的问题是真正具有创造性的基础研究，这也是中国创新要持续下去的最大一块短板，我们要想办法补上去。另外，学校不仅要对学生进行应试教育，还要进行创造性思维的教育，这些事情可能是我们要做的。

总的来讲，我们的政府最后是要按照创新的规律来推动创新。虽然关于“互联网+”的创新涉及很多的利益调整，比如网购与实体商场，比如打车软件与传统出租车，政府要正确处理这些关系。更重要的是，政府一定要非常明确地支持创新，面对利益冲突的时候，要正确处理相关问题，化解一些矛盾。

（本文系作者在国研智库论坛 2015 年年会上的演讲）

第六章

真正的人口挑战将在 10 年后来临

经济增长与一个国家的劳动人口增长密切相关。过去几十年里，中国的关键比较优势之一就是廉价劳动力，人口红利在中国过去几十年的超常增长中发挥了极为重要的作用。但30年过去，随着中国的人口不断老龄化，中国正在失去这一最大的优势。

真正的人口挑战将在10年后来临

姚洋（北京大学国家发展研究院院长）

中国正步入老龄化社会，但与日本、德国等其他老龄化社会不同，中国在收入还相对较低的时候就开始老龄化了。就老年人占总人口比例而言，当下的中国与20世纪80年代末的日本类似，但就人均国内生产总值而言，中国才刚刚达到日本在20世纪70年代初的水平。日本在20世纪90年代初开始了持续20多年的停滞，许多人担忧中国将在接下来的10到20年里重蹈日本的覆辙。

过去中国的人口结构几乎和印度相同，直到中国在20世纪70年代后期开始推行严格的计划生育政策。其后，中国的人口结构转变非常剧烈。现在60岁以上人口已经超过了总人口的12%，而劳动年龄人口，也就是16岁到65岁之间的人口每年下降250万人。此外，曾经推动中国经济增长的从农村到城市的劳动力流动正在逐渐枯竭。根据官方数据，农业集中了中国30%的劳动力。但大多数经济学家（包括劳动力问题研究方面最知名的经济学家之一蔡昉）相信真正的比例要小得多。一般的农地很小，大概一公顷左右，因此大多数农民不得不在务农以外从事额外的工作，才能维持像样的生活。

官方的城镇化数据也不完全准确，这些数据只将在政府指定城市居住的人算作城市居民。因此，尽管许多沿海省份的村子已变成工业城镇，但那里的居民依然被算作农村居民。近年来，沿海省份的就业增长陷入停滞，2015年农民工的数量还有所下降。尽管受政府促进约1亿农业转移人口落户城镇的政策目标推动，内陆省份从农村到城市的劳动力流动将会持续，但这种流动不太可能成为中国总体增长的主要驱动力。

中国能够采取的第一项措施是延迟退休。目前的退休年龄是在20世纪50年代初设定的，允许蓝领女性劳动者在50岁时退休，蓝领男性劳动者在55岁时退休。这意味着大多数女性可以领取30年的养老金，很可能比她们的工作时间还长。2010年的第六次全国人口普查（每十年一次）表明，到50岁时，女性的劳动力参与率会下降20个百分点。明智的政策是逐步提高退休年龄，直到将男女退休年龄统一为60岁。

第二项措施是继续提高年轻人的教育水平。目前，只有不到40%的年轻人上大学。尽管城市的一般年轻人几乎都能完成高中学业，但农村年轻人能完成初中学业就算不错了。教育的回报很高：一个人每多接受一年的正规教育，薪资就能提高10%。平均而言，20多岁的人比50多岁的人多接受4.3年的教育。

第三项措施是加强研究和开发。日本和韩国在人均收入达到当今中国的水平后成为世界技术领袖。当然，这并不能保证中国也能做到同样的事情，但有迹象表明，中国已经走上了正确的轨道。得益于奇迹般的增长，中国积累了大量财富。因此，中国能够快速提高研发支出。去年，中国的研发支出达到了GDP的2.1%；到2020年，中国的研发支出肯定能高于许多发达国家，达到GDP的2.5%。

因此，尽管老龄化正在损害中国的增长，但在接下来的10到15年，随着教育程度和技术能力的提高，以及退休年龄的政策调整，将平衡老龄化带来的影响。中国真正的人口结构挑战将在2025到2030

年间来临，到那个时候，教育已没有多少改善空间，研发支出已进入平台期，20世纪60年代婴儿潮时期出生的人已全部离开劳动力队伍——即使退休年龄推后也是如此。

要更好地为那个时期做准备，现在很可能是时候放弃计划生育政策了[①]。一胎化政策1979年出台：1987年中国的出生人口为2500万，1997年为2000万，而2014年已降至1600万。

（本文原载于《金融时报》）

① 2015年10月，中国宣布全面放开二胎。

人口多仍是中国主要矛盾

李铁（发展改革委城市和小城镇改革发展中心主任）

关于社会普遍关注的计划生育和人口问题，现在有很多似是而非的观点，希望在这里做一下澄清，把我们最新的研究成果向大家汇报一下。

为什么人口开始下降

我们知道计划生育政策有了比较重大的调整，全面放宽二胎是党的十八届五中全会一个大的利好政策，但是政策出台的背景是什么，社会上对这个问题的判断分析是什么，简单分析一下。

出台这个政策的基本背景是，我国已经出现了人口下降的趋势，出生率从20世纪90年代到现在大幅下滑。根据有关部门和有关学者的判断，我们国家即使放开二胎后，按照人口出生率下滑的趋势，人口峰值和过去的判断依然会有比较大的差距。90年代美国一个著名的经济学家提出疑问：中国未来的耕地是否能养活16亿人口？为了这个判断，我们实行了大范围、非常严格的耕地保护政策来促进粮食增产，保障粮食供给。16亿到现在看基本上不可能实现了，最近有很多的观点说中国的高峰会到15亿。根据有关部门的判断，全面放开二胎和原来的维持一胎，大概差1700万~2000万。维持现有的计划生育政策不变，到2030年峰值会到14.3亿，而全面放开二胎政策后的峰值是14.47亿~14.5亿。

人口变化对中国未来的经济影响会不会发生根本逆转？为什么人口下降？我也看了很多文章，很多并不太了解，我仅仅站在人口的角度来分析。根据官方统计的数字来看，国际公认低生育率是总和生育率1.3。我们目前是1.5~1.6，和美国以及其他国家比，还是相对较低，都快接近日本了，日本是1.34。

这主要是什么原因？第一，科技手段、避孕措施的普及率跟过去比有非常大的改进，所以科技手段导致生育率下降是原因之一。第二是生育成本越来越高，现在城里人越来越不愿意生孩子，在城市，从出生一直到上学的费用，一般普通家庭根本承担不起，所以影响了我国城市生育水平。第三是养儿防老的观念渐渐被社保取代，20世纪七八十年代的普遍观点是，孩子越多对自己未来的保障越强。可能到现在，还有人认为，将来解决老龄化的问题大部分还要靠家庭，实际上养老的问题已经通过社会保障来解决了，社会保障的覆盖率已经达到8亿多人。这个观念发生了变化，也使我们的生育观点发生相应的改变。第四是制度现在彻底根绝了通过增加子女来扩大土地供给的可能性。按照户籍统计，在我们国家，农村的人均耕地是2.31亩，在发达地区、人口稠密地区人均不到1亩地，甚至几分地。而20世纪80年代以来，形成的土地方式是生不增死不减，生再多孩子也不给地，土地分配的规模固化，人均两三亩地的规模也不会再扩大。我们知道人口生育最快的地区主要是农村，为了多生孩子多占地，然后通过农业来维持家庭的繁衍，这个时代已经过去。第五是农业机械化已经逐步替代传统劳动手段，2014年农业机械化综合利用水平达到61%，是1998年的近4倍，相对于20世纪七八十年代就不知道是多少倍了，过去靠人海战术来解决农业发展问题，这个时代已经一去不复返了。既然不靠人海战术，生太多的孩子也就没有太大意义了。第六是失独家庭问题越来越突出，几百万失独家庭的补偿问题、养老问题还需要进一步调整。

所以解决计划生育问题，调整生育政策，也是在制定政策时就埋下的伏笔。目前看，对形势的判断尤为重要，我们怎么来认识我国的人口政策。

人口是多了，并不是少了

现在社会上太多观点说我们国家人少了，要大幅度增加，甚至已经成为社会的主导潮流。我个人不这么认为，人口多仍是主要矛盾。很多人批评中国的经济发展状况，总是把人均排名说成发展的劣势。我们的总量已经是世界第二，人均排名在世界第80位，这是我们经济发展的一个短板，而不是长板，这是第一个问题，人口多是主要矛盾。

农村人口多、受教育水平较低、贫困人口多。生得多的是农村人，我们户籍人口中8亿多还是在农村，6岁以上人口中，没上学的7.25%，没上小学的38%，没上初中的45%，没上高中7.7%，没上大学的更少，研究生的几乎零点几。我在世界经济论坛参加理事会，我们小组的理事会成员是思科的副总裁，他是印度人，他对人口多是国家发展未来的潜力这一观点提出严重质疑，特别是很多世界经济学家吹捧印度人多，25岁以下人口占50%以上，这是印度未来发展的最大强劲动力。他说胡扯，25岁以下的全都是没有受过教育的人，这怎么能是动力？纯粹是负担。

我们再看看我们的人口。人口受教育水平不高是我们国家发展的短板，靠这些人口来带动经济的增长，真是天方夜谭。2012年中国受教育年限是7.5年，和世界上其他国家有太大的差距，所以人口质量是一个比较大的问题。

人均占有资源、能源的水平，也是我们严重的短板。现在人均能源中国是2.67吨，美国是10.37吨，我们是13.6亿人，美国是3亿多人。13.6亿人口，在现有的能源占有水平上增加1倍，世界上石油、天然气的供给，我估计会发生崩溃。如果再增加碳排放，会给全球的温室气体效应带来灾难性的影响。我们在能耗没有大幅度下降的情况下，怎么样解决未来的碳排放问题？

粮食资源形势不容乐观。现在我们每年进口8000万吨粮食，数量还在增加，相当于占用国外耕地8亿~10亿亩。中国的农地没有休耕，全部靠农药、化肥来支撑，土壤重金属含量高，农药使用量已经超过世界所有国家的总和。未来农村农业的发展能不能支撑人口的过快增长，也是一个很大的问题，而且土地的质量问题也是值得我们重视的。

所以总的判断是，人口是多了，并不是少了，重点是要解决人口结构问题，而非数量问题。所谓结构问题，大概有几个问题比较突出。第一是城乡人口的结构。城市生育率水平下降，人口总量在减少，但是受教育水平高。农村人口数量在增加，户籍改革、土地改革问题没有解决，受教育水平低。这个结构不发生转换，中国的发展问题没有办法得到解决。第二是性别比，怎么样解决男女比例问题？第三是受教育结构。城乡受教育水平差距非常大，怎样才能保证城市人口有经济能力解决自己子女受教育的问题？当然，推进二胎政策对促进城镇人口发展，调整人口结构有直接的影响。

人口如何有效转化为劳动力

当前存在很多认识上的误区，很多人说中国的劳动力断崖式下跌，未来的劳动力不足，已经影响到中国的长期发展，等等。可是我们通过常识就知道，最近中央提出来一系列创新转型措施，都在调整产业结构。我们也知道工业化进程中，资本和技术替代劳动是必然趋势，这已经在发生了。最近很多报道，东莞、浙江、江苏大量的传统工厂在关闭，大量地使用机器人，还有重化工工业都是用资本来替代劳动。过去的劳动密集型产业在中国已不占主导优势了。提高产品的附加价值，不是通过低成本的劳动力、土地和环境。提高我们在世界上的竞争力，摒弃过去世界工厂的发展路径，应该是所有经济学界和社会的共识，怎么就能成了劳动力不足？实际上，劳动力资源存在浪费问题。

社会上大部分的剩余劳动时间被闲置。中国的农村劳动力在城市有 2.5 亿的存量，16~45 岁为最佳劳动年龄，这些人到 45 岁基本就返乡了。而国际劳工组织的劳动就业黄金期是 25~54 岁，如果提高到 60 岁，还有 15 年的劳动时间可释放，再乘以 2.5 亿人口，我们会有多少时间，能折算成多少劳动力？然而，由于户籍改革、公共服务问题尚没有解决，这些剩余劳动时间都被闲置了。

农村还蕴含大量的剩余劳动力潜力。我们国家目前农户户籍经营规模是不到 9 亩耕地，不到 1 公顷，和韩国相比，达到韩国的平均户籍经营规模 1.5 公顷，大致可以转移农村劳动力 2 个亿；如果达到日本的平均户籍规模 2 公顷的水平，可以转移 2.23 亿。推行适度规模经营才有利于实现农业的现代化，这点我们远远没有做到。户改、土改等制约因素使大量的农村劳动力滞留在农村。在推进城市化研究中，减少农民是很困难的，减少农民就等于释放了很大部分的劳动力，但是在城里如何解决他的就业问题，没有人去想。

所以，从中国长期发展的趋势来看，推进劳动力就业是困扰我们的一个长期因素。低水平重复就业，这是我们的现状。

关于老龄化，很多人说中国人会未富先老，这其实并不符合实际。有关部门调查显示，中国的健康预期寿命比日本低了7~9年，要想达到日本的健康预期寿命，静态是9年，动态是20年左右，甚至还要多。整体水平提高才能延长健康寿命，所以我们还要花时间去解决这些问题。未富先老不是一个可怕的事情，何况社保还能解决一部分问题。

而且还有其他解决办法，比如“十三五”规划中提出延长退休年龄。对城市来讲，从60延长到65岁；城市农民工的退休年龄是45岁，还可以有足够的延长期，而且这些延长了的劳动力都是熟练劳动力。在饭馆、宾馆等各个服务行业，20多岁的年轻姑娘、小伙儿有的是，但不是熟练劳动力。我们经常感到服务业的劳动力素质水平非常低，原因是什么？干完了就走，短期行为，没有长期打算。在欧美、日本等地区和国家，40多岁的中年人的劳动经验最为成熟，这也是解决我们国家劳动服务业质量一个非常重要的方面。从提高劳动服务价值、创造新的社会财富的角度，来解决人口抚养、社会保障问题。同样的人口对比，东京人口1330万，GDP是31395亿美元，广州1308万人，GDP是2719亿美元，纽约2009万人，创造的GDP是14060亿美元，北京2152万人创造的GDP是2085亿美元，同样等级的人口规模，但创造的GDP一个是千亿，一个是万亿，说明解决人口质量问题远远优于解决人口数量问题。

还有人提出中国的人口已经快落后于印度了，印度快要成为第一人口大国了。我们是不是要赶上印度的水平，是优势还是劣势？这些观点都没有搞清楚问题所在，其实重点在于人口质量和创新能力。

低水平的人口过快增长，对世界是灾难

就计划生育和人口发展政策，我提出以下几点思考：第一，人口的第一大国不是发展优势；第二，要提高人口的质量而不是数量，重点在于调整人口结构；第三，世界资源有限，人口过快增长对于人类和全球压力巨大；第四，各国发展是竞争关系，人口增长和国外的发展是竞争的关系，重点在资源和市场的竞争；第五，当我们习惯于用更少人口创造出更多价值，才是发展正途；第六，低水平的人口过快增长，对世界是灾难。

（本文系作者在2015凤凰财经峰会上的演讲）

从全面二胎到放开户籍，寻找中国新人口红利

邵宇（东方证券首席经济学家、中国首席经济学家论坛理事）

近期有外媒报道，“十三五”规划制定者可能首次强调“人口政策”重于国内生产总值，新的重点将为一系列政策改革创造条件，包括医疗、养老、社会福利，以及可能放宽部分家庭生育孩子的数量限制。

按照发展经济学理论，经济增长是通过技术创新、资本和劳动力等要素资源的组织、分配、投入实现产出水平的提高。因此，经济增长与一个国家的劳动人口增长密切相关。过去几十年里，中国的关键比较优势之一就是廉价劳动力，众多的研究者都认为人口红利在中国过去几十年的超常增长中发挥了极为重要的作用。

改革开放后，经济增长更多依靠劳动力的投入，以弥补初期资本稀缺的短板，其背后的故事是过剩的农村劳动力供给。但30年过去，随着中国的人口不断老龄化，中国正在失去这一最大的优势，劳动力人口的数量数十年来首次下降。2015年上半年，农村外出务工劳动力同比仅增长0.1%，几近停滞。农民工“正在从无限供给向有限供给转变”，所有的研究者都在说中国经济享受了几十年的“人口红利”正迅速消失。面对挑战，尽管不少电子企业已经开始向机器人生产转型，但建筑、服务等行业的大量用工需求无法用机器人替代。随着劳动力供不应求时代的来临，企业人力成本的上升趋势已不可

逆转。随着老龄化加速，接近2.8亿的农民工总量增速已持续4年下滑，并呈现高龄化趋势。

另一方面，当前全社会的抚养比达到36.2%，且有进一步上升趋势。根据联合国的预测数据，未来35年里，中国的抚养比还将一路攀升，2050年中国抚养比将达到63%。其中，老年抚养比将从当前13%提高至2050年的39%。人口红利的消失不仅意味着劳动力资源的比较优势丧失，更预示中国社会未来养老的负担将加大，而劳动年龄人口减少是抑制需求的重要因素，人口结构的变动将对我国经济产生深远影响。而这些老年人必须由不断减少的工作人口来支持。这将对中国社会产生三个方面的影响。

首先，人口老龄化问题加剧导致储蓄率下降，不利于资本深化。早在2000年，中国65岁以上人口比重已经达到7%，老龄化社会来临。人口老龄化意味着社会储蓄率下降。按照经济学原理，随着人口老龄化问题的加剧，一国储蓄率下降。2014年国内储蓄率为48.8%，而2010年储蓄率为50.9%，未来储蓄率还将随着人口老龄化而进一步下滑。储蓄率下降导致社会资金配置的改变，资本支出受限，投资放缓，不利于资本的深化。

其次，加剧社会债务负担，拖累经济增长。未来养老负担的加剧将迫使更多的资金用于养老支出，从而加剧国家债务负担。比如日本，人口老龄化导致日本社会保险费逐年增加，按照现在的速度，2050年日本累积债务将达到GDP的5.6倍。按照中国目前人口老龄化的增速，2050年养老保险金收支累计缺口占到GDP的90%。这无疑将成为中国经济发展重大隐患，很可能拖累中国经济增长。

最后，老龄化社会改变中国比较优势，加大宏观经济不稳定性。过去中国制造一大优势是成本低，主要是劳动投入低。这种状况正在改变，随着人口红利的消失，老龄化社会将使得中国比较优势发生更改，中国制造业成本上升，出口放缓，人民币出现贬值压力，资本流出压力加大，整个社会产业环境和货币流动性受到冲击，极易造成宏观经济波动，加大宏观调控的难度。

那么，是不是中国的人口红利已经释放完毕呢？并非如此！我们认为广义的人口红利包括数量人口红利、结构人口红利和质量人口红利三个方面，“十三五”规划期间都有重大红利空间可供发掘。

就数量人口红利来讲，2013 年 11 月，党的十八届三中全会通过的《中共中央关于全面深化改革若干重大问题的决定》宣布了单独二胎政策。但是单独二胎申请人数虽然稳定却低于预期，考虑到实际的出生率，为缓解人口老龄化压力，适应经济发展新趋势，同时也为中国制造业升级和产业转型争取更多时间，全面放开二胎是对先前过于紧缩人口政策的最后补偿窗口。

另外则是提高劳动参与率，例如延迟退休时间，《中共中央关于全面深化改革若干重大问题的决定》中也指出，研究制定渐进式延迟退休年龄政策。目前中国的法定退休年龄为男 60 岁，女 55 岁（干部）或 50 岁（工人）。欧美发达国家普遍的退休年龄在 67 岁左右，日本退休年龄是男 65 岁，女 60 岁。过去几年里，德国、法国和意大利等发达国家均通过法案延长退休年龄。“十三五”规划期间，中国渐进式延迟退休年龄的可能性也日益上升。

就结构人口红利来讲，这是指农业人口转向非农就业带来的生产力提升，即库茨涅茨效应。2014 年中国农村人口比重 45.23%，农民工数量大约 2.7 亿，按照 73% 的比例来估算劳动力人口，农村能够转移的剩余劳动力理论上限大约 2.5 亿。国际上，当前日本农村人口比重大约 10%，韩国大约 9%，如果按照中国农村人口 10% 这样的比例进一步测算，理论上中国未来能够转移的剩余劳动力大约在 1.5 亿左右。然而，当前中国城镇化推进过程中受制于城乡分割的户籍制度以及附着在户籍上的城乡二元福利结构，真实的城市化率仅仅在37%左右。

从我们对户籍改革对经济影响的测算结果看，户籍制度改革可以明显缓解劳动力紧张问题，改革将从非农劳动倾向、平均工作时间，以及工作效率提升几个方面拉长人口红利。首先，户籍制度的改革将影响农村劳动力的非农劳动倾向。根据我们对整体就业倾向的分析看，户籍改革能够提升未来整体非农劳动就业倾向，在一定程度上缓冲劳动力储备下降带来的负面影响。假设劳动参与率不变的话，我们预测在2020年，农民工总数将达到3.05亿。其次，户籍制度改革有助于从工作时间长度弥补劳动力不足的问题，从每年的工作时间长度来看，统计局统计的数据是农民工平均工作时间为9.8个月，在城市定居的农民工每年在城市工作的时间将会延长至12个月，从平均在城市的打工年数上看，平均为8~9年，而一旦解决户籍和社保瓶颈，则有非常大的提升空间，这对他们自身发展和城市进步都有很大帮助。

如果2014年开始推进深入改革，那么2014—2020年户籍改革红利对GDP增速的拉动作用在平均每年1%左右，户籍改革红利对GDP总体的贡献率将达到5%。过去中国的城镇化主要体现在投资的迅猛增长上，但我们认为，未来的城镇化将更多体现在消费和服务的增加上，即城市发展水平的提升、公共服务的均等化、社会发展的再平衡。努力实现1亿左右农业转移人口和其他常住人口在城镇落户。未来5年中农民工市民化可能是库次涅茨效应的最后释放窗口。

因此，一是要加快推进新型城镇化和农业生产现代化，提高农业生产效率，进一步释放农村劳动力转移潜力，加快农业人口向非农产业转移；二是要积极推进户籍制度改革，大力改善农民工在城市就业、住房、医疗、子女入学等方面的待遇，推动农民工市民化。关键在于实现这1亿农业转移人口和其他常住人口的市民公共服务和消费模式转换，实现进城务工农民与城镇生活方式的真正融合。其中不仅包括务工者本人，还包括其家属。务工者主要是生产者，而家庭则带来消费，这种生活模式才能促成一个良性、可持续的经济循环。如果再把约8个百分点的新增城镇人口加进来，那将进一步释放出达3亿左右人口的消费潜力！

就质量人口红利来讲，中国劳动力投入在1978—2012年年均增长3.3%，其中数量变化对劳动力投入增长的贡献为45%，质量变化对劳动力投入增长的贡献为55%。因此，提高人均劳动生产率，用资本、技术、知识、创新去武装中国劳动力才是未来经济增长的主要动力源泉。中国经济新常态的内涵是经济增长方式的转变，由过去粗放式的增长转向集约式的增长。在理顺农民工落户城市的道路后，政府在培训技术配套上也要大量投入，工作效率的提升也将是未来红利释放的重要突破点。无数的例子证明，人到了城市就会变得聪明，善于学习，并不断增加对自身的人力资本投入，这会大幅提升有效劳动时间和劳动生产率。根据教育部预计，到2020年时中国新增劳动力的平均受教育年限将从目前的12.4年提高至13.5年，而劳动年龄人口平均受教育年限则从9.5年提高至11.2年。假设教育回报率回落至相对保守的6%，那么，教育水平提升带来的劳动效率提高将导致中国的劳动投入在原来的基础上再平均每年增长1%。

所以，加强人力资本投资，全面提升劳动者素质是关键。一是要继续加大公共教育支出力度，努力改善各级学校特别是农村贫困、落后地区学校的教学条件，加快学校课程和专业设置改革步伐，加强市场紧缺的技能型人才培养，积极推行素质教育，全面提升教育质量。二是要积极鼓励社会资本和外资投资教育事业，并给予土地、税收等方面优惠，扩大教育供给，提高教育领域市场竞争力度。三是要进一步完善相关法律法规，鼓励企业积极开展职工在职培训，将企业用于职工培训的相关费用列入成本。四是要加快推动学习型社会建设步伐，加大宣传力度，在全社会形成终身学习的良好风气，提升整个社会的竞争力。

因此只要政策得当，在全面放开二胎的基础上，渐次延迟退休以提升劳动参与率，让农民工真实落户永居城市，给予平等教育和培训的机会，则中国劳动力质量将继续提高，“人才红利”将逐步取代“人口红利”，成为经济增长的重要推动力量，最后配合创新，才可能冲出中等收入陷阱。

（本文原载于财新网）

农民工市民化，立竿见影的改革红利

蔡昉（中国社会科学院人口与劳动经济研究所所长）

激励是改革的有效“推进器”，无论实施者是地方政府还是其他的当事人，否则这项改革便是激励不相容的，没有办法有效推进。户籍制度改革以及农民工市民化已经讨论了很多年，但成效并不明显。虽然我们预期在党的十八大和十八届三中全会部署之后，改革能有实质性的推动，但是，目前仍然有很多观念上的障碍需要突破。比如说，我们听到更多的地方和研究者在测算农民工的市民化要花多少钱，但是我们没有看到有人计算推进这项改革到底能够带来多少收益，也没有看到关于这个改革收益如何分摊的估算。

虽然社会各界原则上承认改革具有更长远的收益，但是这种说法比较笼统，没有被定量化。从全世界的角度，人们在相关方面做了很多测算，例如，迈克尔·克莱门斯曾估算，如果全世界范围内劳动力流动的障碍可以打破，产生的收益竟可以大幅度超过全世界GDP的总和。当然谁也不会相信这个制度性的障碍会被打破。另外，我们可以看到，美国在争论移民法案时，也认真地算了账，看如果未登记移民变成公民可以带来多少收益，至少人们承认，这项改革在联邦政府这一层次，通过税收的增加可以实现收益大于成本。我们面对的农民工市民化问题，更必须看到收益，尤其是我们所面对的这些要成为市民的人，本身就是中华人民共和国的公民。进行改革的成本收益分析有两个目的。

首先，了解了改革真实的收益和成本，才可能形成尽可能广泛的关于改革的共识。有一种观点认为，中国的改革任务与经济增长速度之间存在一种替代关系，为了推动改革必然要牺牲增长速度。国外有的媒体甚至称中国的改革是“增长抑制型”的。国内舆论也有类似倾向，夸大改革成本而低估改革收益。这样的观点不符合事实，类似的舆论也不利于形成改革共识，缩小了改革方式的选择空间，还会误导投资者。

其次，正确认识改革能够带来的收益，还能够增加改革方式和策略的选项，强化改革的动力。改革尽管能够获得净收益，但是，成本和收益却是不对称地在当事人之间进行分摊的。为了最大限度地使改革具有激励相容的性质，通常有两种方式可供选择，一是所谓“帕累托改进”，即这种改革可以在不伤害任何既得利益的前提下予以推进；二是所谓“卡尔多改进”，即虽然有利益群体会因改革而受损，但是，由于改革带来较大的净收益，可以拿出其中一部分对受损者进行补偿。当前面临的改革任务，已经很少具有帕累托改进的性质，但是，如果我们能够认识到并且把握住改革的收益，就可以适当地运用卡尔多改进的方式，以减小改革阻力。

中央政府提出要探索农业转移人口市民化的成本分担机制，强调的是把改革成本在企业、居民、政府之间分担。其实还有很重要的一点，就是要在各级政府之间分担农民工市民化的成本，来源便是改革带来的总体净收益。这是一种推进改革的有效方式，有利于实现改革的激励相容。

2004 年之后沿海地区出现劳动力短缺，至今已经转化为全面的招工难问题。2010 年之后，15~59 岁劳动年龄人口开始绝对减少，意味着中国正在丧失其人口红利，相应导致经济增长速度的下滑。过去两年我国经济增长速度都是7.7%，已经不再是两位数的增长。这不是由于外部需求的冲击造成的，而是因为人口红利丧失造成的。根据我们的测算，GDP的潜在增长率，即生产要素供给和生产率提高速度可以维持的正常增长速度，正在从1995—2010年这15年的平均年增长率10.3%，下降到“十二五”规划时期的平均7.6%，到“十三五”时期还会继续下降到6.2%。应该说这是一种自然的减速。然而，潜在增长率的自然减速也是可以改变的，也就是说，如果通过增加劳动力的供给，延长人口红利，如果生产率改善的速度可以加快，都可以使潜在增长率得以提高。这些都有赖于全面深化改革，因此我们要尝试去赢得改革红利。

那么，农民工市民化这项改革究竟从哪些方面带来收益呢？当然，我们推进农民工的市民化首先是以人为本的要求，由此可以大幅度提高基本公共服务的均等化，特别是社会保障方面的包容性，不仅有助于显著缩小当前存在的收入差距，更重要的是从制度上切断贫困的代际传递。自2004年出现民工荒，并且农民工工资持续上涨以来，城乡收入差距已经出现缩小的趋势，全国的基尼系数也开始降低。但是，如果不能根本解决基本公共服务均等化问题，农村居民或者农民工的子女就仍然要保持农民工的身份，也不能获得同等质量的教育，未来可能成为新的脆弱群体和边缘人群。

从有利于经济增长的角度来看，农民工市民化有利于以改善基本公共服务的方式，代替工资的持续快速上涨，保持农业劳动力转移的速度。过去10年中，农民工工资的实际提高速度高达12%，并呈继续攀升的趋势，而GDP的增长率已经不再能够保持两位数，这意味着工资上涨速度已经超过了劳动生产率的提高速度。这样，企业不能获得足够的时间去进行必要的调整和应对，中国经济的技术结构和产业结构升级会牺牲经济增长速度，产生过大的损失，反而会在不久的将来容易使劳动者陷入困难的境地。

因此，借助农民工市民化这一改革增加劳动力供给、提高生产率，从而达到提高潜在增长率的效果，是最大的改革收益或改革红利。我们设想一下，增加劳动力供给可能有什么方式呢？显然，延迟退休目前还不是可行的办法。因为平均来说，临近退休的职工受教育程度和身体状况都不处在最佳状态，例如，与20岁左右的劳动年龄人口相比，年近60岁的人群平均受教育年限，将从10年下降为6年，使得他们学习新技能的过程十分困难，无法适应产业结构升级的要求，在劳动力市场上陷入困境。增加劳动力供给，最大的部分是靠拉动农村劳动力转移。

有学者研究表明，农民工在进城以后的大约20年之内，他们的工资即劳动力市场回报可以持续得到提高，意味着他们非常具有生产性。然而，农民工在城里待的时间平均只有9年，这意味着他们作为具有生产性的劳动力供给，没有得到充分开发和利用，即人力资源的浪费。从理论上说，农民工一般每年春节都要做一次决策：春节之后还要不要回到城里？对于年轻人来说，答案是肯定的，但是一般过了40岁，考虑到上有老下有小，他们往往就决定不再进城打工了，意味着退出劳动力市场。显然，如果我们打破这个僵局，通过实现农民工的市民化，继续推动农村劳动力转移，第一是增加劳动力供给，就是让农民工成为真正的城市居民可以稳定干到退休年龄；第二是给予他们更好的激励，如更充分和更均等的公共服务，使其能够继续从剩余状态中转移出来，从生产率低的部门转到生产率高的部门，提高中国经济的生产率水平。

本文作者曾经与合作者进行过一项模拟，分别是关于劳动参与率提高后对经济增长速度的影响，以及生产率提高后对经济增长速度的影响。首先，假设今后10年中每年把非农产业的劳动参与率提高1个百分点，就能够使GDP的潜在增长率提高0.88个百分点，是可以看到立竿见影的效果的。其次，我们还可以假设，如果在今后10年中生产率的增长率增加1个百分点，它所对应的提高GDP潜在增长率的效果更高达0.99个百分点，几乎是1 ∶ 1的对应程度。因此这两项改革效果加总起来，理论上可以带来2个百分点的GDP额外增长速度。

当人口红利消失以后，在没有获得改革红利之前，中国的潜在增长率将逐年下降，10年乃至数十年之后，潜在增长率将下降到远低于改革开放35年的平均水平之下，而更加接近于目前发达国家的稳态水平。因此，通过改革获得制度红利，即使增加1%~2%，也将大大帮助中国尽快实现中等偏上收入阶段到高收入阶段的转变，实现中华民族伟大复兴的中国梦。

不仅如此，农民工市民化也是根本改变农业生产方式的唯一出路。在农村剩余劳动力逐渐减少的情况下，农业机械化和生产方式转变将越来越成为农业发展的引擎。换句话说，中国农业的根本出路是通过扩大经营规模、加快技术进步，实现生产方式的转变。目前农村人口与耕地之间配置状况是，近1个亿的本乡镇就业农民工，同时是兼业农民，他们的承包地是不会转包出去的；1.7亿外出的农村家庭成员，因其家里还有留守的成员，也是不愿意转包承包地的；即使3000多万举家迁移的农民工，因为不能获得城市居民的同等待遇，为了保险起见也不愿意彻底放弃承包地，造成土地不能集中，农业机械化进程受阻，务农劳动力日益老龄化。

当我们知道改革收益大于成本的时候，就可以去设计在中央和地方政府之间来分担改革的成本，使得改革得以真正推进，进入改革带来收益、收益进一步推进改革的良性循环。另一项改革正在重新界定中央政府和地方政府的事权和支出责任，对于改革成本的分担，也同样适用于这项改革的理念。例如，义务教育在农民工市民化过程中增加的地方政府成本，就应该在中央和地方政府之间进行重新分配，具体而言，中央政府应该承担这项增量支出责任。这样，不仅可以加快推进以农民工市民化为核心的户籍制度改革，同时还能解决长期以来义务教育在城乡之间、地区之间分布不均衡的“老大难”问题。

（本文原载于《中国党政干部论坛》）

第七章

深化制度改革才能解决增长与转型两难

中国经济增长大幅下滑，影响因素很多，包括一定的外部因素，但深层次因素是自身内部的体制转型滞后造成的，对其显性和潜在负面效应不能掉以轻心。只有深化市场化方面的根本性制度方面的改革，才有可能解决增长与转型的两难。

破解金融危机急需新动力

黄益平（北京大学国家发展研究院教授、央行货币政策委员会委员）

中国金融市场规模大，市场机制却没有发挥作用

金融改革应该说是中国改革到现在进展最快、方向最明确的一个领域。其实，金融改革是从 1978 年开始的，为什么到今天我们还在说金融改革？金融体系到底是一个怎样的状况？我觉得用一句话来概括，就是市场规模做得非常大，但市场机制几乎没怎么发挥作用，这是三十几年金融改革的基本现状。

1978 年刚刚开始改革的时候，我们实际上只有一家金融机构，叫中国人民银行。当时既是中央银行，也是商业银行。今天的金融体系和 1978 年做一个比较，进展是很明显的。经济学家喜欢用一个综合性指标，即 M2 占 GDP 的比重来代表一个国家相对的金融资产规模。

我们的这个数字将近 200%，美国是 80%，很多国家的数字在这之间。我们的数字比较高有一些特殊原因，比如说银行主导、我们的储蓄比较多等。但总体上来说我们的金融资产相对规模已经非常大了，我们的 M2 占 GDP 的比重、M2 的绝对规模都超过了美国。虽然我们常说中国的资本市场、债券市场不太发达，但即便如此，我们的

企业债的规模已经是世界第二。

还有一个例子就是我们银行都做得很大。1998 年我们的金融体系几乎出很大的问题，但是今天中国四大国有商业银行全都名列全球十大银行，所以说我们的资产、机构、市场都已经做得非常大，这是金融改革到现在取得的成绩。

但是从另外一方面看，我们政府对金融体系运作的干预还是很普遍，而且程度很深。国际货币基金组织有一个指标叫“金融抑制”的指标，或者反过来叫“金融自由化”指标，这两个是反过来的。金融抑制是什么意思？就是政府干预利率、汇率、资本的配置，干预跨境资本的流动等。中国的金融抑制在全世界的排名很靠前，国际货币基金组织关于金融抑制的一组数据中一共有 91 个国家，中国排第四位，可见我们政府对金融体系干预程度在全世界都是名列前茅的。这个现状是我们今天看新改革的起点。

苏东改革与中国改革的区别：休克疗法VS边际改善

为什么我们走到了这样一个状况？理论上来说，发展金融就应该让市场机制发挥作用。为什么把规模搞得这么大，市场机制又没有发挥作用呢？我的理解是中国的经济改革实际是两个双轨制促成的。第一个双轨制就是民营企业和国有企业之间的双轨制。我们和苏联、东欧这些前社会主义国家的改革策略，一个明显的区别就是它们的改革是一步到位的休克疗法：今天是计划经济，明天是市场经济。

理论上来说很好，实际当中问题很多。我们追求的是经济效率的提高和经济增长的改善，同时保持经济社会稳定，包括保持一定的就业率。最初的策略是尽可能地发展非国有经济，同时支持国有经济继续发展。如果一开始就把国有经济都给私有化了，会引发一系列的问题，这就是双轨制的起源。我们的策略一开始还是比较成功的，经济比较平稳，当然后来带来了一系列的问题。但从总体看来，这种边际改善的策略，在支持增长、提高收入方面，效果还是很明显的。

国有和民营企业的双轨制必然导致第二个双轨制：产品市场和要素市场之间的双轨制。今天的服务业、制造业、农产品基本上都是随行就市，供求决定价格。这个放开为什么重要？因为要由市场来决定资源配置。把市场放开了，才知道你的比较优势在哪儿。

政府干预要素市场以支持国有企业运行

但是同时我们对要素市场的干预是很严厉的。劳动力市场到现在还有户籍制度，城乡居民的福利体系是不一样的。在资本市场，我刚才已经说了，中国的金融抑制名列世界前茅，土地市场、能源市场的各种干预也非常多，为什么？我觉得第二个双轨制其实就是为了支持第一个双轨制。大部分国有企业其实效率不是那么好，怎样支持它？比较简单的就是财政支持，但是我们的财政没有那么大的能力，更简单的办法就是政府直接干预要素的定价和分配，以此支持国有企业尤其是一部分效率比较低的国有企业继续运行。

两个双轨制是同时而来的，有了第一个双轨制必然有第二个，否则第一个运作不下去。但是第二个双轨制里头一个最重要的扭曲就是金融体系的扭曲，就是刚才说的金融抑制政策，因为资金的运用在现代市场经济当中是最核心的。

“影子银行”产生的动机在于规避监管

为什么要继续改革？过去的做法尽管在支持经济增长方面效果

比较好，但是现在引发了一系列新的问题，比如结构失衡。过去支持国有企业的一个重要途径就是把资金的价格压低，资金价格压低意味着利率压低、汇率压低，必然导致投资、出口的冲动高涨，经济结构失衡变得越来越厉害，随之导致了一些其他的问题，比如资产泡沫。

为什么房地产泡沫这么严重？我觉得一个很重要的原因就是，在一个高度扭曲、高度抑制的金融体系里头，老百姓有了钱没地方去，能够投资的就是银行存款或者房地产。银行存款是不给我们很好的回报的，房地产成了多数中国老百姓唯一值得投资的地方，不形成泡沫是不可能的。

一系列结构性问题其实在不断地积累，也就是说第二个双轨制其实很难再持续。举个例子，我们今天都说的“影子银行”是什么？其实就是钱从银行游离出来在外部做交易，比如很多信托产品、理财产品、委托贷款等，为什么要从银行正规的资产负债表上游离出来？因为正规体系中有各种监管。

“影子银行”形成的一个最简单的动机就是规避监管。这个趋势如果延续下去，我们的利率管制、信贷管制很难持续。另一个例子就是“热钱”。我们现在说中国有资本项目的管制，但是市场一波动，我们就说很多热钱出去了，很多热钱进来了，说明资本项目管制政策的有效性在不断下降。

两大传统支柱产业无法带领中国经济进入新的增长阶段

过去的金融体系似乎支持制造业的增长、扩张非常有效，但是今天碰到的问题是中国经济发展需要新的动力。中国经济今天转型为什么困难？简单的一个道理就是过去的支柱产业不行了，需要形成新的支柱产业。

过去的支柱产业一端是劳动密集型的制造业，另外一端是在东北、西北的资源型重工业。从另外一个角度看，中国近来是出口和投资“两驾马车”支持的，“两驾马车”的背后是这两大产业。现在劳动密集型的制造业正在快速地失去竞争力，重工业产业产能过剩的问题也非常突出，想靠这两个产业继续支持中国经济增长非常困难。

很多人问中国经济哪一个季度会见底，什么时候会回升？短期内的任何见底和回升都是临时性的。什么时候我们可以看到新的产业形成，带领中国经济进入新的增长阶段？有没有这样的产业？也有。包括互联网经济、互联网金融、快递、通信、发电机械、大型机械装备等，有很多有竞争力的产业和企业，但是规模不够大。这些企业和产业形成的一个根本特征就是要创新和产业升级。

过去制造业的扩张基本上就是利用低劳动成本、低生产成本，银行可以很容易地帮助它们解决这个问题。今天要创新和产业升级，很难靠传统的银行来做这个工作，需要有新的金融形态、金融渠道、金融中介来支持新的支柱产业的形成，这也是需要金融改革的重要原因。

党的十八届三中全会的核心精神是发挥市场的作用

金融改革改什么？党的十八届三中全会上批准的《中共中央关于全面深化改革若干重大问题的决定》，里头有几段是关于金融改革的，可以分成三个方面。

第一个叫放开准入。国内、国外的机构都应该让它们更容易进入市场，包括让更多中国金融机构到国际市场上去竞争。为什么都要降低准入，增加金融机构？要增加竞争，提高效率。最明显的一条就是建立新的民营银行，现在已经建了五家，速度太慢，但方向就是这样的。

第二个是开放市场。我们的金融市场做得很大，但是市场机制没发挥作用，都是政府在帮助它们做各种决定，这是和市场化改革的原则相悖的。下一步就是要开放市场，让市场机制在金融资源的配置中逐步发挥决定性的作用，实际这也是全会的核心精神。政府要监管，但是政府不能帮金融机构做决定。具体而言，这个工作其实是很多的，决定里头提到了汇率、利率、国债收益率的问题，还包括其他金融机构的问题。

第三个是改善监管。金融中一个最大的困难就是信息不对称。在交易完成前它可能引发的问题叫逆向选择，在交易发生后可能引发的问题叫道德风险。总而言之就是，如果你不够了解交易对手，本来可以给你很好回报的金融中介，有可能出现很大的问题。还有一个问题是市场是非理性的。

我们经常说最好的分析师也很难准确预测价格水平。资本市场和其他市场尤其是自然系统的一个最重要区别就是人是资本市场的主要参与者，人会对市场上的信号做出反应。如果你认为价格会从50元涨到100元，我可以保证最后的价格一定超过100元，因为每个人都想追逐从50元到100元的价格上涨。

金融监管要解决的问题就是在开放市场的同时控制风险。金融放开来了，很多做不好的国家都碰到了金融危机。这就是为什么有人反对利率市场化，因为你做不好的话，资源配置不当的问题会更突出。有人反对资本项目开放，很多新兴市场国家都是因为资本项目放开就碰到金融危机了。现在的问题是我们应该开还是不开？

我们最后做的结论是应该开，开比不开好。现在不开并不能说就不会发生金融风险，开有金融风险，不开也有金融风险，都要积极地防范。但同时开放给我们带来的投资回报、资源配置的获利，远远超过潜在的风险。要做什么，全会的决定已经很清楚了。

金融体系和实体经济逻辑可以是一致的

在改革的过程中还有一些需要关注的问题。第一个就是我们在理念上对金融的认识有一种偏见，把金融放在实体经济的对立面。这个想法其实是比较奇怪的，金融也好，实体经济也好，就是经济当中的一部分。经济不好的时候，银行不愿意给企业贷款，你说它是好还是坏？

这个不能用道德来评判。银行追求的目标是第一要有回报，第二要控制风险。经济下行的时候企业风险上升，我还同样地给它提供融资贷款，这不是商业性金融机构做的，但是政府可以做这个事情。金融体系和实体经济其实各有各的逻辑，而且可以是一致的。经济下行的时候企业表现不好，想要的融资可能也减少了，这其实是符合市场规律的。

第二点就是我们在做很多政策的时候，是不是相信市场的机制？实际的工作中我们看到很多矛盾的现象，我把它总结为“好思路、坏政策”。举个例子，中小企业在中国经济发展包括支持就业方面会发挥越来越大的作用，以后的很多中小企业都可能成为中国创新的一个主要力量。这样看来，支持中小企业从经济学、社会学、伦理上的道理来说，都是值得的。提出这样的一个政策，我完全赞同。

政府应当负担支持中小企业的成本

我觉得政府应该关注如何帮助解决中小企业融资难的问题。问题是怎么解决？现在想的办法有一条，叫“三个不低于”。监管部门提出的考核金融机构的其中一个指标就是任何金融机构当年对小微企业贷款的增长速度不能低于总的贷款增长速度。这是不是个好政策？我觉得动机非常好，但背后的问题是什么？你要求的这些机构是商业性金融机构。让财政部或者政策性金融机构去做这个，我举双手赞成。

但是你让所有的金融机构都这样做，可能有问题。经济下行的时候风险会上升，中小企业的风险上升更快，这个时候能不能增加对中小企业融资？如果增加了，对金融机构未来是什么样的影响？这是值得考虑的。我们在调研当中就发现很多现象，包括很多金融机构变通小微企业的定义，或者用其他的办法。这个政策思路很好，但真的实施下去，可能会有问题。

那么有没有办法改善小微企业贷款的环境？有的。第一，改进征信系统，让金融机构更容易来判断中小企业的风险。第二，利率真正市场化。今天说贷款利率已经市场化了，其实并没有真正地市场化。大多数商业银行的基准利率上浮，很少超过40%。你到金融机构去问为什么不再往上走，有的担心形象不好，有的说监管部门可能会打电话来。利率放开之后并没有完全由市场来决定，这也是违反市场规律的。利率放开了，征信系统做好了，很多金融机构可以做得更好。

最后一条，我觉得政府要支持中小企业，可以提供担保、贴息。这个如果有成本，政府可以负担，因为这是政策目标。但是把所有的责任推给金融机构，我觉得就很难做。

地方“僵尸”国企挤占了中小企业的金融资源

我们的改革过程确实推进得非常快，但还是需要一个改革的秩序和一些前提条件。举个例子，我们现在要利率市场化了，利率市场化几乎是临门一脚了，只剩下一年之内的贷款上限还没有放开。什么时候放开？用流行的话说，分分钟的事情。但是放开来以后会怎么样？第一是放开了以后还会不会有窗口指导？如果放开后继续窗口指导，放开来的意义在什么地方？第二是说放开后就不管了，会不会有新的问题？

跟这个相联系的，我担心的一个问题就是市场上很多市场主体的非市场行为，简单地说，就是我们过去说的软预算约束、刚性兑付、政府隐性担保。对这样的机构，你把价格放开来，但是行为没有约束住。举个例子，如果是软预算约束，我根本不在乎你把贷款利率提得有多高，不管多贵我都敢要，还得了就还，还不了有人帮我还。这个后果是很严重的。

今天说金融支持实体经济很困难，我们到全国各地去调查，发现最难的在什么地方，在那些僵尸企业退不出的地方。僵尸企业占有很多资源，还得不断地给它提供新的金融资源支持运行，当然没有那么多的资源来支持小微企业、民营企业。

深圳中小企业融资渠道畅通源于政府没有“包袱”

比如说我们去西北调查，有一些地方国企出了很大的问题，产能过剩非常明显，就是退不出，那就把当地的很多金融资源压住了。我们反过来到深圳去调研，你问企业有没有融资难的问题，他说当然很难了。但是相较而言，其实渠道是很畅通的。我们说深圳为什么做得好，一开始说深圳的中小企业好，因为它们都创新，活跃，调整得很快，没有那么大的压力。那为什么企业好？因为金融机构本身也很活，银行的服务做得好，股权投资等各种形式都很繁荣。那为什么深圳的金融机构很好，其他地方的就不行？因为政府没有各种干预，就让它们按照市场规律来发展。我们最后到政府去，问为什么政府做得这么好，政府说因为我没包袱，我没那么多非得救的国企，就让市场来运作。

最后就是金融稳定的问题。我觉得考虑金融支持实体经济，关键是要提高金融资源的利用效率，但最重要的一条是要保持金融体系本身的稳定。如果我们今天的一些政策带来很多未知的金融风险，我相信这样的实体经济的支持，不是我们想得到的。对银行是如此，对资本市场也是这样。

（本文系作者在北京大学国家发展研究院《北大国情报告》发布会上的演讲）

从制造大国向制造强国转型的关键在哪里

李伟（国务院发展研究中心主任）

作为大国经济体，中国不能没有强大的制造业，制造业仍将是中国经济的活力之源、财富之源、强国之本。《中国制造 2025》提出了中国通过“三步走”来实现制造强国的战略目标。如何认识中国制造业所面对的环境？中国制造业的现状、特点与困境如何？怎样看待和理解转型升级？中国制造业竞争力及未来前景如何？中国制造业的路在何方？

制造业发展的国内外环境在发生变化

实施《中国制造 2025》战略，从制造大国向制造强国转型是我国的必然选择，因为我国制造业发展的国内外环境已经且正在发生巨大变化。

从国内环境看，中国经济发展已经进入新常态，其显著特征是速度变化、结构调整和动力转换。

在我看来，中国经济新常态符合追赶型后发经济体的一般发展规律。中国工业化、城市化进程尚未完成，正在从上中等收入国家向高收入国家迈进，经济新常态是工业化进程向后期阶段推进的直接体现，是我国经济向形态更高级、分工更复杂、结构更合理的阶段演化的必经阶段。

应当注意到，经过30多年的快速发展，我国过去那种依靠廉价而优质的劳动力、直接引进吸收国外的技术、巨大的内部市场、强有力的政府及其资源动员能力等支撑经济增长的基本动力已经发生了转折性变化。在新的发展条件下，供给和需求都发生了明显变化，约束条件不同以往，这些都意味着原来的增长动力必须调整，经济发展方式要真正从规模速度型粗放增长转向质量效率型集约增长，经济发展动力从要素驱动增长向创新驱动增长转变。新常态下经济发展能否顺利迈向更高阶段、更高水平，关键在于新旧动力能否顺利实现平稳接续。

从全球背景看，全球制造业发展格局发生了深刻变化。近年来，随着全球经济与贸易环境的变化，制造业正在成为一些大国参与全球产业分工、争夺全球产业链、价值链最上游的角力场。一方面，国际金融危机后，欧美等发达国家纷纷推出“再工业化”战略，力图抢占国际竞争的制高点。比如美国制定了先进制造业伙伴关系计划，德国推出了“工业4.0”战略，日本发布了制造业竞争策略。另一方面，新兴经济体国家如印度、越南等，也利用其相对更低的劳动力等要素成本，快速推进其工业化进程。

此外，新一轮技术革命和产业革命也深刻影响着全球分工格局。数字信息技术、新材料、3D打印、云计算等新技术正在改变“发达国家技术＋发展中国家劳动力＋高收入国家市场”这一传统分工格局，智能制造、制造业服务化、生产的分散化、营销的全球化成为新的趋势，处于制造业高端的美、日、德、英、法等国的相对竞争优势明显增强。

在这样的背景下，中国需要找到一条新的发展之路。形成中国经济增长新动力，塑造国际竞争新优势，重点在制造业，难点在制造业，出路也在制造业。可以这样说，推动制造业在调整中发展，在发展中创新，对于提升综合国力、保障国家安全、建设世界强国、实现两个一百年的奋斗目标都具有重要意义。

制造业转型升级中蕴含新机遇

作为当今全球制造业第一大国，中国制造业部门目前正普遍呈现增速不断放缓、增长动力不足的局面。

一方面，随着劳动力数量红利递减、生产要素成本提升、资源环境约束加强等因素的影响，资源密集型、劳动密集型、高耗能高污染行业等低端制造业增长乏力，并导致中国工业整体增速下降。国家统计局有关数据显示，规模以上工业企业增加值同比增速从2014年9月的8%下降到2015年9月的5.7%；规模以上工业企业实现利润总额同比增速从2014年1—9月的7.9%下降到2015年1—9月的-1.7%。

另一方面，随着经济增速放缓和全球产业变革，过去30多年中国经济快速增长所积累的一些风险和矛盾也逐渐暴露。比如多数制造业部门出现严重产能过剩，而化解产能过剩亟待进行资产重组和结构调整，这些现状将不可避免地引发企业倒闭、员工转岗甚至失业。

当然，尽管增长速度降下来了，但增长质量效益提升的空间仍然巨大。从全要素生产率的来源结构看，制造业高于农业和服务业，投资品制造业高于其他制造业，生产性服务业高于其他服务业，可贸易部门高于非贸易部门。由于部门间的效率差距大于发达国家的平均水平，我国具有相对更大的产业升级和生产率提升空间。

可以这样说，我国制造业在结构调整、转型升级中仍然蕴含着巨大的发展新机遇。经济发展进入新常态，没有改变我国发展仍处于可以大有作为的重要战略机遇期的判断，改变的只是重要战略机遇期的内涵和条件；没有改变我国经济发展总体向好的基本面，改变的只是经济发展方式和经济结构。经济结构调整难免阵痛，但调整成功了就会提升资产质量，提升产业结构，提升全球竞争力，“风雨之后才能见彩虹”。

中国制造业竞争力犹存

目前，中国虽然已是制造业大国，但产业大而不强、自主创新能力不足、基础制造水平落后、低水平重复建设等问题依然突出。

不可否认，中国制造业最突出的问题是处于世界制造业产业链的中低端，制成品大多为技术含量低、附加值低、价格低的“三低”产品，在国际经济贸易利益分配中处于劣势。从产品竞争力看，国内市场急需的技术含量高、附加值高的技术装备和产品则长期依赖进口。作为研究开发主体的大型企业或大型企业集团，科研开发能力与国外先进水平有较大的差距，用于制造业研发的投入远远落后于英美等发达国家。中国虽然有华为、联想、中兴等创新投入很大和创新能力很强的企业，但整体上中国制造业企业研究开发经费投入严重不足，仅占销售额的1%左右。技术落后、创新能力不强已成为影响中国制造业产业结构调整和产业升级的严重障碍。

同时必须看到，尽管中国制造业发展面临诸多挑战，但仍处于大有作为的重要战略机遇期。

具体来看，我们至少有以下几大优势。

一是中国有着全球最大的消费市场。尽管我国经济增速放缓，但2014年经济增量达到8000多亿美元，根据世界银行数据，这一增量已经超过中等发达水平的土耳其2014年全年的GDP总量；我国每年货物进口额为2万亿美元左右，约相当于世界第十大经济体的经济总量；我国已成为世界第二大旅游输出国，2014年出境游超过1亿人次，海外消费额达1648亿美元。这些数据表明，只要制造业企业能够开发生产出安全、高质量的产品，我国有足够的市场潜力。

二是中国劳动者的素质不断提高。我国每年大学以上学历的毕业生超过700万，另有200多万人在电大和成人高校接受继续教育。人力资本的质量优势会在很大程度上抵消人口数量红利的下降。而且，有相当一部分人能够满足跨国公司用人标准，这也是为什么越来越多的跨国公司选择在我国建立研发总部的一个重要原因。高素质人才队伍业已成为我国制造业企业参与国际竞争的新优势。

三是中国有全球最完善的工业体系。根据IBM（国际商业机器公司）统计，我国是世界上唯一一个在联合国工业大类目录中，拥有所有工业门类的国家，拥有39个工业大类、191个中类、525个小类，具有全球最为完备的工业体系和产业配套能力。这是我国实现制造业强国宝贵而难得的坚实基础。

四是中国在拓展新兴市场方面也具有较强的优势。许多新兴经济体正加快推进工业化、信息化和城市化，基础设施建设和产业园区发展是重点。我国在这些方面积累了丰富的经验，已经形成了完备的工业体系和较强的产业配套能力。由于处于同一发展阶段，消费和技术偏好相似，我国在国际产能合作和拓展新兴市场方面具备更强的竞争力，这一优势有利于我国在产业结构调整和转型升级过程中实现平滑转身。

五是中国制造业受到了国家的高度重视，具有良好的政策环境。为了提高制造业竞争力，推动由制造大国向制造强国转变，我国2015年5月推出了《中国制造2025》。这一战略将通过营造公平竞争的市场环境、完善财政金融支持政策、扩大制造业对外开放、提高制造业创新能力，为传统产业的升级、新兴产业的崛起创造良好的条件。随着这一规划的实施，信息技术、高端装备、新材料、生物医药等产业将有更好的发展环境和政策支撑。与此同时，传统制造业的转型升级也会得到更有力的政策和资金支持。在制造业获得更多发展机会的同时，服务于制造业的第三产业，也会获得新的发展机遇。

转型升级是提升竞争力的不二法门

转型升级是中国工业提升竞争力、防止产业空心化、跨越中等收入陷阱的必由之路。从长远来看，中国需要通过加快制造业转型升级，来较长时期维持中国在全球范围内的制造业优势。

推动结构转型升级，首先必须明确结构调整的目标和方向。我认为，结构调整的目标和方向是建立更加均衡的结构关系，使国内需求和国外需求、投资和消费的关系更加均衡，使高端制造业、现代服务业和传统产业的发展更加均衡，使实体经济和虚拟经济的发展更加均衡，使经济增长更多依靠技术进步和劳动力素质的提高，使我国经济成功向形态更高级、分工更复杂、结构更优化的阶段演化。未来很长一段时间，代表工业 4.0 方向的智能制造将是中国工业转型升级的重要目标，是国家战略，但同时，我们也要补好工业 2.0、工业 3.0 的课，在技术标准、质量控制等方面全面提升中国制造业的能力。

实现这些目标将是一项艰巨的工程。在“三期叠加”的经济新常态下，我们同时面临着转方式、调结构、稳增长的任务，必须把握好三者之间的关系和平衡，既要在结构调整中实现经济较快增长，也要在保持经济平稳增长的条件下实现结构调整。更重要的是，要通过加快科技进步和创新驱动，培育经济发展的新动力；要通过加快推进全面深化改革，构建起与结构调整的目标和任务相适应的体制机制；

要通过加快新一轮对外开放，实现国际分工地位的提升和资源在更大空间范围内的优化配置，推动中国制造业和中国经济发展迈向中高端水平。

转型须有重大战略政策安排

加快制造强国建设，不仅是时代赋予制造业的历史使命，更是适应中国国情的战略抉择。要实现从制造大国向制造强国转型，必须进行重大战略和政策安排：

第一，做强传统优势产业，提升核心竞争力。可以看到，上一轮，中国制造业靠的是“大”，规模已跃居世界第一位；下一轮，中国制造业必须靠“强”，打造先进的制造业是做强中国经济的脊梁。如何理解这个“强”？或者说达到什么标准才算是真正的制造强国呢？重要标志是“三个转变”：中国制造向中国创造转变、中国速度向中国质量转变、中国产品向中国品牌转变。具体来说，必须做强传统产业，推动传统产业由加工制造环节向研发、设计、专利、融资、投资、品牌构建、商业模式、物流体系延伸；必须掌握核心技术，促进制造业向产业链的高端发展，推动加工贸易实现由低附加值向高附加值发展。中国只有处于价值链高端地位和产业链核心环节，中国企业核心竞争力变强了，存活下来的制造业更强了，中国才能算是制造强国。

第二，形成一批具有国际影响力的制造企业，以及一大批具有国际竞争优势的“专、精、特、新”专业化生产企业。在 2014 年公布的全球 10 家最赚钱的企业当中，中国有 4 家企业入榜，全部是国有商业银行，没有一家工业企业。而入榜的另外 6 家外国企业中有苹果、三星、微软三家电子制造企业。这种差别发人深省，对中国来说，工业是中国经济的基础，也是未来经济发展的支柱。如果没有强大的工业体系（尤其是制造业），没有一批有国际竞争力的世界级企业，很难说中国是一个真正的经济强国。现在我们类似华为这样在国际上叫得响的跨国公司太少，如果能够形成一批具有核心竞争力和较强国际影响力的企业，那么中国经济转型就可以说成功了。

第三，为制造业发展与转型创造法治、诚信、公平的竞争环境。这是中国制造业发展的核心，尤其在环境创造中，知识产权保护应该得到极大的加强。今后，制造企业靠“山寨”这种方式已行不通了。在新的发展阶段，企业要形成竞争力，必须通过建设更加完善的创新制度体系和市场环境，强化知识产权保护，显著提升对知识创新的保护水平，改善企业创新发展的政策环境。真正放开市场准入，鼓励社会资本进入制造业领域，同时政府要提供配套政策和政策引导，鼓励企业在制造业领域的创新发展。政府只有放手让企业成为市场化创新的主体，多提供支持，少进行市场干预，才能迸发出强大的经济活力。

（本文原载于《中国经济时报》）

深化制度改革才能解决增长与转型两难

田国强（上海财经大学经济学院院长）

现在国内外都很关心中国经济转型过程中的增长下滑问题。说实话，当前中国经济形势很不容乐观。许多机构，包括我们上海财经大学高等研究院年中宏观经济分析所做出预测，结果都显示 2015 年“保 7”的难度很大，并且会伴随CPI持续下行，通缩风险抬头。由于要素递减规律，中国经济增长的中枢已经下移，但不应该像现在这样下滑得这么快，弄得不好会引发连锁反应的恶果，会危及政治经济社会的稳定。

我的一个基本判断，就是如不尽快进行实质性的、制度性的、深层次的市场化改革，中国经济持续快速下滑的劣势很难止住。

随着经济下行压力增大，出现大批民营企业倒闭潮和银行坏账，广东、浙江、江苏、福建、山东这些民营经济发达，经济增速一直很高的地区都是如此。根据《每日经济新闻》对公开报道的不完全梳理，2015 年以来珠三角地区有 76 家企业关门，其中东莞占 27 家，比例超关门企业总数的 1/3。中国制造业也许正面临继 2008 年以后的第二次大规模企业倒闭潮。

尽管在市场经济条件下，企业倒闭尤其是中小企业的破产倒闭并不鲜见，但是与经济增长持续大幅下滑一挂钩，问题就会放大，极其不寻常。目前，实体经济增长减缓和企业批量倒闭叠加效应正在向银行业加速传导，银行不良资产风险有扩大的趋势。据《财经》最新报道，截至2015年三季度末，中国16家上市银行不良贷款余额为9080亿元，比2014年末增长了近三成，不良贷款率全线急速上升。尤其是许多产能过剩行业的企业债务负担沉重，杠杆率加速攀升。如果应对不当，更大的风暴可能还在后面。

同时，与20世纪90年代国有企业大量倒闭和工人下岗还有政府兜着不同，这一轮倒闭潮是民营企业批量倒闭，大量农民工返乡，形成了“逆城镇化”的现象，其中很多人又成为新的失业者或重新回到农地耕作，而国家的失业救济社会保障制度基本还没有建立健全，如果处理不好，基本的生存权都没有保障，就会带来一系列严重的政治、经济、社会方面的问题。

对此，许多人很不以为然。有许多似是而非的观点和误区，这里仅举几例。

一是将中国的增速和发达国家的增速进行简单类比，从而将危机当成成绩。不少人认为，中国增速哪怕低到6%以下也很不错，仍然要比发达国家如美国现在2%、3%的经济增长高多了。其实，这是一种盲目的自信，不仅没有忧患意识，反而将危机当作成就而洋洋自得。殊不知，这种将不同发展阶段放在一起的简单类比是会误国的。如果用卫星来作比喻，发达国家就像已经进入预定轨道环绕飞行的卫星，虽然也会受经济周期和技术进步所带来的结构调整的影响而有所波动，但总体已经基本处于平衡增长轨道。中国则不同，作为一个仍处于发展中的经济体，就像一个处于腾空上升阶段的卫星一样，还需要一定的速度保障，否则动力不足，就可能不仅达不到预定目标轨道，弄得不好，也可能像火箭发射失败落地一样导致政治不稳、经济衰退、社会失衡，从而导致改革失败的灾难性后果。

二是将现有农村土地制度和国企这些生产性行业或单位当成变相的社会救济制度和保障制度而鼓吹，从而认为国企好，民企靠不住。现在许多人，包括政府部门可能也是这么想的，将现有的农村土地制度作为失业农民工的一种救济制度的替代，但这恐怕是世界上最差的社会保障救济制度，将一个关系到民生的生产行业当成本应由政府提供的公共服务的替代，是既没有考虑到效率（这种无法形成规模经济的现有土地制度使得中国农产品生产成本持续上升，导致价格不断上升，中外粮食价格差别很大，相差 50% 以上），更没有考虑到对农民的公平，是政府职能错位、缺位的表现。政府的基本职能就是维护和服务，这里显然是政府失职的表现。

此外，我们也看到很多国有企业以降低效率为代价利用政府的补贴或垄断利润，进行所谓的“稳就业”。特别是很多传统工业企业虽然库存高企、产销下降、开工率不足，但是并未裁员，而是通过减少薪水、无薪休假、缩减工时、在职培训、推迟入职等，将显性失业转化为隐性失业。地方政府有很强的动力去遏制显性失业。这种将本应注重效率的生产行业当成社会保障制度的替代，对低效国企的补贴，其实是政府职能越位和错位的表现。

这种为国有企业所谓的“稳就业”向政府表功、邀功和民营企业的“倒闭潮”，容易给人们带来一种错觉，错误地认为还是国有企业好，民营企业靠不住，从而否定过去 30 多年让经济大发展的民营化改革方向。其实，事实胜于雄辩，从 2015 年的经济数据来看，恰恰是那些国有经济比重越大的地方，经济受到的冲击越大，增长下滑越严重，如东北几个省份。

三是将当前出现的许多问题认为是改革惹的祸，从而认为往回走，否定改革也是改革。现在很多人都号称要反思改革，借改革中出现的这样那样的问题，怀疑甚至是否定改革开放的正确大方向，将经济问题上纲上线到阶级斗争、政治层面和意识形态方面的问题，民族主义和民粹主义盛行，对改革方向及其深化改革形成了很大的干扰。

由于这些误区和错误的看法，现在从上到下对于改革还没有完全形成共识和内在动力机制，所以就出现了“上面猛加油门，中层挂空挡，下面频踩刹车”的现象。并且，一旦遇到问题，政府就想到或仍采用政府主导的方式去解决，其负面作用很大，不可能让市场发挥决定性作用，中国就仍然面临的是一个发展型的政府，仍然会一如既往地出现“重政府轻市场、重国富轻民富、重发展轻服务”的“三重三轻”现象。实际上，改革越往后推，代价越大，难度也越大。并且，创新驱动不是靠喊口号就能实现的，需要实实在在的市场化改革。

转型和制度性改革滞后是增长大幅下滑的肇因

面对中国经济增长的大幅下滑，如果不找出问题的内在根源，不分析深层次的内在原因，仅仅只是指出问题的表象和我们需要做什么，而不是试图从根源上去找原因，从制度层面上去解决问题，那么很容易采用头痛医头脚痛医脚的方式去解决问题，治标不治本。因而，更重要的问题应该是怎么改、谁去做、怎么做的问题，也就是方向性、原则性、制度性安排首先需要明确：是让市场发挥决定性的作用，还是让政府发挥决定性或主要作用？是让国有企业发挥主导作用，还是让民营经济发挥主体作用？

当前中国经济下行有一定周期性的原因，但更多还是自身经济结构的问题。除了这两个原因，中国更面临发展驱动和经济体制双转型滞后的问题。发展驱动转型滞后是指从要素驱动向效率驱动乃至创新驱动的转型滞后，这一转型基本上是所有经济体必须经历的，但这个转型是内生的，还是要归结到体制转型滞后上来，因为制度才是根本，中国向现代市场经济体制转型的滞后才是导致中国实际经济增长低于潜在经济增长更为关键的根源因素。

追赶式经济发展方式已经明显不再具有可持续性，当前经济下滑主要是由下列五重原因的叠加造成的，导致了当前中国经济增长持续大幅下滑。第一，要素驱动红利衰减。第二，政府主导动力枯竭，特别是地方政府庞大的土地财政和土地抵押债务不具有可持续性，同时导致政府的发展属性过强，公共服务功能欠缺，使得居民消费意愿和消费能力不足，无法拉动内需。第三，国企产能过剩挤压民营经济，资金继续流向了本来就充裕的国有企业，其后果就是重复投资、无效投资的不断累积（现在许多行业库存都超出 30% 以上），导致经济严重乏力，造血机制不足。试图通过财政政策进一步给国企输血来解决经济下滑的举措只可能导致进一步的产能过剩。第四，政府施政过程中出现的严重不作为。第五，对于新常态的理解偏差，本应该在提高市场效率与社会公平正义、安定有序治理方面要有新作为，而不是经济持续大幅下滑是新常态。

可以看出，所有这五重原因的背后都是市场化改革不够深入，政府与市场、政府与社会之间的治理边界不够合理，市场经济制度不够完善造成的。如不进行深层次的制度性方面的市场化改革，这五重导致经济增长持续大幅下滑的因素就不可能得到根本性的解决。

因此，中国需要加快深入进行理顺政府与市场、政府与社会之间治理边界的制度性和结构性改革，消除不利于企业创业创新和挤压民营经济发展的制度性障碍，真正让市场在资源配置中发挥决定性作用，这是中国顺利从要素驱动向效率驱动乃至创新驱动转变，跨越潜在的“中等收入陷阱”的关键所在。如果不从制度上根本解决，过去的经验告诉我们，腐败也依然会死灰复燃。反腐的根本出路还是在于进一步推进市场化的改革和民营化的进程，通过合理界定政府治理边界，让官员没有机会贪，通过法治让官员不能贪，通过问责和社会监督不敢贪，否则不可能根治。

从经济学基准点出发深化制度改革

那么，如何深化制度改革呢？其实我们做任何事都是相对比较而言的，因此必须有一个基准点或参照系作为比较，否则无从着手。中国下一步推进深层次市场化变革，也还是要从经济学的基准点和参照系说起，违反经济学常识，改革只有失败。现代经济理论以理想经济环境为基准点，以自由竞争市场为参照系，严格地给出了市场导致有效配置从而成其为好的市场经济的前提条件，而这些前提条件正好是指明了改革的长远取向，从而起到明道、指明方向的前瞻性指导作用，通过理论指导改革、变革及创新来促使现实经济运行不断向理想状态逼近。

当然，在现实经济中市场也不是孤立存在的，它要运行良好及向理想状态逼近，还需要政府、市场与社会各归其位这样一个国家治理三维结构能够得到有效的耦合和整合才行，这就需要前面提到的合理界定和理清政府与市场、政府与社会的边界。这里就涉及两个层次的问题。

第一个层次是治理边界的界定。我们首先要知道政府与市场及社会之间的合理边界在哪里。市场有效和社会规范的必要条件是需要一个有限而定位恰当的有效政府，这样政府的合理定位至关重要。其原则就是，市场能做的让市场去做，市场不能做或做不好的政府才去做。归纳起来，政府的基本作用就是两条、四个字：维护、服务。例如，前面提到的基本的社会救济制度就属于服务的范畴，中国做得还很不够。

第二个层次是主次之分。谁是关键？答案是制度。我们一旦知道它们之间的边界后，还需要理清。那么，谁去理清呢？由于政府是主体，市场是客体，社会也是客体，从而当然也就是要靠作为主体的政府去做、去理清。但政府、市场和社会，三者却正好对应一个经济体的治理、激励和社会规范三个基本安排。那么，谁能规范主体，也就是政府的定位呢？法治。这样，法规治理是最关键、最根本的，它奠定了最基本的制度环境，具有极强的正负外部性，决定了政府定位是否适度，从而决定了市场激励机制的效果和社会规范形成的好坏。人们可能会问，政府及其部门愿意去限制自己的权力吗？一般来说，当然不愿意去限制自己的权力，从而在中国现有国体之下也需要对权力进行划分，行政部门、立法部门和执法部门要各司其职。

因此，最基本的治理制度是关键，是决定性的，只有从规范、制约和监督政府权力的制度、法治和公民社会这三个维度的综合治理着手，合理界定好政府与市场、政府与社会治理边界，才能同时解决好效率和社会公平正义的问题，才能从根源上根除腐败和行贿受贿现象，建立起健康的政府、市场、社会、企业及个人关系。这样，它们之间应当是良性互动的关系，唯其如此，政府方才可以不断通过法律法规的制定及执行，强化市场方的效率、效能。

此外，在这样一个总的制度变革方向之下，我们还需要在一些具体的市场化改革领域有所突破。市场化改革千头万绪，针对前面所提到的问题及现实中存在的种种认识上的误区，我们认为下一步在一些关键领域的改革方向至少有三：民营经济主体化、金融市场自由化、土地要素市场化。这三点其实也都是跟政府与市场在资源配置中究竟应该分别发挥怎样的作用这条主线有关的。

中国经济增长大幅下滑，影响因素很多，包括一定的外部因素，但深层次因素是自身内部的体制转型滞后造成的，对其显性和潜在负面效应不能掉以轻心。只有深化市场化方面的根本性制度方面的改革，才有可能解决增长与转型的两难。现代市场经济制度对中国而言依然是不可替代的，其建立健全需要在政府、市场和社会这样一个三位一体有机耦合的整体框架下完成，在合理界定和理清政府与市场、政府与社会的治理边界方面需要有明显的改革进度，可以民营经济、金融市场、土地要素为深化改革切入口，转化产生出新的经济增长动力。

制度是关键，是根本。只有深化市场化及国家治理体系和治理能力现代化方面的制度改革，才能真正推动中华民族的伟大复兴和国家的长治久安。

（本文原载于财新网）

国企改革成经济改革命脉

夏斌（国务院参事、中国首席经济学家论坛主席）

能否对当前的经济形势做出准确通俗的判断，是稳定市场预期的重要前提。现在市场上对形势的判断比较混乱，如果用我们这个年龄所知道的毛泽东主席在20世纪20年代《湖南农民运动考察报告》里开头讲的，对农民运动形势的分析，是好得很还是糟得很，现在对经济形势的判断也一样。

现在经济领域里的新名词、新概念很多，很多专家在论证、解释概念，但是市场一点不领情，加上近几个月来资产价格信号混乱，改革措施的出台市场又等不及，总感觉有的改革怎么还不出，引起市场上判断的混乱，导致投资风险偏好进一步下降，特别是一些有钱想投资的人又在犹豫，正在犹豫的投资者，对他们来说更影响了预期，不稳定的预期增加了，对稳定增长增加了负面影响。

我认为在形势的判断上，我们的用语用词一定要讲究，所谓讲究不是要推新，不是要花哨，而是要朴实、准确。这是我的第一个看法。

第二，中国经济仍然处于美国经济危机后持久深刻的结构调整时期。这是我在2011年向有关领导同志汇报时的判断，从2011年到2015年已经过了几年，因为改革滞后耽误了一些时间，我认为2011年的判断没有变，不需要变，我们也不应该回避既简单又准确的“调整”这个判断。

什么叫调整？调整的核心是讲什么？原来那套发展方式所维持的制度、政策不行了，要调整了，我们党中央、国务院的文件里讲转变经济发展方式讲了很多。所以，我们应该很准确地判断当前的形势就是调整时期，那么进一步就要判断，既然是调整，就要向国民讲清楚，坦然承认调整意味着什么，调整意味着经济增速要下来，意味着一些企业、地方政府平台要破产，实业压力可能会加大，当然服务业、互联网新业态可能会弥补一点，但是从一般的经济学原理讲调整，速度要下来，企业破产要增加，实业压力会增加，这是一般的市场逻辑。

当然会出现一些风险，比如广义货币有130多万亿元，我们的GDP就60多万亿元，速度下来了，这么多货币在外面，风险自然会暴露。同时我也认为在讲问题的时候，同时应该很坦然地向国民讲清楚，即使如此，中国经济的增长潜力还是很大的，所谓的大不是两位数增长，但即使是6.5%或者是6%，在大国经济中也是绝对的高增长了。在大国经济体中间，我们跟美国、德国、日本、欧元区比，6.5%、6%也是绝对的高增长。

第一是中国的增长潜力很大，第二是改革开放几十年财富积累了不少，政府应该有信心帮助大家在调整中间克服困难。政府应该承担责任，即使砸锅卖铁，能不能在调整时期保证国民的生活水平不下降——有基本的就业，系统性风险不爆发。只要守住就业和金融这两条底线，我们把问题和困难彻底向市场和国民讲清楚，速度下来一些，我认为大家能够接受。

我们把调整方向、任务和目标也向市场讲清楚，怎么调，调到哪里去，结构怎么变，老百姓的生活水平和收入怎么样，把这些都讲清楚，扩大内需，特别是扩大消费，同时大刀阔斧搞改革，配上及时的改革措施，我相信市场是聪明的，聪明的市场明白短期的困难和长期的前景，因此预期肯定会比现在好。

现在因为有的讲好，有的讲坏，一般的投资者就慌了，我认为这些都应该讲得清清楚楚，讲清楚以后，市场预期肯定会比现在好，投资也会多一些，除了政府投资，民间投资还会增加。

现在的问题是，市场出清太少，动作太小，对困难问题遮遮掩掩，不敢面对。对金融系统的风险和地方政府的债务困境恰恰又认识不够，判断到底准不准，其实市场人士非常清楚。我在上海搞调研，一些资产管理公司负责人告诉我，他们把债务进行重组，反映了一些情况，市场人士非常清楚，如果在这个时候，我们的媒体、专家还在引导大家讨论下行是在 7%、6.5%还是 6%，这对微观企业并不重要，敏感的是资本市场的投资者或者投机者，他们需要炒作概念，他们非常敏感关心宏观数据，比如说GDP零点几个百分点的变化，CPI（消费者价格指数）、PPI（生产者价格指数）零点几个点的变化，市场的专家马上就长篇大论，但是我们细想一下，这跟我们有关系吗？有多大的关系？有多大的短期或中期的关系？当然各行各业不一样。

所以，媒体、专家不停地讨论这些东西，恰恰使得企业和市场更加紧张，更不容易形成准确的市场预期。再加上有些改革措施不及时，部门间的信号不协调，耽误了不少时间，所以有些工作很被动。我认为中国经济发展的内在逻辑很有力，我对此很看好，如果我们自己的决策不争气，用时间换空间的策略最终会被耽误，工作会越来越被动，这是我讲的第二个观点，我们当前处于深刻的结构调整时期。

第三，调整有两种方式，两种可能性。所谓两种方式，一种是单纯的被市场规则强行约束，被强制性调整，那就是经济周期的明显变化，换一个词就是出现经济危机，缩减全社会的资产负债表，典型的是 81 年前 1929—1933 年的世界经济大危机。一种是适应市场的逻辑，加上适当的政府有限干预的主动调整。我认为人类经济史实际上是一部政府与市场的关系史，关键是你怎么认识、怎么处理。当然我这里讲的是政府有限的干预，有节制的干预，并不认同政府随意的大规模的干预。

然而，因为调整中经济社会会出现政府和市场双方都预料不到的事件，投资者往往在抽象理解调整必然性的同时，当看到周围大量的各种宏观、微观数据下行或者恶化的时候，信心会下降，社会投资调整就会过度，出现超调，进一步恶化增长预期。所以，政府在调整中一定要把握好各种改革和调整政策、稳定增长之间的协调，要学会如何引导加强市场的预期管理。

第四，当前中国经济最大的调整内容是什么，方向是什么，工作重点是什么？回顾一下，中国经济的不协调、不可持续产生于2008年美国危机前，暴露在此后，我们要看到最大的是外部环境的变化。至于怎么调整，早已写到党和政府的文件，就是改出口、投资为主，转为发展内需，特别是扩大消费的模式。因此，短期内扩大投资和鼓励创新是绝对正确的，但是一定要看到，讲发展方式的转变，我们是讲总量、结构、创新、企业家精神，是讲长期增长的动力，而调整，我们首先直接讲的是总量经济，是讲总需求、总供给，消费占比的提高一定是中国结构调整最终完成的标志性成果，也一定是中国经济今后稳定增长有根本性的调整。

最近消费贡献率的提高相当程度上是因为出口投资贡献率的下降而得到的相对提高，我们近期的舆论每天都在寻找增长的新动能，但对消费增长动能的寻找，对扩大消费所紧迫的制度改革动能的寻找强调得不够，花的精力不够，措施不有力，舆论也很弱，形不成一股力量。

每天报纸上讲的是什么，是重点讲消费吗？我们战略方向调整最后肯定消费的贡献率最高，结构是消费，慢慢往这方面过渡，但是现在形不成力量，尽管提高消费是个慢工夫。尽管对居民消费的高与低，学术界有不同的争论，但是客观来讲，最后中国调整的结果肯定是“三驾马车”的中间消费的比率要大幅度提高，否则发展方式不可能转过来。所以尽管是慢工夫，但是我们必须给予正名，给予首要地位的强调，多少年来这么多的规划文件，恰恰缺少加快居民消费的规划，内容很多。

第五，尽快建立内部决策评估制度，把科学决策落到实处。当前中国经济的运行情况比成熟的市场化国家复杂得多，我们比它们要多考虑渐进改革中间的协调问题，要考虑政治与经济改革的平衡问题。毛主席讲过领导方法，一是出点子，二是用干部，现在经济系统的执行力很差，多凭文件主义，我听说一个地市的金融办一年下发和转发省里、中央各部门的文件多达一千多份，金融办最多就几个人，一年下发文件一千多份，一年 365 天，可以想见每天都在干什么、还能干什么。靠文件、靠口号、靠书本知识，根本指导不了复杂的改革开放实践。

怎么办？靠制度建设，建议在内部建立决策的事前、事中、事后评估制度，现在正在这么做，目前最重要的评估是对近几个月以来股市和汇市波动的反思，如果不允许反思和议论是非常危险的，短期如何防止经济由减速迅速滑向失速，相对于社会稳定而言，关键看政策制度的配套。

对于失速问题，我们一方面要有充分的顾及与准备，另一方面要充分顾及叫了几年的调整已经耽误了不少时间，短期内能否马上找到特别有效的圆满的政策措施，不要估计过高。当然工作应该想尽办法，现在的财政政策是积极的，新的增长点在方向上、文件中应该说找到了，任务也布置了，但是微观情况仍然相当不好。市场预期非常不稳定，怎么办？现象表现为金融，是资源配置有问题，我认为本质上不是金融问题，本质上是实体经济中间的结构和改革问题。我们当前的资金量是松的，但是松不到中小企业、民营企业，地方大量的债务压力和地方平台的庞氏骗局以及一些大国企的产能过剩吸走了大量资金，现在的问题是八个瓶子七个盖，盖来盖去缺少一个盖，要打破一个瓶子，僵尸企业、资不抵债的企业该破的要破。新增长的动力靠的是企业家精神，但是现在的问题是，有资源的没有动力，比如地方平台和国企，有动力的没有资源，比如中小企业和民企，所以我们一定要看到中国经济的命脉关键是什么，就是加快国企改革。

因此，整个社会形不成好的预期，没有好的预期就不可能形成大量的投资增长，对此我们一定要认识到，转型调整和市场出清在经济学上几乎是同一词，怎么办？改革的内容很多，国务院也做了大量的布置，我在此就其中几点讲点意见。

第一，对地方平台的不良资产赶紧剥离重组，让地方政府轻装上阵，不要再拖累它们新的投资。要打破隐形担保和刚性兑付，让矛盾暴露出来。不要再增加金融市场的扭曲行为，按照市价或者溢价打折，剥离不良资产，让银行先承担一块损失，然后继续在市场上经营，最终损失可以先定下来，由中央、地方、银行共同背，中央可以先承诺担一块，剥离的事赶紧办起来。

第二，用时间换空间的压力越来越大，时间越来越紧迫，我们要重视大量传统产业的升级换代、收购兼并，这是大头，从总量上讲远远比抓创新、新业态重要，这是经济增长的大头，我们要打破常规，大刀阔斧。财政和银行应该尽快安排一批专项资金搞收购兼并，特别要支持民营企业对竞争类国企的收购兼并，加快传统行业和竞争性行业、企业的“国退民进”，明确制度，防止秋后算账，再提国有资产流失，我们要充分认识到国企改革已经成为当前整个中国经济改革的命脉。

第三，基于中国潜在增长的情况，这几年还可以进一步扩大财政赤字，第一步可以扩大到3%，加大有效精准化的投资力度，除目前的城市地下管网投资之外，应大力弥补增加有利于居民消费的公共服务的投资，幼儿园、学校、医院、养老、健康保健、旅游，等等，国庆长假中国流动旅行人口7.4亿，你想想多少人在坐火车、飞机、吃、玩，中国的老百姓消费没减弱，我们应该进一步深挖减税的潜力。

第四，认真反思2015年股灾和汇市波动中的教训，以全球视角充分认识全球经济形势的复杂性，对中国资本账户的开放一定要慎而又慎，要做到不赶时间，不赶任务，实事求是，水到渠成，利用好资本账户仍然部分管制的时机，在解决好大量僵尸企业和一些庞氏骗局的基础上，加快降息步伐，降的速度应该一步降到位，迅速降低社会融资成本和全社会的负债率，这个前提就是资本项下的管制问题，僵尸企业要出清。

第五，当前中国产能问题严重，但中国这么大，又是一个内部差异很大的大国，我们应该对不同地区实行区别对待的经济政策，不要自己捆住手脚。我们要在控制好重复建设的前提下，把曾经在改革开放初期给沿海地区的土地政策、招商引资政策等优惠，允许在中西部继续实行，防止更多的低端制造业继续外流越南、柬埔寨等东南亚国家，这有助于稳定当前的经济增长和就业。

（本文系作者在“传承·创新·发展——复旦大学经济学院恢复建院三十周年庆祝活动”上的演讲）

第八章

“十三五”规划和中国经济的下一程

“十三五”规划期间是全面建成小康社会的决定性阶段，“十三五”规划必须紧紧围绕实现这个奋斗目标来制定。当前，和平与发展的时代主题没有变，我国经济发展进入新常态，我国发展既面临大有作为的重大战略机遇期，也面临诸多矛盾相互叠加的严峻挑战。必须坚持以经济建设为中心，从实际出发，创新和完善宏观调控方式，保持经济中高速增长，迈向中高端水平，推动实现更高质量、更有效率、更加公平、更可持续的发展。

“十三五”规划和中国经济的下一程

厉以宁（北京大学社会科学学部主任、光华管理学院名誉院长）

供给和需求两端乏力需要结构调整

第一个问题是供给和需求两端乏力和结构的调整。在经济学里面，需求调节是近期行为，为什么？因为当经济中出现了失业过多，或者通货膨胀的时候，就需要调节总需求，或者是抑制总需求，或者是刺激总需求，这是近期的调控行为，一般的国家都能做到。

供给方面的调节被认为是中期国民经济管理的任务，为什么是中期而不是近期呢？近期是调需求、中期是调供给，调供给主要涉及的问题就是结构调整。

这个结构调整一般从四个方面来表现：第一个调整是产业结构的调整。就必定是有一些产业已经落伍了，所以停滞了，但是它们还在消耗原材料、消耗能源，如果不进行这样的调整的话，供给方面的乏力是很难解决的。

第二个调整是区域经济的调整。因为区域经济的格局是多年以来形成的，一定是其中有些方面不利于今后经济的发展，或者贫富差距扩大影响了消费，所以区域方面的调整是中期的任务，也是供给方乏力的准备。

第三个调整是技术结构的调整。因为一个国家的技术结构是不一样的，每个国家都不同，可能适应当时的情况，比如说先进的居少数、中间状态的多，还有一些落后的，为了维持社会的稳定、不要让更多人失业，也就保存下来了，这种技术结构的调整是必要的。创新实际上就是突破，就是不能停止在原来的那种技术结构上面，所以这也是供给乏力的前提。

第四个调整是资本结构的调整。人类资本结构的调整，原来是没有注意到的，后来逐渐受到重视。因为每个国家劳动力的数字情况是随着时代的发展而有所变化的，假如不在这方面注意到，那很可能出现过去的人类资源枯竭、用完了，为什么会这样？因为当时是着重在低成本的劳动力，现在不行了，现在必须有新的劳动力，所以，供给方面的调整归根到底就是结构调整，这就是我们讲的一定要加大结构调整的力度。

结构调整中的产业结构调整和创新首先是连在一起的，高新技术一定是要发展的，短板行业中，如果是高新技术的短板，那就要尽快把它发展起来，这是结构调整的重要问题。那原来的怎么办？原来已经落伍的怎么办？一定要有壮士断腕的决心砍掉，不下这个决心，最后它们也在消耗原材料，也在消耗能源等，你能够有多少精力放在高新技术的发展方面来补短板呢？所以这个结构调整是重要的，是供给乏力的一个重要方面。

第二个调整，区域结构调整是为什么呢？我们前面讲需求调整，区域结构调整很大的一个问题是和人民的收入水平连在一起的，人民的收入水平提高了，总需求就大了，现在就涉及这个问题，总需求为什么上不去？就是区域结构调整慢了、没解决问题，所以在产业结构调整的同时，必须有区域结构的调整，这就是我们常说的要开放中西部，要全力消灭贫困线，这就涉及很多问题，关键问题是，中国的收入分配问题实际上是三种资本的均衡，在城乡的分配中是不变的，哪三种资本？物质资本、人力资本、社会资本，这就是经济学里常说的三种资本。

物质资本怎么来的？就是货币投入转化为生产资料，这就成了物质资本。厂房设备、机器设备、原材料的供应都在这里面，如果这方面不解决，那区域方面的协调就很困难。其次是人力资本结构，人力资本结构要调整，低素质劳动力要逐渐替换。三是社会资本，这里所说的社会资本不是现在我们在报纸上常看到的，把民营资本、民间资本叫社会资本，经济学里面有社会资本的特定含义，就是指人际关系，是无形的资本。比如广东人、福建人下南洋，很快就起来了，只要他勤奋、勤恳，只要他有信用，同乡很多，互相一帮助他就起来了，没有信用就没有社会资本，不诚信连过去的社会资本都丢了。

但在三种资本中，城乡差距是大的。改革开放以前，城乡收入差别并不显著，改革开放以后城乡差距越来越大了，这和改革开放有什么关系呢？这就和三种资本的持有情况有关了。城里人的房子祖传的有产权，购买的商品房有产权，他需要投资进入市场，一抵押钱就到手了。农民在土地确权以前长期内没产权，祖传的房子也没产权，宅基地上自己盖的房子也没产权，没有产权不能抵押，所以物质资本的差别就存在，并且在不断扩大着。

人力资本怎么办？教育资源的分配是不均衡的，城里的义务教育校舍好，老师质量好，设备齐全，学生能学到点东西；农村教育多年以来是受歧视的，人员经费少、房子破破烂烂，现在才改，师资队伍不行，学生还能行？十几年前我到贵州去考察的时候，还没有高速公路通到毕节，从贵阳到毕节的路走的是省道，两边的墙上都是刷的大字标语“读完初中外出打工”，我说读完初中才 15 岁，顶多 16 岁，就能到外面打工了？你这样鼓励人家读完初中就去打工也不对，这就是人力资本的欠缺。所以城乡人力资本差距大，越来越大，因为城市学校越办越好。这方面现在才开始改。

社会资本呢？城里人如果想投资，他总有亲戚、亲戚的亲戚，总有朋友、朋友的朋友。农村里，特别是山沟里的农民，市场上的一个都不认得，他只认得同乡出去打工的，就跟着一块走，他有什么社会资本？

物质资本农村不如城市，人力资本农村不如城市，社会资本农村不如城市。这就是当前造成区域差距很大的原因，所以这个结构调整实际上就包括了一系列措施，包括农村的土地确权，农村怎么把信用开放，允许农民有自己的产权证做抵押等。

第三个是技术调整。这个问题很大很难，它影响到社会的公众目标，社会的目标是稳定，不能裁员，这也对，因为中国这么大了，一定要安排出路，在没有安排出路的时候，宁肯用旧技术，不能用新技术。新技术的情况是不同的，我最近在地方考察，看到建设规模很大的企业，上百亿投资建成的企业，我问这会增加多少就业，企业说我一个都不增加，我还裁员呢。为什么？他说全是机器人生产。所以这种情况是重要的，在中国，经济结构的调整不完全是技术的问题，也不完全是一个科技创新的问题，它涉及人员安排的问题。

新的人口红利正在增加

第四个结构就是新劳动力，也就是第二个问题，人口红利。有个名词叫“海归”，海外留学回来的学生回来工作叫“海归”，现在有一个新名词叫“城归”，从农村出来到城市干了一段时间活，积累了一些技术和金钱回家创业去了，这就叫“城归”。“城归”的出现不是简单的，实际上意味着中国正在变化，变化什么呢？过去的人口红利渐渐消失了，新的人口红利正在增加。

我走了几个地方，在贵州毕节考察了它的职业教育培训区，整个区全是中专、全是职业学校，毕节人外出打工训练好再去，这样你自己有本事了，钱也赚得多，而且你不出去，自己回来干小微企业也行，所以说新的人口红利正在增加。

我在浙江考察就发现浙江土地确权以后，田不是浙江人在种，土地已经确权了，他干吗不种？他有更好的门路，他到城里去，他已经学了技术，自己开作坊、开商店去了，田总有人种的，安徽人在种。

我的家乡在长江北岸江苏扬州市的仪征市，是个县级市，那里的田都很好的，过去是鱼米之乡，到了现在田谁在种？苏北来的人种的，这里的人到外面干手艺去了，因为他会洗澡、搓背、修脚。所以不要紧，只要有人种就行，现在他们需要的是训练，训练什么？知识方面的训练。

所以这样我们就看得很清楚，中国结构方面的调整是很必要的，供给乏力需要结构调整，即使是需求的刺激、需求的抑制，也需要跟结构调整配合在一起。

我在河北省考察的时候被企业家包围了，让我讲四句话。第一句话就是让产品更个性化。既然你生产的产品是进入市场竞争的，你必须个性化，因为不个性化这个产品没人买，每个人回家去看，把你家里的箱子打开、柜子打开，一看里面的衣服都是新的，只穿过几次。为什么？样式过时了，料子不够鲜艳，和现在的风格不一样了。你不这样的话，商店里卖的都是以前的衣服，谁买啊？所以让产品个性化。

第二句话是让服务业更加人性化。现在中国第三产业的产值占

GDP的51.4%，这是2015年第三季度的数字，2016年还要增加，发达国家都要到60%~70%。中国的变化刚开始，服务业要大发展，第三产业要继续发展。这样的话，你不人性化，板着个面孔等着人家来求你，是不行的。

第三句话是把品牌打到国外。中国的品牌并不少，中国品牌协会做了一次调查，给来中国采购商品的外国商人发问卷调查，问卷调查里怎么写的？把你最熟悉的中国制造业的品牌写几个在上面。结果问卷调查收回来，一看大吃一惊，就一个，什么品牌？茅台酒。茅台酒是不错，茅台酒的宣传工作做得好，广告做得好，但是一讲中国制造就是这个。所以说，品牌还不够。

第四句话把消费者留在国内。现在中国人到国外旅游的多，据说旅游支出一年是两万多亿元，其中有一万亿元以上是购物的支出。为什么在国外购物？为什么不在国内购物？关税太高，所以说在国外买便宜些，在国内买贵，还有在国内买碰到假货怎么办？所以，这些都需要做，我们要设法提高中国制造的产品质量。

混合所有制企业走职业经理人的道路

第三个问题是混合所有制经济和职业经理人市场。我们知道，国有企业分两类，一类是竞争性的行业，一类是非竞争性行业。非竞争性行业最重要的产业应当是国家控股，这个原则现在变了。现在，竞争性行业着重的是国有资本占多大比例不做规定，根据情况而定。那就是说不一定要控股了，而是根据情况而定。但是要建立完善的法人治理结构，完善的法人治理结构中重要的譬如说股东会要开、董事会要开、监事会要发挥作用，除此之外还有一条就是总经理是聘任的，实行任期制、责任制。

这就涉及一个问题，在混合所有制企业改革中，中国还缺乏职业经理人，职业经理人应该有一个市场，因为职业经理人总得在一个部门中做过主管、有一点名气的，这样的话，他不会像一般求职者那样自己印好简历上门去求哪个需要我。他得有一个市场，有企业咨询公司、猎头公司、企业高管介绍所等机构来帮他推荐。这个中国没有，所以说需要大力地培养职业经理人。职业经理人不是国家公务员，国家公务员如果要做，那就辞职，职业经理人没有行政级别，要是国家公务员带级别进去，那就不符合职业经理人的原则，这是需要注意的。

在中国的下一个阶段，混合所有制企业、民营企业都应该走职业经理人的道路。民营企业已经到了考虑下一代甚至第三代接班人的问题。产权没问题可以继承，但是高管呢？总经理职务呢？他适合吗？他有这个能力吗？中国从来都是两种观点在争论：一个是用人为贤，只要他贤，我就用他；一个是用人为亲，只要他跟我亲是我嫡传的，就交给他。这两个都遇到问题了，因为够贤的这个人可靠吗？跟我有什么其他关系吗？没有。这个人如果是亲的，他有本事吗？所以这个问题在民营企业也会遇到，民营企业最后的归结要从家长制、家族经营制转到现代企业制度，这在“十三五”期间是要逐步推进的，就是民营企业的转型，这个同样需要职业经理人制度。为了提高我们企业的效率，需要这么做。

城镇化要以人为本

第四个问题是我们来展望一下未来，城镇化的任务是什么？城镇化的任务不要忘记是以人为本。农民工的问题中，刚才讲过了“城归”那是好的，他已经有成就了，但是大多数不是这样的。我们在外面的调查是有 2.7 亿左右农民工，还不包括以下三种：一是留守妇女，大概 4000 多万；二是留守儿童，大概 4000 多万人；三是留守老人，大概 4000 万人，三者加在一起约 1.2 亿，再加上农民工 2.7 亿，接近 4 亿人。这个问题大了。为什么？我在农村调查，包括在陕西、贵州，都反映一个问题，农民两地分居，家庭不稳，出了很多凶杀案，就是丈夫常年不在家，妻子被怀疑或者真的有外遇，结果男的回来一气之下把丈母娘全家都杀了。留守儿童的问题也有，留守老人没人管，同样有问题。所以城镇化一定要解决这个问题，你不解决，把他丢在农村肯定出问题。男的在外面打工又不回来，老是两地分居不出问题才怪呢，所以在城镇化的过程中要考虑这样的问题。以人为本，在这些方面都是需要做的。

支持文化产业促进经济和社会发展

第五个问题是大力发展文化产业，文化产业在中国是很有前途的，而且很爱被大家讲到。比如我们今天讲的新闻传播是文化产业，图书出版是文化产业，演出是文化产业，手工艺品是文化产业，很多文化产业正在发展，所以我们一定要大力发展。在文化产业的发展过程中，一定要注意文化产业有它的特殊性，它有两种效应：一个是经济效益，一个是社会效益。因为文化产品、文化演出的对象，如小说、剧本、演出等的对象是观众、是读者，宣传什么东西，这个宣传对社会上的人有什么样的影响，对青少年带来什么后果，都需要考虑在内。现在这方面的需求量越来越大，所以文化产业不能忘记文化的启蒙作用，文化起着传播知识和道德信念的作用，核心价值观通过文化产业能够更深入人心。这对中国的发展前途是有用的，我们可以想象在最近几年内文化产业将会有很大的发展。

以上我一共讲了五个问题，从供给、需求两方面发力调整结构，混合所有制和职业经理人的市场，新人口红利将会涌现出来，城镇化的任务，文化产业和文化的创新。

最后，我们要对今后做一个预测。“十三五”规划只管5年，但是肯定还有“十四五”规划、“十五五”规划，我们经济就在这样的变化中发展，互联网普及、进一步发展以后，会带来什么样的结果很难预料，也没有人能够预料到10年、15年以后的情况，但是我们现在看见了苗头，就是就业问题，就业问题完全可以用新观念，什么新观念？就是就业者不需要上班，不需要用写字楼的办公室，他在自己家里，只要能够上网就行了，通过上网就找到了职业，取得报酬，但不需要上班了，不需要上班，可能一天工作12小时甚至还要多，他们的积极性起来了，这就是新的。

15年以后，甚至不到15年，你能分得清谁是蓝领、谁是白领吗？分不出来了，因为大家都在计算机边上工作，他们自己也不知道，这个名词以后就淡化，没人用了。还有人们的休闲采取什么方式很难说，老人的养老会出现什么样的新模式很难讲。所以，未来会怎么样，我们拭目以待。

（本文系作者在2015中国“互联网+”开放合作大会暨第三届中国智慧城市高峰论坛上的演讲）

"十三五"：告别镀金时代，跨越中等收入陷阱

邵宇（东方证券首席经济学家、中国首席经济学家论坛理事）

镀金时代

上一轮狂飙突进的全球化、工业化、市场化和城市化发展，奠定了今日中国之雄厚物质基础、冉冉上升的国际地位和影响，并为全球增长注入了充沛的动力。但那毕竟是一场非平衡的超速增长，新兴经济在力量上升的原始积累过程中，发达国家也同步形成巨大的贸易赤字，失衡最终导致了2008年开始的金融危机，至今世界经济仍然在缓慢复苏和流动性的泥潭中苦苦挣扎。同时国内发展不平衡、不协调、不可持续问题持续暴露，镀金时代的后遗症触目惊心：产能过剩严重，企业效益下滑，重大安全事故频发；资源约束紧张，生态环境恶化；城乡区域发展不平衡，收入差距拉大；公民文明素质和社会文明程度更是有待提高。

可以预见，未来一段时间国际、国内环境日趋复杂多变，上一轮美式全球化3.0的红利释放殆尽，全球化不仅有退潮风险，而且在多个敏感的地缘政治带上冲突的风险正在不断上升。但同时世界多极化、文化多样化趋势也在深入，新一轮科技革命和产业变革蓄势待发，新的全球治理规则也在未雨绸缪。另一方面中国的市场空间仍旧

广阔、人力资本丰富、发展潜力巨大，创新创业引领的新增长动力正在孕育，因此中国应该仍处于可以大有作为的重要战略机遇期，必须迎难而上，怀揣忧患意识又积极谋划发展。

创新驱动

在这样的背景下，“十三五”规划的总目标就是全面建成小康社会、跨越中等收入陷阱。中等收入陷阱的本质是传统增长模式的枯竭与转型升级的失败。传统增长模式的枯竭主要源自追赶效应的消失、不断上涨的要素价格、内外失衡并发等，而转型升级的失败则可能源自制度缺陷或战略失误、国内经济的脆弱性、社会秩序的不稳定等。

因而跨越中等收入陷阱的要诀是：提高中国在全球产业链条上的定位，对内实现产业转型升级，对外优化贸易和产品结构。转型原理其实也很简单，就是要把中国经济增长模式从要素投入推进到要素投入效率的提升阶段，再到创新驱动的一个过程。那么说白了，“十三五”规划的关键就非常清楚——创新、创新、玩命地创新，因此规划强调必须把创新摆在国家发展全局的核心位置，不断推进理论创新、制度创新、科技创新、文化创新等最广义和全方位的创新，让创新贯穿一切工作，让创新在全社会蔚然成风。

释放新需求

创新发展首先需要的就是新动力，新动力从哪里来？老的动力从需求面来看是“三驾马车”，即投资、消费和出口。新的动力就是其升级版本，即“新三驾马车”：深度城市化、消费升级和“一带一路”引领的新型全球化。

第一，增加有效投资。投资对增长有关键作用，可以通过深化投融资体制改革，优化投资结构。发挥财政资金撬动功能，创新融资方式，推广政府和社会资本合作模式，带动更多社会资本参与投资。新投资的主要方向则是深度城市化。这首先是产业和产能布局再优化，不同于传统意义上的东中西部划分，我们建议把中国的区域经济划分为四种类型——沿海发达经济带（三个三角洲）、产业转移十字星区域（中原到湘中，武汉、皖江以及成渝）、能源和地缘经济区（内蒙古、西北和西南延边城市等）和次级经济区（例如东北老工业基地、海南岛等）。东部地区将进入城市管理升级和精细化运作阶段，并带来生产型服务业的蓬勃发展，这里是未来“中国创造”和“中国服务”的大本营。对于产业转移带而言，人口加速集聚并就地吸收中西部农村的剩余劳动力，在全球第四次产业大转移过程中实现产业升级，那里将是未来中国制（智）造的基地。至于地缘和能源区，随着中国在亚太周边国家战略性布局的展开，相应的边境贸易、跨国交通和能源通道（包括能源深加工）的大发展也会带来更大的城市化和产业化机遇。再用广义的现代运输网络基础设施连接这几类经济区，包括高铁（含城际铁路、地铁）、重载货运铁路、干线和支线机场（含低空通航）、高速公路网、油气管网、主干电网、水利调配网、光纤数据网等，形成人流、物流、资金流、信息流的高效畅通，则一个由20个左右核心城市群构成的城市化核心地带即将有力地在亚洲中部崛起。

本质上说，投资的目的主要是提升未来3亿农民工以及既有的5亿城市人口的综合生活质量，我们预期将有超常投入以人为核心的新一代公共基础设施中，即就业、教育、文化、社保、医疗、住房等公共服务体系。以人为本同时也要强调人与自然的和谐，因此环保投资和绿色永续发展也是深度城市化的必要方面，预期会加快资源节约型、环境友好型社会和美丽中国建设进程。

千万不要低估深度城市化将给中国带来的深远影响和根本变化。其要义不仅仅是加杠杆和搞投资，未来的深度城市化将是一个农民工市民化、农民市民化和市民公民化的过程。它不仅仅要清偿历史所亏欠他们（农民和农民工）的债务，还原经济发展的人本导向。它还将生成一个更具有效率，因此也更具有可持续性的资源利用格局和增长模式，在给予现代化生活方式条件下，提供更多人的平等的发展机会，并培养出一个日益壮大的中产阶层——而这一点至关重要。

第二，消费升级。以前的消费是所谓“排浪式、模仿式”，而未来深度城市化将造就一个崛起的中产阶层，他们就要求更高品质的产品，因此传统消费的升级就是品牌化、体验化，健康服务和其他公共服务的均等化、日常化，以及新兴消费的科技化、互联网化。这就可以进一步发挥消费对增长的基础作用，引导消费朝着智能、绿色、健康、安全方向转变，并以扩大服务消费为重点带动消费结构升级。近来大家冲到日本抢购马桶盖、创可贴，是因为国内不能提供相应品质的商品，而品质生活正是城市中产阶层的核心消费需求。此外最近火爆的电影票房和山寨类真人秀娱乐节目也是文化消费热潮兴起的佐证。因此，要大力建设公共文化服务体系，让文化产业成为国民经济支柱性产业，并且向外输出，使得中华文化影响可以持续扩大。

鉴于消费主要受到可支配收入的影响，因此需要着重提到的是收入分配问题，共享是中国特色社会主义的本质要求。必须坚持发展成果由人民共享，通过有效的制度安排，使全体人民在共建共享发展中有更多获得感，朝着共同富裕方向稳步前进。“十三五”规划期间要建立综合和分类相结合的个人所得税制，优化再分配制度，进一步缩小居民收入差距；同时让现行标准下农村贫困人口实现脱贫，解决区域性整体贫困。

第三，“一带一路”引领的新全球化。新一轮全方位开放就在眼前，“十三五”规划中要顺应中国经济深度融入世界经济的趋势，奉行互利共赢的开放战略，坚持内外需协调、进出口平衡、引进来和走出去并重、引资和引技引智并举，发展更高层次的开放型经济。以前中国出口最多的是廉价的鞋子袜子，是世界代工厂。现在通过“一带一路”、亚投行、丝路基金等，中国在整个欧亚大陆上的投资也好、出口也好，都将提升一个量级，以前简单出口的那些产品，会逐渐被包括核电、高铁、通信、电子、家电等配套基础设施输出所替代。这将会增强对外投资和扩大出口结合度，培育以技术、标准、品牌、质量、服务为核心的对外经济新优势。通过实施优进优出战略，推进国际产能和装备制造合作，提高劳动密集型产品科技含量和附加值，营造资本和技术密集型产业新优势，最终提高我国产业在全球价值链中的地位。鉴于海外投资的不断增加，因此同时还要能够解决中国海外资产保护和提升军事投射能力的问题，这也会延伸出很多在安全、投射、信息、军工等领域的新需求。

在新一轮全球化趋势下，中国的全新对外利益交换格局和策略是以贸易加深跨国经济联系，以投资输出产能和资本，并在这两个过程嫁接人民币国际化战略，最终中国经济的影响力会伴随着人民币的国际化而提升。中国可以在维持原来的大循环，即传统的三个世界——资源国、消费国、生产国——的格局下，全力布局小循环，即以中国为核心—周边国—资源国（包括非洲）—科技国（美国）—品牌国（欧洲）的新动力格局，进而突破原来的三个世界和G2（中美两国集团）的格局，打破以中国制造、美国消费为主的循环圈，从输出廉价的中国制造，升级到输出工程、服务、产能、投资和资本，以至最终的货币，即人民币国际化，参与全球货币竞争。

中国国家领导人在英国的国事访问取得了丰硕的经贸成果（即

“洋人修铁路”），既有政府间协议，也有金融机构和企业间合作项目，涵盖众多领域，充分体现了中外经贸合作特点和未来合作方向。回望历史百多年沧海桑田，中国需要调整心态和策略，向新一轮全球化进发。

必须注意到中国式全球化的开放性和包容性，这正是在吸取旧秩序的经验和教训——全球化 4.0 不是要塑造一个平行的霸权结构，正好相反，它只是想改进全球化 3.0 中因为个别国家一股独大，“有钱任性”导致的全球治理结构难以优化和进化的缺陷。预期中国将更为积极参与全球经济治理和公共产品供给，涵盖网络、深海、极地、空天等新领域，积极承担国际责任和义务，构建最广泛的利益共同体，不断提高全球经济治理中的制度性话语权。

创造新供给

有了新需求必然就要有新供给来满足，供给的核心是一个生产函数，生产函数决定生产可能性边界，以前中国的高速增长主要是靠要素投入，特别是廉价要素投入，包括劳动力、土地、资本、自然资源等。中国正在准备从密集要素投入过渡为要素效率的提升，然后再到创新驱动的新发展模式，怎么样实现产业和产能的升级呢？这大概会沿着六个方向，也就是所谓的“六新”供给进展。

新技术和新产品。这两个新更多代表的是原创，突破性科技或者说技术革命的出现，某种意义上说是小概率事件，有很高的不确定性。因此，需要加强基础研究，强化原始创新、集成创新和引进消化吸收再创新。通过实施一批国家重大科技项目，在重大创新领域组建一批国家实验室，来集中支持事关发展全局的基础研究和共性关键技术研究，加快突破新一代信息通信技术、高档数控机床和机器人、航空航天装备、海洋工程装备及高技术船舶、先进轨道交通装备、节能与新能源汽车、电力装备、农机装备、新材料、生物医药及高性能医疗器械等领域核心技术。在此基础上，强化企业创新主体地位和主导作用，形成一批有国际竞争力的创新型领军企业，最终依托企业、高校、科研院所建设一批国家技术创新中心，形成若干具有强大带动力的创新型城市和区域创新中心。

新模式，新组织，新业态。这块主要就是围绕着现在最热门的“互联网+”领域展开，就是用互联网去改造传统的制造业，通过发展物联网技术和应用，发展分享经济，促进互联网和经济社会融合发展。重点实施国家大数据战略，推进数据资源开放共享。推进基于互联网的产业组织、商业模式、供应链、物流链创新。“互联网+”将有效地对传统行业进行改造，提升要素利用效率。

新制度。这就是全面深化改革，“十三五”规划期间将按照完善和发展中国特色社会主义制度、推进国家治理体系和治理能力现代化的总目标，健全使市场在资源配置中起决定性作用和更好发挥政府作用的制度体系，以经济体制改革为重点，加快完善各方面体制机制，破除一切不利于科学发展的体制机制障碍，为发展提供持续动力。其中新一轮经济改革的主体框架是：

——行政体制改革是其他改革展开的基础，通过建立有法律效力的“权力清单”“负面清单”“责任清单”来确定政府和市场的合理边界，消除不作为和乱作为，为市场伸展打开足够的空间。

——财税、金融和要素价格改革是最小一揽子改革的核心。价格改革的核心是减少政府对价格形成的干预，全面放开竞争性领域商品和服务价格，放开电力、石油、天然气、交通运输、电信等领域竞争性环节价格。从而打破地域分割和行业垄断，加快形成统一开放、竞争有序的市场体系，深化市场配置要素改革，促进人才、资金、科研成果等在城乡、企业、高校、科研机构间有序流动。财税体制改革将建立全面规范、公开透明预算制度，让政府财力运行于阳光之下；同时匹配合理的事权和支出，既适度加强中央事权和支出责任，也能调动地方的积极性来扬弃和升级传统的GDP锦标赛。金融体制改革则是要提高服务实体经济效率。通过商业性金融、开发性金融、政策性金融、合作性金融分工合理、相互补充的机构门类来优化现有的主银行金融体系；同时积极培育公开透明、健康发展的资本市场，推进股票和债券发行交易制度改革，提高直接融资比重，为创新创业提供充分的支持，并在一个统一的框架下履行金融监管和风险控制。

——土地和户籍改革是进一步释放关键生产要素动力和活力的关键：户籍制度改革应该促进有能力在城镇稳定就业和生活的农业转移人口举家进城落户，并与城镇居民有同等权利和义务。通过实施居住证制度，努力实现基本公共服务常住人口全覆盖。这将确保中国的人口结构和质量红利有效释放；土地改革则应当一方面稳固农村土地承包关系，完善土地所有权、承包权、经营权分置办法，推进土地经营权有序流转，另外一方面维护进城落户农民土地承包权、宅基地使用权、集体收益分配权，支持引导其依法自愿有偿转让上述权益。再配合财政转移支付同农业转移人口市民化挂钩机制，城镇建设用地增加规模同吸纳农业转移人口落户数量挂钩机制来有效进行城乡一体化建设和资源有效利用。

——国企改革则事关公平市场环境建立，进而决定全社会资源市场化配置的最终实现。预计“十三五”规划期间将分类推进国有企业改革，以管资本为主加强国有资产监管，健全国有资本合理流动机制，推进国有资本布局战略性调整，同时鼓励民营企业依法进入更多领域，引入非国有资本参与国有企业改革，更好激发非公有制经济活力和创造力，提升中国资本的总体产出效率。

总体而言，改革是发展的强大动力，上述这些改革都会使得结合生产要素，例如劳动力、土地和资本的成本有明显的下降，这不仅使得生产函数中的有效要素供给总量和质量都会上升，全要素生产力也会因此变得更大，从而整个经济的结构和内涵也会变得更具弹性和可持续性。

综上所述，如果这些全方位的创新火力全开，必将为“十三五”规划期间的中国经济增加新的动力，以确保经济每年以6.5%以上的速度，跨越中等收入陷阱。但知易行难，一分规划，九分执行，当下我们最需要的是一整套体制、机制、组织和人才保障，来让这一壮丽蓝图从愿景变为现实。

（原载于《上海证券报》）

“十三五”将释放市场化改革新红利

迟福林[中国(海南)改革发展研究院院长]

当前，我国全面深化改革比照以往面临着两个方面的新情况：一是随着国内经济下行压力增大，加快经济转型升级，实现调结构、转方式的实质性破题，对全面深化改革提出新的要求；二是随着全球范围双边多边自由贸易进程明显加快，应对经济全球化、区域一体化新的复杂格局，对全面深化改革提出新的要求。按照这两个方面的客观要求，我认为“十三五”规划全面深化改革需要适应经济转型升级趋势和自由贸易进程。

“十三五”规划经济转型升级蕴藏着巨大的内需潜力

“十三五”规划伴随三大转型升级的驱动和巨大内需潜力的释放，我国将基本形成以服务业为主体的产业结构、以消费为主导的经济增长新格局和以服务贸易为重点的对外开放新格局。

经济转型升级面临三大趋势

从生产型制造走向服务型制造的转型升级大趋势。我国已是一个制造业大国，但还不是制造业强国，突出矛盾是以研发为代表的生产性服务业发展滞后。“十三五”规划加快生产性服务业的发展，并以智能化为重点实现制造业的重大变革，将决定我国未来的经济竞争力。“十三五”规划加快生产性服务业的发展，推动从生产型制造向服务型制造转变，到2020年，我国将有可能实现从工业2.0到工业3.0的转变，为进入工业4.0打下坚实基础，顺利由“中国制造”迈向“中国智造”。

从规模城镇化走向人口城镇化的转型升级大趋势。伴随城镇化发展背景、自身角色和人们对其需求的变化，规模城镇化发展已难以为继，人口城镇化将成为我国经济增长的最大红利。2012年世界人口城镇化率平均水平为52%，而我国2013年的人口城镇化率仅36%，人口城镇化空间巨大。估计未来5年，我国规模城镇化将保持每年1个百分点左右的增长率，人口城镇化将保持每年2个百分点左右的增长率。到2020年，我国规模城镇化率、人口城镇化率将分别达到60%、50%左右。

从物质型消费走向服务型消费的转型升级大趋势。伴随消费结构的不断优化，我国服务型消费呈逐年增加趋势。目前，我国城镇居民的服务型消费已占到总消费的近40%。估计未来5年，将保持每年2个百分点左右的增长速度，到2020年我国城镇居民的服务性消费占总消费的比重将达到50%左右，一些发达地区可能达到60%左右。“十三五”规划期间，我国将进入以服务型消费为主的新阶段。

经济转型升级将形成新的增长格局

以服务业为主体的产业结构将基本形成。2015年上半年，服务业增加值占国内生产总值的比重为49.5%。“十三五”规划期间，加快推进服务业市场开放，打破垄断，服务业将能够保持每年1个百分点左右的增长率，到2020年，我国服务业占比将有可能达到或超过

55%。“十三五”规划期间服务业每年增长10%，将可以拉动经济增长4个百分点左右，吸纳新增就业1000万人左右，到2020年实现能源消耗量下降14%左右，二氧化硫减排18%左右。可见，以服务业为主体的产业结构的形成将牵动影响经济社会发展全局。

以消费为主导的经济增长新格局将形成。2015年上半年，消费对经济增长的贡献率已经达到55%。“十三五”规划期间我国开始进入大众消费、平民消费新时代，人口结构变化、城乡一体化进程将拉动消费快速增长，估计到2020年，消费对经济增长的贡献率将达到甚至高于60%。这意味着到2020年，我国的消费总量将从2014年的30.7万亿元增长到45万亿~50万亿元。13亿人消费结构升级与消费潜力的释放将成为我国经济增长的最大动力、经济结构调整的最大空间。

以服务贸易为重点的对外开放新格局将初步形成。目前，服务贸易水平偏低是制约我国对外开放的短板。2014年我国服务贸易占总对外贸易比重仅为12.3%，不仅远低于全世界20%的平均水平，也低于印度25%的水平。若“十三五”规划期间将服务贸易占对外贸易的比重达到20%作为对外开放的约束性目标，我国服务贸易规模将能达到1万亿美元左右。

经济的转型升级将有效缓解、化解当前经济下行压力加大带来的困难、矛盾和问题，这些新的增长变化也将为我国未来5~10年保持6%~7%的增长速度提供基本保证和条件。

服务业市场开放是改革的“重头戏”

我国经济转型升级客观上要求服务业全面开放。服务业市场开放既是经济结构调整的关键，又是市场化改革的战略重点。服务业领域市场开放严重不足，难以利用国内社会资本和外资做大“蛋糕”。“十三五”规划提出深化市场化改革，“重头戏”是加快服务业市场开放，让市场在服务业领域发挥决定性作用。

破题改革的关键在于服务业市场开放

以服务业为主体的产业结构依赖于服务业市场开放。与其他金砖国家相比，我国服务业发展水平明显偏低，这与服务业市场开放滞后密切相关。与制造业开放相比，服务业市场整体开放程度还比较低，部分领域还没有开放，这正是导致我国服务业发展滞后的重要原因。

行政垄断是制约服务业市场开放的最大障碍。自 20 世纪 80 年代起，我国比较重视制造业的市场化改革，而服务业市场化改革相对不足，这导致了服务业市场开放度偏低。目前，不仅存在一些政策和体制不允许服务业市场开放，在一些已经开放的领域也存在着比较严重的行政垄断问题。因此，要激活服务业市场，发挥市场在资源配置中的决定性作用，关键在于加快、加大服务业市场的开放。

服务业市场开放顺应经济转型升级大趋势

与我国经济转型升级趋势相一致。作为下一步改革的“重头戏”，服务业市场开放与我国经济转型的趋势，尤其是结构调整是相一致的。如果不加大服务业市场开放，将难以形成以服务业为主体的产业结构的新动力，这个动力要依靠市场力量，而非依靠行政力量来推动。

与老百姓消费结构升级相适应。伴随消费结构的升级，人们对服务型消费的需求越来越多，并呈现出个性化和多样化特征。但服务业市场开放不足，尤其是行政垄断的存在，导致服务供给与服务需求不相适应，不能很好地满足人们对服务的需求。以老年人服务需求为例，目前我国老年人潜在的消费需求规模至少有1万亿元，而实际供给尚不到2000亿元。因此，扩大服务业市场开放，重点是要解决服务供给面临的政策与体制性矛盾和问题。

与扩大服务贸易相适应。“一带一路”倡议重点是要以基础设施为依托，以扩大自贸区网络为目标，以服务贸易为重点。在深入推进全球一体化进程中，中国扮演的角色很大程度上取决于自身服务贸易的发展程度。从服务贸易开放来看，双向的市场开放十分重要，只有我们开放自己的服务业市场，才能要求发达国家实现双向市场开放，双向市场开放进程主要取决于政策和体制改革的突破有多大。目前，无论是中国与美国和欧洲正在进行的投资谈判，还是中改院正在进行的“中欧自贸区可行性研究”，服务业市场、服务贸易开放都扮演着重要的角色。

服务业市场开放的重点

把破除行政垄断作为加快服务业市场开放的重点。我国服务业发展不缺市场需求、不缺资金，关键在于扩大市场开放，重点在于激活社会资本。以深化国企改革为例，应尽快放开服务价格管制，逐步消除服务业与工业要素价格差异，在用地、用水、用电、用气等方面推进与工业同等价格。

推进生活性服务业市场开放。加快推进教育、医疗、健康、养老等服务业对社会资本的全面开放，彻底打破社会资本进入服务业市场的“玻璃门”“弹簧门”，最大限度地激发社会资本的活力。

加快以研发为重点的生产性服务业市场开放。改善研发、物流、销售、信息等生产性服务业发展的市场环境，充分利用社会资本促进以研发为重点的生产性服务业发展，尽快形成以企业为主体的自主创新体系。

以“一带一路”为重点加快服务贸易强国的进程。一方面，把提高服务贸易比重作为“十三五”规划对外开放的重大任务。制定“十三五”规划服务贸易发展目标，使其总额增长到1万亿美元，占外贸比重提高到20%。另一方面，把加快服务业开放作为双边、多边自由贸易的重点。与此同时，加快与“一带一路”沿线国家和地区商建自由贸易区网络，扩大双边和区域服务贸易协定，打破对我国的服务贸易壁垒。大力发展服务外包，推动服务业企业“走出去”。

以结构性改革破解服务业市场开放的结构性矛盾

加快服务业市场开放，面临着多方面结构性矛盾的重大挑战。全面深化改革，需要改变现有的投资、金融、财税、教育结构，啃下结构性改革这块“硬骨头”，以形成经济转型升级的制度优势。

以投资转型为重点改革投资体制，形成适应服务业市场开放的投资结构

投资与消费，何为关键、何为基础是有条件的。近两年的《政府工作报告》都讲“投资是关键，消费是基础”。我在一次参加温家宝主持召开的会议上讲这个概括可能值得商榷。在一定条件下，投资是关键；当条件发生变化时，可能消费变得更为关键。如果没有条件的限制，仅仅说投资是关键，消费是基础，是不够确切的。

经济转型升级下投资消费结构严重失衡。当前，很多地方是在政府主导下依靠投资来促进经济的发展，而与消费相适应的投资严重不足。从目前的市场需求来看，在北京再建10个儿童医院，市场也有需求。这表现出同产业结构、消费结构相适应的投资严重不足。

放开企业投资，严控政府投资。“十三五”规划期间人们的服务

需求规模将快速增长。以医疗健康服务市场为例，有估计提出，到2020年我国医疗市场的总需求将达到1万亿美元，健康服务业总需求也将达到8万亿~14万亿人民币，以政府主导的投资已经不能满足人们的需求。要从服务需求出发，以服务业市场开放促进投资转型，切实改变政府主导的投资方式，推动建立新型投资消费关系，放开企业投资，严控政府投资。

以发展中小金融为重点改革金融体制，形成适应服务业市场开放的金融结构

服务业发展的金融支持严重不足。当前，创新创业的最大障碍和服务业发展面临的最大问题是缺乏金融支持，整个金融结构仍是与大工业时代相适应，而与经济转型升级提出的新要求并不适应。例如，在现有金融结构下，大企业比较容易得到金融支持，而现代服务业发展以社会资本、中小企业为主体，这些企业由于自身资产少，很难得到金融支持，发展中普遍面临融资难、融资贵问题。

推进金融和服务业发展有效对接。打造广阔的服务业融资平台，降低金融信贷机构设立门槛和准入标准，鼓励社会资本进入金融领域；创新拓宽现代服务业融资渠道，针对生产性服务业、高科技服务业等现代服务业自身的特点，改变融资方式，推出丰富多样的信贷产品，促使中小服务型企业享有平等、便捷的融资机会。

以消费税为重点改革财税体制，形成适应服务业市场开放的财税结构

深化消费税改革。尽快启动消费税立法程序，调整消费税的征收范围，建议修订《消费税暂行条例》，推动由向企业征收改为向居民征收，从“价内征收”转向“价外征收”，提高税收的透明度。

实现工业与服务业税负平等。现有财税结构对上大工业项目的激励作用比较大，而对服务业发展的激励明显不足。建议尽快在全国范围内完成“营改增”改革。切实降低服务业企业税负，逐步削减和取消对重化工业的投资税收优惠。

改革企业所得税。建议进一步扩大抵扣范围，将企业公益性支出全部纳入抵扣范围；提高小规模纳税人标准，形成小微企业的自动减税机制；提高对大型企业特别是国有垄断企业的所得税税率。

以扩大职业教育为重点推进教育改革，形成适应服务业市场开放的教育结构

突破现有带有考试型、封闭性、行政化等特点的教育体制，加快形成创新型、开放性、专业化的教育体制。现代服务业发展具有创新驱动的突出特点，对人力资本的依赖性全面增强。这就需要加快教育体制改革，大力发展现代职业教育，推动高等教育转型升级，放开社会资本办学门槛，大力培育各类实用性人才。

全面调整教育结构。从现实看，教育与经济社会发展还有明显差距。第一，虽然我国 15 岁及以上人口平均受教育年限达到 9.5 年，但与美国的 13.3 年、日本的 11.6 年、德国的 12.2 年、俄罗斯的 11.7 年的水平相比仍有较大差距。第二，自 2010 年以来，我国就业市场总体求人倍率一直在 1 左右，2015 年第一季度为 1.12，表明劳动力供不应求；但每年 700 多万大学生的就业难问题，却牵动各方。这在一定程度上反映了教育供给结构与经济发展的不适应性。第三，技术技能型职业人才的需求全面增长但短缺严重。例如，制造业高级技工缺口每年高达 400 余万人。有企业家形容，“找 100 个大学生不难，找 100 个高级钳工却是难上加难。”这说明，经济结构的变化要求教育结构要做出相应的调整。

创新是深化教育改革的出发点。质量不高、创新不足是教育发展面临的突出矛盾。尽管我国教育总量不断扩张，但创新成果较少，创新不足的矛盾比较突出。例如，2011 年美国信息服务业的整体劳动生产率是我国的 4.1 倍。其结果是，我国关键技术自给率低，对外技术依存度在 50% 以上，而发达国家对外技术依存度平均在 30% 以下，美国和日本只有 5%左右。面对全球新一轮科技改革，面对我国经济社会转型升级大趋势，特别是面对“互联网+”的时代，最重要的是培养有创新思维、批判思维、创新能力的人才。这就需要着力打破以应试为导向的教育模式，创新教育方式，激发学生的好奇心和想象力，形成以创新为导向的教育新格局。

加大教育市场的开放力度。从现实看，我国教育市场的开放程度与教育发展不相适应。过去 37 年的市场化改革，我国放开的主要是工业领域，80% 以上制造业高度市场化。而包括教育在内的服务业领域，社会资本和外来资本进入还面临着比较多的政策制约和烦琐的行政审批。例如，谁都知道职业教育是我国的教育短板，但发起设立一个职业教育学院，面临着行政许可、土地、资金、人事制度等一道道难关。为此，优化民办教育发展环境，鼓励社会力量兴办教育，形成民办教育与公办教育平等竞争、共同发展的新格局，成为第二次教育改革的重大任务。

转变教育发展理念。当前，教育领域的一些问题，与教育理念的滞后直接相关。尽管强调素质教育多年，但实际上应试教育仍然占主流位置，考试成绩仍然是评价老师、评价学生的硬指标。开家长会，说的主要事情就是学生成绩，师生都成为成绩的“奴隶”。这不仅使学生苦不堪言，也加大了老师的负担。这种教育理念忽视文化传承、忽视学生的人文熏陶。为此，要把转变教育理念、解放思想作为第二次教育改革的关键，不仅要转变学校、教师“以分数”为指挥棒、以“灌输知识”为主要职能的教育理念，而且也要引导社会转变教育理念，为深化教育改革创造良好的社会大环境。

以深化简政放权激活市场、激发企业

适应服务业市场开放的大趋势，需要深化以简政放权为重点的政府改革，需要形成更为便捷的商事制度，需要在监管等更多领域与国际惯例接轨。

打通简政放权的“最后一公里”

全面实施企业自主登记制度。在实行“三证合一”“一证一码”的基础上，1~2 年内实施企业自主登记制度，建立全国范围内企业自主登记注册网络平台。

适时取消企业一般投资项目备案制。为避免备案制转化为变相审批，建议除政府和国有企业投资之外，企业一般投资项目一律由企业依法依规自主决策，不再需要备案；民营企业投资，如不涉及公共资源，不再实施招投标。

尽可能少用或不用产业政策干预企业行为。

全面实施负面清单管理

负面清单管理是我国商事制度与国际接轨的重大决策，是我国走向现代市场经济的重要标志。为促进负面清单管理的全面推行，可以考虑赋予地方改革更大的试点权。例如，广东自贸区前海蛇口片区有条件直接实现与香港商事制度接轨并形成更为精简的负面清单。目前，需要突破“四个自贸区共用一张清单”的做法，赋予各自贸区更大试点权。

以监管转型破题“放管结合”

对现有市场监管体制进行总体设计。总的来看，监管还处于相当被动的状态，并成为简政放权纵深发展的“最大短板”。市场监管转型滞后，反映出现行监管体制的深层次矛盾：推进监管转型既涉及政府职能转变，又涉及政府机构调整；既涉及中央层面，又涉及地方层面；既涉及综合协调，又涉及相关立法。为此，需要出台中央层面深化监管体制改革的总体方案。

以专业化、技术化、标准化为重点创新监管方式。以建立大数据监管系统为抓手，实现精准打击的信息化监管模式，形成协调监管、随机抽查、责任追溯、经营者异常名录、“黑名单”等现代化监管方式。要从我国国情出发，认真研究借鉴发达国家在这方面的成熟做法。

调动包括社会公众、媒体、法律等多方面的力量加强市场监管。在政府“唱独角戏”的条件下，即使给监管部门增加编制，也难以全面解决监管中的矛盾与问题，根本出路在于调动多方力量，尤其是社会力量，形成全社会的监管合力，构建多元监管体系。

调整市场监管机构。可以组建统一的消费市场监管机构；统一反垄断职能；建立统一的金融监管体制等。

以全面深化改革推进经济转型升级与自由贸易进程，就是要通过全面的制度创新释放13亿人的内需大市场潜力，形成经济转型升级的内生动力；就是要通过全面的制度创新走向现代市场经济，更好融入全球化进程。我国通过发挥市场在资源配置中的决定性作用，释放13亿人的内需大市场潜力，将为全球经济注入巨大的正能量，将为拓宽国际合作共赢渠道创造巨大市场空间。

（本文原载于《上海证券报》）

实施“十三五”规划需要破除的几个政策误区

姚洋（北京大学国家发展研究院院长）

“十三五”规划提出很多目标，其中有三个方面：一个是保增长，增长出现的频率非常高；第二是调结构，要继续调整产业结构；第三是促民生，此次十三五建议，对民生的重视要胜过以前。

转型过程中完成 6.5% 的增长，挑战很大

这三个方面，其中保增长是第一位的，要实现 2020 年比 2010 年的居民收入翻一番的愿景，最低速度可能要达到 6.5%。6.5% 的速度，如果以我们过去 20 年来的增长成绩来看，很容易。但如果我们和其他国家做横向比较，可能这个速度还是一个蛮高的要求。

可比的是日本，日本也是一个大的经济体，中国和日本采用的发展模式基本相同，是出口导向型的。1973 年石油危机的时候，日本也面临转型，石油危机之前日本的平均增长速度是 9.2%，石油危机之后 20 年的平均增长速度只有 3.5%，按照我国的标准来看是非常低的。

20 世纪 70—80 年代几乎所有的创新都来自于日本。创新的确非常重要，但是仅靠创新要保持 6.5% 以上的增长是有难度的，因为技

术进步的速度不太可能很高。美国技术进步的步子非常快，人均收入的增长速度基本与技术进步的速度持平，也仅保持每年 2.3% 的 GDP 增长速度，其他国家要低一些，仅有 1.5%~2% 的增长速度。

我们国家要保持 6.5% 的增长速度，必须加大投资，没有投资要达到 6.5% 的增速是有难度的。

四个认识误区

接下来，我们想围绕增长谈一些目前存在的认识误区。我从四方面来讲：第一是短期与长期的关系；第二是如何看待产能过剩；第三是投资效率；第四是信贷扩张，加杠杆的问题。

首先，短期和长期的关系。5 年是很短的时间，哪怕我们的增长潜力还在 6.5% 到 7% 之间，但是能不能达到这个增长潜力，要看短期的需求，如果总需求（投资+消费）增长缓慢，我们短期里面实现 6.5% 以上的增长速度还有难度。

与 1997—2003 年的经济通缩类似

现在我们的经济增长处在什么地位呢？数据上看还可以，GDP 增长 7% 或以上的大国就只有中国和印度。但是从其他数据来看，恐怕不得不说，我们正面临着和 1997 年之后几年类似的经济通缩。

1997—2003 年，中国经济增长速度大幅下降，整个工业需求在下降，这可能是大宗商品价格下降导致的。但是，大宗商品价格下降，跟中国经济减速、中国的需求下降是有很大关系的。

PPI 已经连续 44 个月为负，CPI 勉强是正数，10 月是 1.3%，但是如果我们把住房消费统计进去，恐怕多数时间 CPI 也是负的，住房价格如果有增长也是非常小的增长。

总体来看，我们处在非常困难的时期。金融危机之后，全世界陷入衰退，中国没有衰退，是因为我们有 4 万亿元投资，4 万亿元投资是太猛了，但是对于我们保增长起了很大的作用，另一方面 4 万亿元投资也把中国的衰退推后了。

中国是世界经济的一部分，当世界经济在衰退的时候，中国很难独善其身。但是目前状态下有难度，这是对我们“十三五”期间政策的一些短期判断，这是至关重要的，5 年的时间很快就过去了。

怎么走出这个困境呢？还是要加大财政政策和货币政策的力度。发改委徐林司长说，地方政府加大投资有难度，但是有难度也得上，因为离开了地方政府财政刺激，经济要恢复增长是有困难的。

2014 年政府结余是 3 万亿元，2015 年 10 月中金的一份报告说，政府机关在银行部门的储蓄存款有 21 万亿元。政府现在是钱太多了，拿在手上不花，或者花不出去，这是一个很大的问题。当然这跟反腐有关系，反腐到了制度建设的时候。

有人说，你现在又搞刺激，是不是又走老路呢？长期看我们要调结构，但是如果短期我们的经济增速下去了，没有达到潜在增长率，那就应该刺激，没有一个国家看到潜在增长率上不去的时候，还不刺激，还在紧缩，这是很少见的现象。

产能过剩要让市场自然淘汰

说到调结构，“十一五”期间我们就在调结构了，但过去 10 年中国经济结构是在恶化的，投资占比在上升，储蓄率在上升，消费占比在下降。这几年经济增速下去了，我们的消费占比却在上升，储蓄率占比在下降。过去 5 年储蓄率下降了 4 个百分点，这就已经很快了，如果下降得更多，那一定是中国出现了大问题，经济结构的调整面临阵痛。

经济结构的调整，是一个自然发展的过程，政府要“生拉硬扯”调结构，只会毁掉生产，我们老说中国产能过剩，产能过剩是结果还是原因？

这方面我们有很大的教训，上一轮经济紧缩期，1998 年，我们说产能过剩，然后政府着手压缩产能，那个时候钢产量是 2 亿吨，现在的钢产量是 7 亿~8 亿吨。在压缩产能的过程中，发现经济增长加快，2 亿吨根本不算多。

当时 2004 年的江苏铁本事件，老板戴国芳因为产能扩张违规上项目被抓了，我们周其仁老师受国家委托专门到监狱里和这个老总谈话，最后周老师发现，两边都是好人，但是好人做了一件坏事，我们要汲取教训。

是因为经济衰退导致产能过剩，而不是因为产能太多所以经济衰退，这是因和果的关系。

如果产能过剩，市场自然会淘汰。比如说，现在有些私人的钢厂还在盈利，国营钢厂在亏损，那就应该淘汰国营的，而不是私营的；如果认为私营企业污染严重，我们以公开的环保标准来筛选，达不到环保标志的就限期整顿，整顿不好就关门。

政府不应该为压产能而压产能，这是对私有产权的损害。党的十八届三中全会决定里说，我们要让市场发挥决定性的作用，要更好地发挥政府的作用，我觉得一到具体的问题上，我们很多思想并没有理顺。现在往往对产能过剩的一些处理结果是，国有企业得到好处，但是私营钢厂受到压力，我们在重蹈 2003 年的覆辙，这是很大的问题。

投资效率下降不能看作反对投资的原因

第三个问题是投资回报率的问题，我们投资回报率在下降，但是，投资回报率下降是我们经济下行的原因呢，还是结果呢？

我感觉是结果而不是原因，我们经济学家喜欢算TFP(全要素生产率)，但TFP是残差，是顺周期的，经济周期上升了TFP就高了，经济周期下降了TFP就低了，很容易计算。利润率也是同样的，因为经济下行，很多产能没有用起来，利润率肯定下降。

所以投资效率下降不能看作反对投资的原因，特别是我们地方政府好多投资搞了基础设施建设。基础设施的回报率本来就低，而且基础设施建设不能仅算经济账。高铁改变了中国的地理观念，这个应该算是社会回报，我们做环境保护都会考虑一个成本，如果基础设施也计算成本，肯定回报远远大于成本。

降准的空间还很大

最后一个问题是信贷的问题，我们企业负债率在上升，负债率上升同样是经济下行的结果，因为经济下行订单会减少，所以坏账会增加。怎么办呢？唯一的办法，如果负债有毒，我们只能以毒攻毒，降低利率放松货币政策，才能解决负债率的问题，让市场活过来，因为受到影响的多数是中小企业。

我们现在的信贷措施，方向似乎是很好的，定向降准降息，要直接精准地到达企业，但是实际上很有难度，中小企业本来就是风险非常高的，如果你非要把钱给到中小企业手里，往往很难收拾。更多的还是要用普降的手段。

我们现在降息幅度比较大，但是降准的力度不够大，遮遮掩掩每次0.5%，这样的速度实际上是不够的。我们现在的准备金率还是17%，2004年是8%，还有非常大的降准空间。全面降准使市场上资金流宽一些，才能解决经济的问题。

政府的债务有短债和长债，债务置换是对的，我们现在建的基础设施是供好几代享受的，仅仅我们这代人负担也是不合理的，通过短债置换成长债，让后面几代人也负担成本，这是可以的。

日本的经验告诉我们，内债问题不大，外债风险太高，国家用长期债务置换短期债务没有问题。

另一方面应该加大市政债，把政府和融资平台割裂开，政府给多少说清楚，这样可以让好的市政项目轻装上阵，到市场上融资，这是可能的。这样可以解决地方政府的融资问题。

我觉得我们要保持增长，还是要调动地方政府的积极性，光靠中央政府，光靠我们企业是有难度的。某种意义来说，地方政府的投资相比国家投资是有优势的，地方政府如果砸一些钱把基础设施搞起来，整个经济就可以活起来了。

（本文系作者在CMRC中国经济观察季度报告会上的演讲）

第九章

中国经济最根本的出路在哪里

中国经济已经进入新的发展阶段，正在进行深刻的方式转变和结构调整。中国要前进，就要全面深化改革开放。中国正在制定全面深化改革的总体方案，总的是要统筹推进经济、政治、文化、社会、生态文明建设等领域的改革，通过改革为经济发展增添新动力。我们将实行更加积极主动的开放战略，完善互利共赢、多元平衡、安全高效的开放性经济体系。

世界经济棋弈第三局开始

夏斌（国务院参事、中国首席经济学家论坛主席）

2000年至今，世界经济棋弈已经进行过两局。曾被2009年世界各国称为“全球复苏引擎”的中国，2015年的经济增长率下行到2007年14.2%的一半不到已成定局。以三局两胜制，迄今为止，世界主要经济体都未最终胜出。中国在过去的两局最多可以说是一胜一平。

因此第三局是关键。第三局能否胜出？从目前我国的宏观调控意图和措施内容看，胜出的客观基础条件是存在的。关键取决于决策者的认识，这是首要的，也是最基本的。

前两局棋弈的特征

战后的世界经济走势是以美国经济周期波动为主导。

若以美国2000年纳指股市泡沫破灭，GDP增长从当年二季度5.4%跌到2001年四季度0.4%为始（其间房地产泡沫最甚时期的2004年一季度GDP增长曾又升到4.1%），到2008年危机当年四季度-3.3%，次年二季度又跌到-5.0%为终，为21世纪全球经济棋弈的第一局。该局的特征是，美国政府错误的宏观经济政策，恰逢中国改革和人口两大红利的配合，石油输出国资源条件支撑等因素，刺激形成了该时期世界经济的不平衡、近8年的“超级繁荣”，并导致最后的大危机。

以美国危机、各国救市到目前的2015年，可称为世界经济棋弈的第二局。其间，世界主要大国一次又一次宽松货币政策和财政政策的刺激，似乎在吸取1929—1933年大危机教训，各国齐行动，“飞机撒票子”。据测，2009年来各国央行创造了12万亿低价美元。自2007年以来全球债务急剧膨胀，累计增幅高达57万亿美元。然而，迄今被人称为复苏状况较好的美国经济，增长仍是跌跌撞撞，不稳定。欧元经济陷入了停滞。“安倍经济学”花架子多于行动，日本又在下调增长预期。2008年美国危机中，“美国得病、中国吃药过多”。曾被2009年世界各国称为“全球复苏引擎”的中国，2015年的经济增长率下行到2007年14.2%的一半不到，目前正在咬紧牙关，坚持调整。就是曾一度被给予充满希望的新兴国家经济，其增长率已跌去约一半，从2010年的7.4%降到2015年的3.8%。

在各国大量“撒票子”的同时，世界大宗商品价格却是不涨反跌。油价从2014年的每桶110美元直线下降至目前不到50美元，已跌去一半。全球贸易交易量明显萎缩，全球经济处于新的衰退风险边缘。

正是在这种险境下，出现了世界各界纷纷紧急喊话、警告。经合组织秘书长警告：仅靠扩大开支已无法摆脱经济下滑。IMF（国际货币基金组织）前首席经济学家警告：欧元将陷入永久性萎靡，因为加深一体化不会给遭受打击的欧元区带来繁荣。意指只有建立“欧洲合众国”，才能把欧元区和2010年后的金融危机隔绝开。国际清算银行经济学家一针见血地指出，“这个世界是债务水平太高、生产率提高太乏力、金融风险太吓人的世界。”英国《卫报》专栏作家保罗·梅森更是进一步指出：我们不知道大崩溃在何时到来，也不知道具体的形式，但是我们确切地知道，膨胀的信贷、下滑的增长、贸易和价格，以及推动着资金不断从一个领域或者地区流到另一发着高烧的金融，这三者显然严重地不相匹配。让人真正最值得担心的，其实还不是经济风险，而是地缘政治风险。各国央行都在处心积虑地想让别国为危机应对措施埋单，经济风险正在与地缘政治日益纠结缠绕在一起，直至成为一个谁也解不开的死结。

可以说，历经 8 年时间、史上最为严重的全球性金融危机之熊熊大火，未被彻底浇灭。由于全球各国经济结构的调整速度慢于“撒票子”的速度，决定了“撒票子”救危机的必然结果是险境丛生，又积累了新的风险隐患。这是世界经济棋局第二局的特征，也是第三局开局所面临的窘势。

第三局的三种可能

在世界经济棋弈中，棋手为各国主权政府。由于各棋手水平不同，自然棋终结果不一。而且，处于全球生产链、价值链链条不同环节上的棋手，所取策略也肯定不同。作为主权政府，维护本国利益至高无上。作为世界主要大国主权政府，维护世界公共治理秩序的稳定，同样也是维护至高无上本国利益的重要任务之一。不同的棋手、不同的利益与棋艺，很难说清楚全球经济棋弈的最后结果。然而，不管是大国还是小国，能否充分认识第一局危机形成的原因、第二局救市的教训，是能否看清楚第三局开局态势，继续下好第三局的重要前提。

纵观世界，各国棋手由于受制于世界经济格局中现有地位和地缘政治、文化等因素的影响，结果无非三种可能。

第一种可能：赢。能顺应动态变化中的世界经济格局走势，采取了针对本国问题的结构调整措施，结束了曾一度采取的宽松货币或财政政策，加快了创新，提高了国家竞争力，较早地走出了危机阴影，走上了基于本国潜在增长率的持续稳定增长的道路，维持了本国社会稳定能基本接受的就业状况。对这些国家来说，此稳定增长水平当然也许不是2008年美国危机前全球不平衡时的高增长，但是，却是能保持持续的、稳定的增长。

第二种可能：平。危机后的政策刺激和调整理念仍在同时贯彻中，但也许受一国特定的因素制约，结构调整走走停停，摇摆不定，“刺激”和“调整”手段交替使用，结果表现为或通过不断的“小地震”逐步释放“大地震”的系统性风险压力，或通过显性或隐性的渐耗国力手段，延迟调整时间。但是，世界各国调整速度肯定参差不齐。其相对于他国棋手走出调整阶段，不调整或慢调整，结果只能取得平局。因为不产生危机并不意味赢，谁只要没有走出或明显滞后于他国已走出危机阴影的步伐，谁就有可能偏离于或输于下一个全球经济周期的趋势线。

第三种可能：输。对于一些在2008年前全球经济严重不平衡中，主要靠能源、矿藏出口，主要靠外来资金维持高增长的国家，或者即使不是靠上述要素推动高增长的国家，在进入世界经济棋弈第三局后，由于受本国政治局势、人口结构、技术创新、资本流动、经济地理甚至地缘政治等因素制约，面临世界经济再平衡新局势，其结构调整困难重重，难以推进。当世界主要经济体结构调整基本到位，采取中性的货币和财政政策，而走上稳定发展道路之时，这些国家曾经的风光肯定不再，经济窘境甚至社会动荡就会马上显现。即使不动荡，最好的状况也是陷入长期的经济低迷。

中国思考：第三局

第三局，中国能否赢？以三局两胜制，迄今为止，世界主要经济体都未最终胜出。中国曾是第一局的赢家，GDP总量从2004年超意大利始，在2005—2010年，分别赶超法、英、德、日等国，成为世界第二。对世界经济增长的贡献度，IMF测算，中美两国1998年还分别为15.96%和48.67%，到了2014年简直倒了个儿，分别为35.85%和20.46%。但是不能不看到，在世界经济棋弈的第二局中，如上所说的“美国得病，中国吃药过多”，后遗症不少。与1953—2008年55年间我国货币累积增长47.5万亿元相比，2009—2014年仅6年时间，货币累计增长却高达76万亿元。巨量的货币刺激、严重的产能过剩、过重的债务负担、隐藏的系统性风险，种种状况说明了，中国在三局两胜中并未完全胜出。过去的两局最多可以说是一胜一平。

因此第三局是关键。第三局能否胜出？从目前我国的宏观调控意图和措施内容看，笔者认为，胜出的客观基础条件是存在的，关键取决于决策者的认识。这是首要的，也是最基本的。

第一，对过去怎么看。如果不能客观、正确认识第一局中国经济“超级繁荣”的内外部条件特别是外部条件，不能客观、正确认识第二局的教训，第三局不可能赢。第二，对外部怎么看。中国已是全球经济增长的最大贡献者。2015年“8·11汇改”的外部溢出效应不必回避，这是必然的。中国第三局健康的增长率肯定要低于第一局、第二局增长率的状况，以及会引起全球的躁动与不安，在这样的情况下，应该怎么办？中国要坚持“走自己的路”，坚持调整与改革，不必在乎人家的说三道四，政策决策更不应受人家的影响与平衡。应理直气壮地回答海外各界，正是因为中国是全球经济增长的最大贡献者，中国应采取对全球经济负责任的态度，敢挖“家丑”，坚持改革。第三，对自身条件怎么看。中国当前有理念、有实力获胜第三局。但最终能否获胜，理念与实力只是必要条件，最后取决于决策力与执行力。后者是当前中国必须予以密切关注的，弄得不好，仍会前功尽弃。如果结果是“一赢二平”，照样可能被出局，中国将陷入“中等收入陷阱”。

第三局到底怎么开局？对此，党的十八届三中全会和“十三五”规划已经做出了全面的规划和部署。接下来的事，关键是如何落实。笔者认为，当下经济工作千头万绪，概括而言，应重点布好全局棋盘中的“三个眼”。

其一，经济转型要坚持市场出清的原则。结构调整与市场出清在经济学上几乎是同义词。在生产过剩年代，所谓的结构调整就包含了市场出清。当下，即使不能全部出清，也要基本出清。政府要拿出实招、详招，剥离“地方平台”和重大央企的不良资产，加快处理各种类型的僵尸企业和庞氏骗局。加快地方政府债务置换。在债务重组中，支持民企收购国企。让经济主体轻装上阵，间接地减轻全社会融资成本，为深层次改革扫清障碍。

其二，知难而上，继续深入开拓两个市场。积极推进“一带一路”、亚投行、丝路基金等措施，在争夺市场、消化国内过剩产能过程中，同时逐步改善全球治理秩序。在国内，中国是一个高增长、高储蓄率的国家，同时又是一个贫困人口居多、居民消费率偏低的国家，严重的社会悖论，直指现行体制的顽疾。因此，提高国民消费水平是经济工作的当务之急，是实现国家经济发展方式转型的重大历史任务，也一定是中国结构调整最终完成的标志性成果。

其三，唯一出路，加快改革。创新是一国经济转型和中长期生产率提高的最强动力，同时也是短期内形成新的增长动能的源泉。但是，在创新和新动能的设计和寻找上，政府能力有限，效益欠佳，关键要靠市场。因此，加快创新就是要加快扫清能激发创新的市场机制培育中的各种制度障碍。其实，现实生活中的创新阻力远不止于简政放权、市场准入等问题。国企改革、知识产权保护、行业标准制定、要素价格改革不到位，等等，都在直接和间接影响着创新。因此，短期内在集中精力处理债务包袱、消化过剩产能、稳增长、稳社会的同时，必须同时毫无旁念，集中相当的精力抓紧改革，特别要强调研究改革。要研究为什么反复强调深化改革，但国民与市场对改革仍不满意的原因。只有真正对症下药，加快调整各方面的制度，才能真正大规模地去解放全社会的创新能力。

从 2015 年到 2016 年，这一公元纪年数字的变化，并不意味着改变了中国经济仍处世界经济棋弈第三局复杂艰难处境这一局面。通览全球，第三局最终谁会胜出？会形成什么样的新的世界经济格局？不确定性大于确定性。因此，对我们而言，居安思危、未雨绸缪，或许是最有力的制胜法宝。

（本文原载于《新京报》）

中国经济已别无选择

管清友（民生证券研究院院长）

当中国经济再度跌破 7%的时候，所有人都在问，政府的琅琊阁上还有多少锦囊可以用？着眼当下，中国经济似乎没有太多可以腾挪的空间。不管是发改委批项目，商务部稳外贸，还是财政部放资金，住建部调房贷，都没能阻挡中国经济下行的步伐。但如果放眼未来，我们发现中国经济可走的路还有很多。也许这些路现在看来遥不可及，但未来可能逐一成为现实，因为中国经济已经别无选择。

第一，改革“官员”管理体制，重塑行政效率。反腐打破了政府运行中原有的激励相容机制，导致官员消极怠工。反腐并没有错，但问题是我们并没有推进配套改革。我们首先建立以绩效为导向的公职人员管理体系，包括公务员、国企和事业单位人员。高薪不一定养廉，低薪也不一定养懒，关键在于让薪酬和编制浮动起来，打破铁饭碗，怠政者能下，勤政者才能上。新加坡的任人唯贤制度提供了有益的经验。其次，改革中央与地方的财政关系，激发地方政府积极性。分税制改革形成的财税体系问题逐步凸显，财权事权不匹配、负向激励、财政资金投放不畅。未来一是要适度扩大地方政府对现有财政资金的支配权，扩大向地方财政的转移支付、提高一般转移支付比例。二是要适度提高地方财政收入比例，新增地方税种，比如房地产税；

适当扩大共享税中地方财政分享比例。

第二，适度扩大财政赤字，大规模减税并发债。名义上“积极的财政政策”实际上一点儿都不“积极”，其根源在于财政收入下滑，而预算财政赤字率又不开口子。2015年的财政赤字目标虽然提高到2.3%，但仍远低于国际警戒水平3%，也明显低于我们在2009—2010年的水平，下一步可以继续扩大财政赤字。

第一，扩大政府发债规模。从中央政府角度说，可以增发专项国债和特别国债，专项金融债作为一种特别的特别国债，可以继续扩容。从地方政府角度说，可以把正门开大一点，提高地方债发行额度，并做好配套制度改革。

第二，大规模减税。“里根经济学”应对滞胀的核心就是大规模减税。一是下调个人所得税率，中国最高税率45%，高于大部分国家。二是提高直接税比重，减少重复征税。三是个人所得税指数化。四是加速固定资产折旧。五是分类税制向综合与分类相结合转变。

第三，大胆清理不良资产，激活商业银行体系。货币政策失效的症结出在商业银行惜贷，商业银行惜贷的症结出在不良资产。现在的商业银行体系就像一个得了癌症的病人，不良资产就是他的癌细胞。

医生目前开出的药方是严控癌细胞扩散（监管层严控不良资产，考核不良资产率），病人（商业银行）也出于恐慌少吃一切可能致癌的物质（对大部分贷款都慎之又慎，惜贷情绪严重）。这种方法看上去无可厚非，但实际上仅能用来预防，在癌细胞已经产生的情况下，反而会加速病人体质的恶化，形成恶性循环。

建议监管层和银行管理层提高风险容忍度，发挥逆周期调控的作用，不要顺周期强化银行的惜贷情绪。加大坏账冲销的力度，提高速度。组建地方资产管理公司，剥离有毒资产，借鉴美国资产重组托管公司和中国四大资产管理公司的经验。通过多种方式补充银行资本金，比如央行降准，让商业银行认购特别国债，然后补充资本金，或者由银行发行优先股。加快不良资产的资产证券化（NPAS）。

第四，彻底打破刚性兑付，走出债务黑洞。经济繁荣期，各国政府往往会通过信用担保扶持本国产业，但随着经济进入低迷期，政府信用担保的弊端越发凸显：挤出效应，扭曲资金配置；异化融资需求，推高融资成本；吞噬企业利润。

韩国是打破刚性兑付最为成功和果断的国家，借鉴它的经验，建议：一是抓住危机的机会，倒逼改革破局。中国错过了2008年的机会，不能再错过2015年。二是抓住典型，杀一儆百，让大而不倒的企业倒下去。韩国曾经拿第二大财阀大宇集团开刀，中国也可以找一两个巨头做典型。三是建立配套的社会安全垫，防止次生社会危机，比如存款保险制度。四是加快破产企业兼并重组，既要“破”又要“立”。

第五，加快企业并购重组，加速化解过剩产能。经济危机的实质是“过剩”，不解决产能过剩，就不可能走出危机。很多决策者对去产能闻之色变，认为去产能就是“破”，意味着砸机器、倒牛奶、社会动荡，但事实上，去产能也是“立”，通过并购重组，可以有效缓解去产能的阵痛，同时重塑企业活力。

结合国际经验和中国困境，政府可以从以下几点寻求新突破。一是推动大巨头整合重组，可以从央企整合开始。从美日韩等国的经验来看，化解产能过剩的过程一定伴随着行业寡头的整合和超级巨头的诞生，要么大并大，要么大吞小。二是降低并购重组的制度交易成本。简化相关法律流程与环节，降低并购重组的时间成本。监管机构放权，减少行政审批。三是发挥金融体系尤其是资本市场的融资、定价和监管职能。四是实施过渡期保护，为并购重组赢得时间。在企业并购到形成新的赢利点之前，可以由政府实行一定的产业保护。

第六，组建国家级科研中心，政府和市场合力进行科研攻关。中国的研发投入占GDP比例为2.01%，但与韩国、芬兰等国家接近4%的水平仍有较大差距。技术创新一方面需要资本市场的市场化激励，另一方面也离不开政府的整合和支持，尤其是一些重大科研项目的短时间攻关。参考美国“重振制造业战略”的经验，建议在现有的中科院等国家级科研单位、高等院校基础之上，组建独立的国家级科研创新中心。

资金来源可采取政府出资和市场筹资相结合，一开始可以是政府完全出资，后续可以逐步递减。管理方式可采取由政府和市场建立联合领导委员会，采取市场化管理模式。结合各地禀赋和技术优势进行布局。对现有的科研机构进行事业单位改制，尽快实现市场化运作。为技术创新创造公平有效开放的制度环境，包括税收政策、签证政策等。

第七，组建中国版住房银行，稳定房地产市场。房地产既不应该被神圣化，也不应该被妖魔化。短期来看，稳定房地产市场是避免系统性金融风险的必要条件，房地产不稳，则中国经济不稳。中长期来看，中国虽然已经迎来劳动力人口和婚龄人口的拐点，但中国目前城镇化率只有55%，而且还有相当一部分人没有满足基本的住房需求。

对政府来说，房地产既是一个经济问题，更是一个民生问题，必须想办法对合理的住房需求进行支持，其中最重要的就是信贷融资支持。要尽快成立中国版的住房银行。通过购买商业银行的房地产抵押贷款，盘活信贷资产存量，改善商业银行的资产负债结构，提高其放贷意愿。要改变保障房供应模式，购买存量，加快商品房库存消化。要矫正房地产市场的制度扭曲，一是增加城市开发中住宅用地比例，降低购房成本；二是改革户籍制度，让人户分离的农民工真正实现城市化，为合理的购房需求扫除障碍。

第八，参与改造国际规则，借外力助推国内发展。要想实现“全面深化改革”，必须“全面扩大开放”。新常态下的第二次开放必须要有不同于第一次开放的新思路。过去对外战略的重点是“韬光养晦”，被动接受规则，现在的重点要转向“有所作为”，主动改变规则。从历史上看，一旦一个经济体的体量跻身到全球前几位，从被动开放到主动开放都是必然选择：一是主动改造多边贸易制度。一方面加快与各国尤其是发达国家的双边自由贸易协定和自贸区建设，比如中国与日本、韩国的自由贸易协定；另一方面加快推进多边贸易协定和贸易区建设，比如区域全面经济伙伴关系协定。二是主动改造多边金融机构。中国现在也需要自己的金融阵地，必须推动现有国际金融体系改革。一方面加快国际货币基金与世界银行的投票权改革，改革美国的一票否决权。另一方面是加快亚洲基础设施投资银行、丝路基金、金砖国家银行、上合组织银行等国际投融资平台的建设。

第九，推广PPP（政府和社会资本合作）模式和混合所有制，政府向社会资本让利。通过PPP和混合所有制加强政府资本与社会资本合作，或者更准确地说，政府向社会资本让利，是应对当前中国经济困境的必然选择。对中国来说，国企私有化并不现实，更现实的是通过混合所有制，而PPP其实也是混合所有制的一种重要形式。

一是理清中央层面的PPP顶层设计与领导机制。在国务院层面建立PPP领导小组，办公室可设在财政部或发改委。二是完善相关法律体系，改善PPP制度环境。理清价格机制、财政承诺和预算衔接等问题，以立法的形式保障社会资本的利益。三是投入财政资金进行项目可行性分析。通过投入财政资金对项目进行科学的可行性分析，降低企业的参与成本，扩大项目参与主体。四是为PPP项目投融资提供政策支持。可通过提供信贷优惠、项目收益资产证券化、发行项目收益债等方式，为PPP项目提供融资支持。

第十，大幅降低服务业准入门槛，以市场力量突破供给瓶颈。服务业是未来中国经济和社会的双重稳定器。一方面稳定经济，另一方面稳定就业。国家统计局根据近两年数据测算得出，第三产业每增长1个百分点能创造约100万个就业岗位，比工业多50万个左右。服务业的发展瓶颈不是需求不足，而是供给不足，下一步必须通过供给端的开放来解决。其一，金融业开放。资本市场对外国投资者进一步开放；放松外资对金融业的控股比例；放松银行业的牌照管制；允许混业经营。第二，教育市场化。公立学校教职工未能获得市场化的收入，缺乏有效激励机制。下一步应该扩大学校的自治权和社会资本的办学权；采用政府购买服务的方式，促进私立和公立学校的合作；发展民营教育集团。其三，医疗民营化。地方政府可以甩掉财政包袱；社会资本可以获得新的投资渠道，通过产业链实现盈利；医院人员可以获得市场化收入，一举多得。

特别建议发展智库，广开言路，让思想引领中国前行。古今中外，任何一个成功的国家都必定有一个广开言路的政府。过去是琅琊阁里的麒麟之才为君主提供锦囊妙计，现在也应该有智库的专家学者为政府献言献策。一方面应当增强官方智库的包容性，另一方面应发展壮大民间智库，激活思想市场，让思想引领中国前行。

（本文原载于新浪网）

中国经济最根本的出路在哪里

吴敬琏（国务院发展研究中心研究员）

中国经济问题很复杂，我按照“危机、转型、动力、政策、改革”的顺序来讲这五个问题。

危机：避免系统性危机的两种方法

全球金融危机发生以后，2009 年中国政府采取了强力的刺激政策，把增长速度顶上去了，但是不久以后就出现了增速下降的现象，当然还有其他的一些问题，于是引发了一个大讨论：中国会不会发生经济危机或者叫系统性风险，怎么来避免发生系统性风险？这是最近两三年讨论的重心。

对于怎么避免危机，基本上有两种不同的方略，这两种方略所依据的理论模型或者分析框架是不一样的。根据 2015 年在金融 40 人论坛的一次讨论，把它归结为两种。一种分析的思路是从需求侧进行分析，另外一种分析思路是从供给侧进行分析。

从需求侧进行分析的思路，通俗的说法叫作“三驾马车”——总需求是由三驾马车组成的，其实按照凯恩斯主义的经济学来说是“四驾马车”，我们这里一般说三驾马车，就是消费、投资、出口。

出现增速下降的现象是因为“三驾马车”的动力不够，我和钱颖一教授都认为“三驾马车”的分析框架有很多缺点，它实际是从凯恩斯主义的短期分析框架脱胎出来的，按照凯恩斯主义来说是总需求决定了总供给的增长速度。用这样的办法分析是有理论上的问题，当然对于凯恩斯主义这一套理论是不是对，现在国内经济学家分歧也很大，但我假定它是对的，在理论上用它来分析中国长期经济发展也是无用的，因为这是一个短期分析。

可是政府很重要的咨询机构的分析都是依据“三驾马车”得出的，而由这个分析得出的政策结论很明显就是增加投资，你可以一个一个去分析，能够增加消费吗？不能。能够增加出口吗？不能。最后就落实到一点——增加投资。

但是这个分析方法现在有了很大的限制，因为超高速的投资增长、投资率的提高，没有足够的资源支持，结果就使得我们国民资产负债表的杠杆率不断提高，按照各种各样的分析，大概有三个方面的负债，政府负债、企业负债和居民负债，已经到了GDP的250%~300%，这是一个很高的比例。正是由此引出了会不会发生系统性风险的问题，因为到了这么高的杠杆率，出现个别的偿债困难是不可避免的，而且出现系统性风险的可能性就大大增加。

这是一种分析方法，直到现在，政府、投资银行或者证券公司的经济分析还是这样的。而在实际工作中，有关部门忙得不亦乐乎地批项目、找钱，过去批了项目地方就上，但是现在有问题，不但要批项目，而且要找钱，所以这个路子还是有相当大的影响。

另外一种路子是从供给侧的各种因素进行分析。以前用生产函数来表达这个分析框架，生产函数无非三个主要因素，劳动、资本和效率提高。资本继续提高投资率有两个问题，一个问题是投资回报递减，这个非常明显，从2009年到现在，刺激的强度并没有削弱，但是效果急剧下降，现在几乎增加投资对于增长没有什么作用，另一方面是杠杆率不断提高，所以可能会造成危险。

转型：提高全要素生产力

在过去改革开放的30年中，人口红利正不断减少，农村资源转向城市的结构性变化使得效率有提高，但这个过程已经接近于结束。剩下能够解决当前问题的根本，就是要提高效率，提高生产函数中间的索洛余值。

什么是索洛余值？按照索洛的说法就是技术进步，实际就是全要素生产力的提高——主要依靠提高全要素生产力来实现增长，也就是我们最近20年来一直努力想实现的转变经济增长方式或者转变经济发展方式。

这里就提出一个问题了，按照这种分析，解决问题的关键就是转型，也就是我们题目的第二项。问题是怎么能够实现经济发展方式的转型呢？

我们提出经济增长方式转型，后来改成经济发展方式转型，从1995年到现在整整20年了，这是第九个五年计划规定的，但是至今没有实现。它的核心就是要转变增长动力或者实现增长的源泉因素。

动力：提高效率推进改革

这个源泉因素是什么？刚才已经说了，过去以投资为动力，现在正转变为依靠创新提高效率为动力。但是为什么提出了20年都没有实现呢？其实在制定第十一个五年规划的时候，已经做过全面分析。当时就用了党的十六届三中全会决议里面的一句话，“存在体制性障碍”，“九五”计划有进步，“十五”计划在经济发展方式上是有倒退的。

所以“十一五”规划就规定实现经济增长方式的转型，把经济增长方式转型作为“十一五”规划的主线，要改革。按照党的十六届三中全会决议的说法，就是“完善社会主义市场经济体制”。附带说一句，其实十四届三中全会提出的改革目标跟十八届三中全会讲的是一样的东西，十六届三中全会说改革的目标是社会主义市场经济，这是一种什么样的经济体系呢？统一、开放、竞争、有序的市场体系。

十四届三中全会提出的目标到了十六届三中全会并没有完全实现，所以十六届三中全会就做出决定，要完善这个体系，要实现十四届三中全会讲的统一、开放、竞争、有序的市场体系。但是，当时的经济状况非常好，改革这件事又是自我革命，所以很多人都认为何必改呢。2003 年的时候，经济情况很好，所以实际上十六届三中全会的决定没有能够很好地执行。

要推动转型和寻找新的动力，以创新为动力，以提高效率为动力，这个关键问题就在于推进改革。因此，就要在保证不出现系统性风险的前提下，把主要精力放在切实推进改革上，这是两种不同的分析方法得出的不同结论。

政策：货币政策作用很小，财政政策还有余地

怎么保证不出现系统性风险，避免危机？大概有两个方面。一方面要控制好和化解现有的风险，为推进改革赢得时间。另一方面，辅之以适当的财政和货币政策的短期调节。

控制化解风险我已经说过很多次了，比如妥善处理各级政府的债务；停止回报过低和没有回报的无效投资；停止对僵尸企业输血；

动用国有资本偿还政府的或有负债；对资不抵债的企业实施破产和重组，释放风险；停止刚性兑付；盘活由于粗放增长方式造成的死资产存量。有一些在做，有一些做得很慢，比如偿还社会保障基金欠账，上海做了一个小的，就是把家化卖了，山东正在拨付地方国有资产的30%用于社会保障基金。党的十八届三中全会里做了明确规定，但是两年过去了，从中央层面来说到现在没有动作，据说正在拟订方案。

另外，辅之以财政政策和货币政策，当然这里需要注意的是，按照野村研究院的首席经济学家的研究，在资产负债表出问题的时候，货币政策的作用很少，因为人们都要提高手中资产的流动性，由于现金为王，所以即使放松银根，资金大概也不会跑到实体经济里去，因为那个地方流动性很差，要抽出来很难。

中国尤其是这样，资金最终会跑到资本市场上去，导致股市泡沫，比如说2015年发生股灾的根本原因就在这里。因为国内的流动性一直比较宽松，除了2015年因为外汇占款降低了，货币发行的主要渠道上出了一些问题，在有些季度流动性是有些紧，但是从2009年以来，货币流动性一直比较宽松，但是资金并没有跑到实体经济里去，因为从股市上要抽走很容易，所以就会造成这样的问题。

财政政策还有一点余地，但是这个钱怎么给，现在还是有不同的想法。有些政府部门希望靠增加支出来增强扩张性的财政政策力度，比如铁、公、基投资上，另外有一些政府官员认为由它来用是最好的，比如说对高新技术产业给予补贴等，实际上从过去的经验来看，这个效果不怎么样，这个有争论，比如为了支持第三代无线通信，为了支持TD-SCDMA（时分同步码分多址），据说是花了2000亿，但效果并不一定好。当然有些支出是要增加的。还有另外一个办法来提高扩张性财政政策的力度，就是要减少收入。所以我一直是建议着重在普惠性的减税上来想办法，我们的税收还是太高。

改革：成败的关键

最后根本的一条就是推进改革。成败的关键在于能否按照党的十八届三中全会、四中全会的决定推进改革。这两年来我们的改革还是有进步的，但是需要进一步推进，比如说简政放权、审批制改革。我们在 21 世纪初期做过一次，但这个东西很容易走回头路，还是要把它制度化。

制度化主要是两条，一条是制定负面清单，本来这件事是中美投资谈判里提出来的问题，十八届三中全会把它推广到国内的改革上。在具体工作中，因为行政部门往往不愿意放权，所以到现在为止，自贸区的负面清单仍然太长，至于国内市场总体进入的负面清单正在制定，还没有制定出来。

另一方面要按照李克强总理的说法，对于政府来说，它是跟企业不一样的，正好相反，法无授权就不可行，所以对于政府授权要做正面清单。而且现在政府官员不作为的情况很严重，当然有各种原因，其中一个原因就是他们的职权不清楚，所以审批有风险。

金融改革和财政改革都有比较大的推进，特别是金融改革中间两项，一个是利率市场化，一个是汇率市场化，改革比原来预计的快一点。有些方面的改革似乎进展太慢，如果证券法不修订，注册制的改革大概就不行了。像这些方面，怎么想办法做得快一点。价格改革，深改组已经讨论通过了，当然讲的是商品和服务价格。

我自己觉得很关键的但是进行得最慢的就是国企改革，国企改革 1+N 的文件一个一个公布了，看来就要启动，我看有几个争论性的问题还不是太清楚，需要进一步明确。

最后一个是自贸区，自贸区的问题有不同的看法，现在自贸区已经有四个，很多地方官员把建立自贸区看成是取得优惠政策的一种制度安排，这和中国政府所宣布的建立自贸区的目的是有差距的。

习近平总书记在深改组讨论自贸区讲话时说，建立自贸区的目的是要适应贸易和投资便利化的大趋势，营造市场化、国际化、法治化的营商环境，开始的时候比较快，最近好像步子有点放慢，我觉得还是应该加快，特别在上海这个地方，应该推进。如果按照习总书记的说法，最近发生的TPP（跨太平洋伙伴关系协定）达成，对于我们来说就不光是一个挑战，而且是机遇，通过自贸区的建设，可以使我们对外开放打开一个新的局面，在世界贸易和投资规则的变化中，能够实现以开放促改革，那么十八届三中全会和四中全会要求的经济体制和法治建设都会取得更大的进步。

（本文原载于财经网）

未来五年中国经济突围的两大方向

周其仁（北京大学国家发展研究院教授）

激进中的中国经济：高速增长也是有代价的

经济走势高位下行

总体来讲全球经济的走势就是下行，准确讲，是高位下行。2007年第一季度的时候，美国金融经济危机还没有发生，中国GDP的季度增长折成年率是15.2%，到2015年三季度是6.9%。换句话说，全球第二大经济体增长速度去掉了一半以上。自全球经济危机以后，全球很多经济都下行，日本也下行，但日本本来就很慢。可是我们原来很快，这么急速跌下来，这个挑战要比低位下行难度要大。上山容易，下山难。上山很累，但是不容易失去控制；下山容易，不容易掌握好平衡。所以，这是对中国经济很大的一个考验。

高位何来

我刚学经济学的时候，当时在做第六个五年计划，我记得那时定的目标是争取年增长5%，保证实现4%，“增五保四”。现在听来这个数啊，包括今天说中国“增五保四”，全世界不知道会闹成什么样子。因为对我们来说，6%、7%就是非常低的，因为过去有十几的增长。但是中国怎么从“增五保四”到了10%的平均增长速度，高线可以到15%以上？

第一波是包产到户。高位的由来其实很简单，就是邓小平的改革开放。过去为什么增长不了？因为有克服不了的瓶颈。20世纪80年代初我们上大学的时候，10亿人口，8亿农民，穷得饭都吃不饱。20%的人搞工业，搞城市建设，谁来买你的产品？这是当年的困难。怎么突破的？就是改革开放。包产到户是第一波。包产到户劳动力多了，允许办民营企业，允许往工业走，允许把城市门打开，这是我们高位增长的第一个奠基之石。

第二波是邓小平南方谈话。放活的经济经过20世纪80年代末的风波，还要不要坚持改革开放？这是当年很大的问题。邓小平回答了这个问题，坚持改革开放，而且要坚持市场经济，就是只有市场才能把各方面放活的力量组织起来。

第三波是加入WTO（世界贸易组织）。这一波最重要，就是在我们自己改革的基础上，加入WTO，以政府和世界主要国家政府协定为保障，把不适应中国和全球市场连接的障碍系统地去掉。

这三波重大的改革开放，就把中国国民经济从“增五保四”，推到了高速增长的领地。这里面最重要的就是开放，这是国家真正成功最根本的一条。

这个世界就是两个海平面，中国在底部，人均不到200美元，而1980年美国人均GDP就到了12500美元，两国的分配结构不同，我们储蓄率高，落到中国人民口袋里的钱与美国落到人民口袋里的钱差80倍到100倍。如果不开放，美国在高海平面，我们在低海平面，会维持很长时间。邓小平的厉害，就是打通两个海平面。

打通通道之后，发生了人类历史上少见的一次对流。资本、技术为什么会来？这里面有一个规律：资本、技术越多的国家，它的收益率越低；对于资本和技术越稀缺的国家，资本、技术来一点，收益率就非常高。过去不开放，资本、技术来不了，一开放，改善了投资环境，资本、技术就“哗哗”地来。邓小平当年力主开放，主要看中这一条。我们要是完全靠自己积累，那得到猴年马月。没有想到的是，我们这个海平面还有大量的产出。经济学家李嘉图早就讲过比较优势，任何国家再落后，也有某些东西不那么落后。中国一开放，穷就是竞争力。同样的产品，别人会做，我们也能做，而且价格低。

我们的GDP从1979年到2004年平均增长将近10%，2009年中国成为世界第二大经济体，贸易增长年平均16.3%，2010年我们成为世界最大的出口国，2013年我们成为世界最大的贸易国……更重要的不是这些数字，是这场经济革命显著改善了普通中国人的生活质量。

中国凭什么高速增长

这种高速增长本身带着挑战，首先要弄清楚，我们到底靠什么？

第一是借了全球的力。我们不是完全靠自己，不是完全靠中国人的优秀和苦干。中华民族一直很优秀、很苦干，我们是借了全球的力。

第二是成本优势，廉价劳动力。你凭什么借了全球的力？不完全是你工资低，因为没开放之前工资更低、更穷。中国的成本优势不是单向的要素优势。过去我们是人很穷，体制成本很贵，很多事不能干。中国真正的秘密是劳动力价格很低，长期贫穷形成数目巨大的廉价劳动力。

第三是改革急剧降低了中国制度成本，开放使中国参与国际竞争。过去我们的制度组织成本很高，改革开放是把制度成本降下来了，这是中国真正成本优势的由来。

第四是中国人善于学习，人力资本投资增长迅速，观念、知识、技能和产品质量的进步。中国人肯学习，重视教育，重视技术，这是中国人自古以来的传承，再穷孩子也要念书，不能混。

改革开放让我们的体制组织成本急速下降，然后学习曲线上升，质量开始提升。我们主要靠成本优势，这是我们的主打武器。成本优势是由以上几项条件的配合，大体从20世纪90年代中期开始，中国经济在世界经济舞台上显示国际竞争力。这是我们在世界舞台发力的主要原因。

中国经济：高位增长的代价

理解了高位增长是从哪里来的，我们还要看到高位增长给我们带来的代价。

第一个代价，不差钱的宏观环境。

出口、创汇、全球投资往中国来，我们曾经是很长时间内全球内吸引外资最多的国家，这是好事。我下乡到农村时，我的师傅告诉我：人没有遭不了的罪，但常有享不了的福。你说没外汇很辛苦，朱镕基到北京的时候，中国外汇180亿美元，搞了个并轨，一年涨了350亿，达到500亿美元。到现在3万亿外汇储备，这是好事。

问题是受得了吗？外汇进中国你不能花吧？要换成人民币就得跟商业银行换，商业银行跟中国人民银行换，中国人民银行拿基础货币换。所以外资来得越多，顺差越多，我们的基础货币投放也越多。

而且为了出口导向，我们要维持人民币对美元汇率不能大幅上升。如果人民币对美元升了，出口的成本就要上升，为了维持出口优势，人民币的汇率就不能轻易升值。不能轻易升值是什么意思？进来1美元，8元人民币要投出去。所以顺差越大，外来投资越大，货币投放量就越大。所以就很快形成了不差钱的宏观环境，钱少了不行，多了更麻烦。如果货币的投放量超过一个市场商品和服务的供应量，商品和服务的价格就会起来。不是所有东西的价格一起起来，有些东西起得慢，有些东西起得快。这个力量是了不得的，因为它会让相对价格发生显著改变。

价格发生变化，我们的消费行为就会变化，更重要的是投资行为也会变化。为什么现在流行找风口，因为这些年出现太多风口了。大量的钱投到有限供给的环节，价格就会起来，价格一起来，人就会形成预期，认为它还会涨，追涨杀跌，你看好它，证明它会涨，大家再把钱投进去。金融的危险就在这里，因为它会自我证明、自我强化。

这个游戏全世界很多国家都玩过。过去我们是没机会玩，没机会见价格疯涨，现在土地、房屋、古画、钱币、邮票价格很高，就是这个道理。

我曾经到新疆看过一头羊，叫刀郎羊，比普通新疆羊高一倍，价格很高，最贵的种羊卖 1400 万元。我问维吾尔族一个老实的牧民，价格什么时候开始涨的？从 2006、2007、2008 年以后，上门问价的人很多，价格跳跃的程度连羊的主人都不能适应。首先是 5000 元，2 个星期后，5 万、15 万、50 万卖不卖？牧民来不及反应，说不卖，不卖就涨。

为什么把这么多精力从实体经济引走？就是货币的力量，就是我们的成功带来的副产品。出口不好吗？赚了钱不好吗？创了汇不好吗？问题是创了汇，还有一个货币机制要跟上。我们的基础货币要跟着增加，基础货币从央行发到商业银行手里，还有乘数在起作用。商业银行借给企业，企业再存到商业银行，银行再借出来。1 块基础货币要顶好几块，加到一起就是一个宏观环境的巨大变化。

我给大家描述一下这个流程：外汇进到中国，无论投资来的还是顺差来的，基础货币就得动。你想维持不升值，来1美元，8元人民币就要输出去。输出去，这个钱就要进中国国内市场。资产价格，特别是那些供应有瓶颈的价格就会上来，上来以后投资热情就会转移，人力资本的配置就会发生方向性、结构性的变化。扛得住这个资本力量的企业家真是不多。没有办法，前后左右哗哗挣钱，那钱可是真的，他赚钱赚到你心里动摇。很多人开始都怕，金融、股票都是不干的，最后由不得你不干。很多人为什么冲进去？是前后左右都赚钱了，连小学同学都赚钱了，念书比他差的都赚钱了，凭什么落下我呢？一圈一圈的人转到这些资产游戏里去。一不小心会冲到生活必需品上面，那就是通货膨胀，那就需要调控，这就是我们这些年走过的路。

第二个代价，养成快赢与跟风的思维模式。

我们有近4万亿美元外汇储备，很强大，但它的派生产物就变成在经济当中，我们整个产业界、企业界、社会喜欢快赢，喜欢顺着风往上冲，最终成了一个流行的思维模式，这就是我们高速增长带来的一个代价。

下行是市场常有的道理

差额只是价格现象。我们的广义货币M2，所有的现金、存款放在一起算，增长了多少？ 8年来，广义货币绝对量增长了将近54万亿元，同期GDP增长不到28万亿元。差额到哪里去了，差额就变成价格现象了，它又不是平均分配，它是一重一轻分配。但哪一点是真在创造财富？

金融危机的根本是心理问题。钱一多，相对价格发生变化，金融预期下面就是行为。乱投资，你挡也挡不住，人理性的时候很理性，疯狂的时候很疯狂，它会让人进入集体无理性中，形成羊群效应。等醒过来后谁都不信的事在那个时间谁都信，这个事情不是一天发生的，2008 年美国金融危机，美国经济学家对他们的经济进行反思，说次贷怎么烧了这么大一个窟窿，怎么形成的。IMF研究部主任写了一本书叫《这次不一样》，他根据金融史上 800 年数据研究发现，人类经常是犯了错误就忘掉，重复地犯，除了忘掉的没有任何新鲜的。他最后解释金融危机的根本是心理问题，人的心理有放大客观存在的倾向，好的时候觉得会变得更好，差的时候觉得会变得更差。

理解市场经济的两面性。举个例子，北方的一个地级城市，因为有煤炭资源，煤价格好的时候，该市人均GDP能超过香港，政府有钱了就开始各种建设，要建世界的中心。于是水泥、钢筋、贷款、劳动力都扎进去了，但有收益吗？这个资产投资能回来吗？什么叫过剩产能？这些年所有的企业都在铺摊子上项目，别光以为市场经济是非常温柔的，它说翻脸就翻脸。看看美国，世界第一大经济体，到现在一万亿美元的次贷窟窿都没有烧完。市场经济有两面，因为它是由人组成的活动，人的心理天生有点不成熟，好的时候把它看得太好，经济下行了以后，人人捂紧口袋，不花钱不投资，于是产生萧条，这是市场常有的道理。

水落石出，中国经济从奇迹回归常态

经济下行的四个拉力

第一个下行拉力：全球金融危机收缩外需。

高速增长里头隐含着下行，我们是依赖出口，美国一出事，怎么可能不受影响，怎么可能一枝独秀呢？我们出口每年都是百分之二三十的增长，2007 年以前，2008 年危机显现效果，我们来不及笑话美国，我们的出口警报就来了，下跌 20%。沿海不少省份的经济、财政的收入就依赖出口，立即就下去了。美国市场出问题，美国政府去救，靠什么救的市？靠放债。政府的公共债务出了问题谁救？包括欧债的问题到今天还没有收场。欧美都出问题，我们整个出口市场这个地基就不能支撑我们的高速增长，这是第一个下行拉力。

第二个下行拉力：迅速丢失成本优势。

高速增长也让我们比较优势成本迅速丢失，丢失得非常快。原来以为差 80、10 倍，为了支持中国高速成长的 30 年，就靠比较优势成本，结果高速增长年代也是我们成本迅速抬升的年代。我们独到性优势还未形成，我们手里有什么东西，全世界非买你不可？开始有，但很少，两头够不着，然后放眼全世界，印度、越南、朝鲜也开放了，它们比你的东西还便宜，在你底下又拖了一条线，我们叫“全球三明治”，我们已经不是成本优势最显著的了，我们的创新优势、独到式优势还不明显，我们被夹在中间。

第三个下行拉力：“不差钱”侵蚀企业家精神。

不要光看政府奢华，我们整个企业界、产业界也够奢华，根本不知道我们自己到底几斤几两，到底能赚钱赚多久。我们花钱有的是本事，这也侵蚀我们的企业家精神。为什么华为值得我们首肯，因为“居安思危”，坚持“以奋斗者为本”。长期的艰苦奋斗，什么意思呢？你得弄清楚中国靠什么站在这个世界上。我们没有洋洋自得的底气，我们只不过是机缘巧合，穷了几十年后改革开放，有一个憋久的水位释放的思维，但是“不差钱”把我们引到了另外一条路上，正经的事情不做，慢活不做，工匠精神逐步消失。如果一个企业老板带头奢华，他会侵蚀到周围人，最后会侵蚀到员工。

第四个下行拉力：真实利率急升，引发“债务型通缩”。

最后一条是市场的力量。你看资产价格居高是我们最大的危险，我不是说投资房产不好，投资房产没关系，投错了就错了。最大的麻烦是，当发现资产价格好的时候，你会产生一个需求，很容易懂，我借钱投的，按杠杆原理，借钱有个利率，我投资的资产无论地或者什么项目，它有预期，如果预期很高，借钱的需求就会高。这些年都验证过了，谁买了房，家庭资产就上去了。问题是这个游戏，永远是确定的一个债务对应于你想象的未来，万一未来一变化，你就会发现你欠了很多钱，利息就会把很多人逼死。而且大家看好的时候，通货膨胀，这会把真实利率拉低。你跟银行借钱 20 个百分点挺高的，突然增加 10 个点，等到物价一下来，而银行利率不变，那真实利率大大提高。我们现在已经有 40 个月物价指数下行，那你过去借钱越多的，现在财务成本就能把你吃死。很多地方政府挥霍过后，就知道当家痛苦，一个地方现在欠债几百亿不算稀奇，但利息有多少？现在天天发愁四处盘钱还利息，不还利息就会坏账，就会追究责任。很多人打着算盘拆东墙补西墙，只要在任期内不爆出来就行。这个力量在企业界也是同样的，我们整个企业的资产负债率，当然首推我们的国有企业，很容易借到钱，但是对不起，真实利率包袱已经变重。

三块“石头”浮出水面

这四个力量就把中国的经济往下拉，拉下来会怎么样，水落石出，谷底是什么？谷底是几块坚硬的石头，对付不了这几块石头，经济是上不去的。

第一块石头是成本。收入即成本，高速增长等于高速推高成本。好的时候，一块地都要抢，地价格能不起来吗？原料、能源、材料、技术，你花钱买过来，就是你的要素，等市场一下去，硬硬的石头顶人。比如我们的人力资源不能光学会怎么招工，还得看你会不会裁人。企业现在有多少消化成本的手段？收入就是成本，今年的收入就是明年的成本，这是经济学的铁律，所以收入涨得越快，就是成本长得越快，市场一翻脸，就麻烦了。现在很多钢铁企业都快被库存给急死了，进了很多原料，以为钢价还会涨，市场一翻脸，你买的东西你会不会消化，会不会处理？

第二块石头是债务。通胀和负利率刺激借贷需求，普遍推高负债率。好的时候杠杆是对的，不利用杠杆很难把你的资产表做上去。问题是到拐点的时候，你应对得了吗？为什么那么多企业界朋友要跑路，要跳楼？他不明白自己为什么借了这么多钱，好的时候预期撑着，借多少钱放进去只能变更大的财富，为什么会借，拍拍手，几个短信就几千万元、几亿元，这是好的时候。翻脸的时候，市场是会翻脸的，支持市场现实价格的不但是真实的预期、真实的要素，还有人们的想象，想象是会变的。

第三块石头是产能过剩。现在什么企业最困难？卖的商品的价格已经不行了，跟他卖同样商品的企业的产能逼着它降价，而它买的商品还没有相对降很多价。很多企业就是这样死的。经济下行，所有要素价格都跌了，问题你能撑到它跌下来的那一天吗？

体制成本最坚硬

这个成本分两类：一是市场竞争形成的成本，一是由政策、法律等体制规定的成本。

有的成本不完全是企业自愿付钱形成的成本，我把它叫作体制成本。从 1995 到 2012 年，名义 GDP（不是去掉价格指数的）涨了 8.6 倍，工资总额涨了 8.8 倍，税收涨了 16.7 倍，政府收入涨了 18.8 倍，社保缴纳涨了 28.7 倍，土地出让金涨了 64 倍，还没有算上管制审批和被贪腐的。

李克强总理上任以后，就是抓这件事。砍掉了很多成本项，后来一看还是不少。这是哪来的？没有多少是计划体制留下来的，都是高速增长，为了维持平衡导致。你看社会管制成本、腐败成本增长了多少倍？没有统计数，经验估值至少比GDP涨得快。这都是中国产业界承担的成本，导致中国企业整体竞争力的下降。

两个突围方向：要么成本领先，要么与众不同

支点：中国人可靠的韧性

30年市场化改革，一部分人尝到先富起来的甜头，曾经沧海难为水。但我们不可忽视我们这个民族的特性。

我曾经遇到一对企业家，他们做了一辈子的生意，退休后我观察他们的生活，他们最开心的事，就一件事，回想当年谁跟他竞争的时候失败了。这是人一个非常重要的动力，何况你还有超越的动力。中国人有韧劲儿，我对我们这个民族观察很多年，中国人是好的时候表现很差，差的时候表现好。

中国五千年，谁也不能把我们灭了。

两大市场机会

第一个机会：品质与便利。

我们不要被所谓的过剩产能吓着，我们晃晃荡荡做生意的人太多，所以过剩。我们这么多人出国买东西，你到海关看看，全是中国游客，海关免税商店挂一个大牌："白色恋人"限购5盒，就是一盒饼干，多少人去抢？只要精心做产品品质，精心做服务，市场空间还是巨大的。

为什么我们喜欢买德国的和美国的产品？是过剩产能？我们有多少水龙头是关得紧，多少门窗关得严的？拿一个德国"双立人"指甲刀比一比，我们的指甲刀产量吓人，便宜得也吓人，不是没有市场，而是我们东西不如外国的质量好。

国内经过高速增长，已经形成了中产阶层，他们对品质有要求。为什么苹果那么贵，在中国卖得好？我们这方面是供不应求，不是产能过剩。我始终认为我们要把“好”字放到前面。不好，你要吗？从这个角度讲，我们产品的品质有一个巨大的上升空间，不要说你在发明新的东西。

再就是我们对便利性有越来越高的要求。服务业就是解决便利问题的，我们差得远。旅游这么好的市场，看看我们的旅游服务，和国外比真的是差距非常大。不要说中国没有市场，20 年高速增长形成的国内需求，现在每年 10 个点的社会零售商品额的增长，里面有大量商机，问题是有多少人在认认真真做产品？我看会有“新一波进口替代”革命发生，海淘、外购，出国大妈去买这买那，一定会刺激国内产业界做出品质靠近的东西，形成又一波产业替代、产品替代、市场替代，这一条看我们的前景是非常巨大的。

所以，我们需要的是以材料、工艺、流程、产品品质与品类、服务便利与商业组织方式的创新，以持续提升的人力资本驱动生产率进步。

第二个机会，全球依旧是大舞台。

国际市场怎么样？我刚才讲了美国现在也不稳，加息为什么落不下来，因为美国的复苏还不稳，欧洲看不到名堂，日本就没起来过。全球不行了吗？

2007 年全球发生一个最重大的变化，全球总需求当中发达国家的份额下降，新兴市场的份额上升，7 个发达国家 2007 年占全球总需求的 68%，现在降到 48% 以下，但是我们整个的出口、我们的外向经济、国人脑子里的世界观，主要还是发达国家，我们没有多少力量在新兴市场去攻城略地。

我们去访问法国，一家电子产品公司，法国老总出面接待。他的名片上写着赵国华，我以为是中国人。我问他为什么叫赵国华，他说对中国市场有兴趣，让他手下中国员工花很长时间才找出这么个名字来。我们反过来要反思我们对人家有没有兴趣，我们经历了漫长的农业文明，还有“天下中心”后遗症。你到印度去看看，那个市场很大，有多少人在那边“攻打”。我访问过几次印度，一家公司只有老板的屋里有空调，我们空调的产能过剩，为什么去攻印度市场？生活习惯不同，语言不同，法律、人文不同，我们要学会适应，要像华为那样真正走出去。

我 2015 年去访问南美，主要看到的只有华为、银联、联想三个企业的logo（公司或机构标识）。世界很大，市场空间很大。我们制造能力强，但是市场能力与之不匹配，所以不要说没有机会。

国家“一带一路”倡议挺好，但是需要地面部队，没有地面部队，这个宏伟的战略是很难落地的，得一个个市场去开辟，一个项目一个项目去接，一个单子一个单子去攻。不能说我们没有发展空间，这一点不成立。

总而言之，中国与发达国家平均收入差距还有 10 倍，人均收入不过全球第 85，尚有不小的比较优势；在新的全球格局中，中国可开拓新市场的潜力巨大；中国开放所累积的人力资本、先行者经验，还有释放、放大的余地。只要我们的外向经济出现升级，也一定能支持经济转型，形成利好。

以色列的启示

把产品做好了，还要加上创新。未来的成本还会升，如果再没有独创性优势，就会遇到印度、越南、东盟国家和地区的挑战。中国的成功唤醒了很多国家，不就是改革开放吗？那我也改革开放。越南我还没有机会去，但听去过的人回来讲，他们聪明、苦干、能干，越是过去体制成本太高，降下来以后，他们的成本优势就越比我们显著，我们唯一的办法是往上打。

以色列我是跟正和岛的一帮朋友一块儿去的，深受触动。以色列才多少人？800万人，自然资源匮乏，整个国土面积比北京市还小，而人均GDP是3.5万美元，是除美国、中国之外在纳斯达克上市最多的国家。创新的力量，中国如果不发力，不跟随着增长，不把这个力量积累起来，将来靠什么在全球立足？

两个突围方向

第一个方向，毛巾拧水出成本。

中国经济的方向就是两个，第一个方向，成本曲线上升了，国家靠改革把体制成本降下来了，企业要好好练内功，毛巾拧水出成本。

学学华为，把流程改造做到了世界一流水平。很多企业我去访问过，那是什么水平？我们要把所有多余动作去掉，错误的环节去掉，消化成本永远都有作为，何况是信息技术给我们企业节约成本。降低成本是一个主攻的方向，消化债务，处理好不良资产。

打仗哪有不“伤兵”的，哪有不“死人”的？所以你得处理“伤兵”。我们要交流处理“伤兵”、掩埋“尸体”的经验，你不处理“伤兵”，以后谁给你打仗？我们现在好了，伤口流血化脓，换件新衣服，穿件新军装，假的。伤口你要包上，“尸体”得埋掉。陈毅没有参加长征为什么能当元帅？留守部队，不能走、拖不动的伤兵，全部交给陈毅，所以他有战功。我们企业里面有陈毅同志吗？光看好的，光看战略，光拿那个大的，背后的事情、难活有人干吗？

石头就是石头，宏观上松一松，放点水，石头被盖住了，但它还是石头。

第二个方向：成本曲线向新空间推移。

成本总会上升，人均收入提高是趋势。如果顺利，2020 年中国会变成高收入国家，成本总会上去，那你生产更高价值的东西，得把这个成本曲线移到新的空间去。苹果的雇员没有 10 万以下的，它有能力进入新的发展空间。

讲来讲去就是当年商学院的两句话，“要么成本领先，要么与众不同。”你真能与众不同，成本上差一点儿也没关系。如果你还没有与众不同的能力，就要把重点放在成本的控制上。如果既不能成本领先，也不能与众不同，那我们就要与这个伟大的经济时代告别。

很多时候我们咬咬牙，熬一熬，就会在未来 5 年、10 年的增长当中有一席之地。

（本文系作者在第三届华夏基石十月管理高峰论坛上的演讲）

附　录

中共中央关于制定国民经济和社会发展第十三个五年规划的建议

（2015 年 10 月 29 日中国共产党第十八届中央委员会第五次全体会议通过）

到二〇二〇年全面建成小康社会，是我们党确定的“两个一百年”奋斗目标的第一个百年奋斗目标。“十三五”时期是全面建成小康社会决胜阶段，“十三五”规划必须紧紧围绕实现这个奋斗目标来制定。

中国共产党第十八届中央委员会第五次全体会议全面分析国际国内形势，认为如期全面建成小康社会既具有充分条件也面临艰巨任务，必须在新中国成立特别是改革开放以来打下的坚实基础上坚定信心、锐意进取、奋发有为。全会研究了“十三五”时期我国发展的一系列重大问题，就制定“十三五”规划提出以下建议。

一、全面建成小康社会决胜阶段的形势和指导思想

（一）“十二五”时期我国发展取得重大成就。“十二五”时期是我国发展很不平凡的五年。面对错综复杂的国际环境和艰巨繁重的国内改革发展稳定任务，我们党团结带领全国各族人民顽强拼搏、开拓创新，奋力开创了党和国家事业发展新局面。

我们妥善应对国际金融危机持续影响等一系列重大风险挑战，适

应经济发展新常态，不断创新宏观调控方式，推动形成经济结构优化、发展动力转换、发展方式转变加快的良好态势。我国经济总量稳居世界第二位，十三亿多人口的人均国内生产总值增至七千八百美元左右。第三产业增加值占国内生产总值比重超过第二产业，基础设施水平全面跃升，农业连续增产，常住人口城镇化率达到百分之五十五,一批重大科技成果达到世界先进水平。公共服务体系基本建立、覆盖面持续扩大，新增就业持续增加，贫困人口大幅减少，生态文明建设取得新进展，人民生活水平和质量加快提高。全面深化改革有力推进，人民民主不断扩大，依法治国开启新征程。全方位外交取得重大进展，对外开放不断深入，我国成为全球第一货物贸易大国和主要对外投资大国。中华民族伟大复兴的中国梦和社会主义核心价值观深入人心，国家文化软实力不断增强。中国特色军事变革成就显著，强军兴军迈出新步伐。全面从严治党开创新局面，党的群众路线教育实践活动成果丰硕，党风廉政建设成效显著，赢得了党心民心。“十二五”规划目标即将胜利实现，我国经济实力、科技实力、国防实力、国际影响力又上了一个大台阶。

尤为重要的是，党的十八大以来，以习近平同志为总书记的党中央毫不动摇坚持和发展中国特色社会主义，勇于实践、善于创新，深化对共产党执政规律、社会主义建设规律、人类社会发展规律的认识，形成一系列治国理政新理念新思想新战略，为在新的历史条件下深化改革开放、加快推进社会主义现代化提供了科学理论指导和行动指南。

（二）“十三五”时期我国发展环境的基本特征。和平与发展的时代主题没有变，世界多极化、经济全球化、文化多样化、社会信息化深入发展，世界经济在深度调整中曲折复苏，新一轮科技革命和产业变革蓄势待发，全球治理体系深刻变革，发展中国家群体力量继续增强，国际力量对比逐步趋向平衡。同时，国际金融危机深层次影响在相当长时期依然存在，全球经济贸易增长乏力，保护主义抬头，地缘政治关系复杂变化，传统安全威胁和非传统安全威胁交织，外部环境不稳定不确定因素增多。

我国物质基础雄厚、人力资本丰富、市场空间广阔、发展潜力巨大，经济发展方式加快转变，新的增长动力正在孕育形成，经济长期向好基本面没有改变。同时，发展不平衡、不协调、不可持续问题仍然突出，主要是发展方式粗放，创新能力不强，部分行业产能过剩严重，企业效益下滑，重大安全事故频发；城乡区域发展不平衡；资源约束趋紧，生态环境恶化趋势尚未得到根本扭转；基本公共服务供给不足，收入差距较大，人口老龄化加快，消除贫困任务艰巨；人们文明素质和社会文明程度有待提高；法治建设有待加强；领导干部思想作风和能力水平有待提高，党员、干部先锋模范作用有待强化。我们必须增强忧患意识、责任意识，着力在优化结构、增强动力、化解矛盾、补齐短板上取得突破性进展。

综合判断，我国发展仍处于可以大有作为的重要战略机遇期，也面临诸多矛盾叠加、风险隐患增多的严峻挑战。我们要准确把握战略机遇期内涵的深刻变化，更加有效地应对各种风险和挑战，继续集中力量把自己的事情办好，不断开拓发展新境界。

（三）“十三五”时期我国发展的指导思想。高举中国特色社会主义伟大旗帜，全面贯彻党的十八大和十八届三中、四中全会精神，以马克思列宁主义、毛泽东思想、邓小平理论、“三个代表”重要思想、科学发展观为指导，深入贯彻习近平总书记系列重要讲话精神，坚持全面建成小康社会、全面深化改革、全面依法治国、全面从严治党的战略布局，坚持发展是第一要务，以提高发展质量和效益为中心，加快形成引领经济发展新常态的体制机制和发展方式，保持战略定力，坚持稳中求进，统筹推进经济建设、政治建设、文化建设、社会建设、生态文明建设和党的建设，确保如期全面建成小康社会，为实现第二个百年奋斗目标、实现中华民族伟大复兴的中国梦奠定更加坚实的基础。

如期实现全面建成小康社会奋斗目标，推动经济社会持续健康发展，必须遵循以下原则。

——坚持人民主体地位。人民是推动发展的根本力量，实现好、维护好、发展好最广大人民根本利益是发展的根本目的。必须坚持以人民为中心的发展思想，把增进人民福祉、促进人的全面发展作为发展的出发点和落脚点，发展人民民主，维护社会公平正义，保障人民平等参与、平等发展权利，充分调动人民积极性、主动性、创造性。

——坚持科学发展。发展是硬道理，发展必须是科学发展。我国仍处于并将长期处于社会主义初级阶段，基本国情和社会主要矛盾没有变，这是谋划发展的基本依据。必须坚持以经济建设为中心，从实际出发，把握发展新特征，加大结构性改革力度，加快转变经济发展方式，实现更高质量、更有效率、更加公平、更可持续的发展。

——坚持深化改革。改革是发展的强大动力。必须按照完善和发展中国特色社会主义制度、推进国家治理体系和治理能力现代化的总目标，健全使市场在资源配置中起决定性作用和更好发挥政府作用的制度体系，以经济体制改革为重点，加快完善各方面体制机制，破除一切不利于科学发展的体制机制障碍，为发展提供持续动力。

——坚持依法治国。法治是发展的可靠保障。必须坚定不移走中国特色社会主义法治道路，加快建设中国特色社会主义法治体系，建设社会主义法治国家，推进科学立法、严格执法、公正司法、全民守法，加快建设法治经济和法治社会，把经济社会发展纳入法治轨道。

——坚持统筹国内国际两个大局。全方位对外开放是发展的必然要求。必须坚持打开国门搞建设，既立足国内，充分运用我国资源、市场、制度等优势，又重视国内国际经济联动效应，积极应对外部环境变化，更好利用两个市场、两种资源，推动互利共赢、共同发展。

——坚持党的领导。党的领导是中国特色社会主义制度的最大优势，是实现经济社会持续健康发展的根本政治保证。必须贯彻全面从严治党要求，不断增强党的创造力、凝聚力、战斗力，不断提高党的执政能力和执政水平，确保我国发展航船沿着正确航道破浪前进。

二、“十三五”时期经济社会发展的主要目标和基本理念

（一）全面建成小康社会新的目标要求。党的十六大提出全面建设小康社会奋斗目标以来，全党全国各族人民接续奋斗，各项事业取得重大进展。今后五年，要在已经确定的全面建成小康社会目标要求的基础上，努力实现以下新的目标要求。

——经济保持中高速增长。在提高发展平衡性、包容性、可持续性的基础上，到二〇二〇年国内生产总值和城乡居民人均收入比二〇一〇年翻一番。主要经济指标平衡协调，发展空间格局得到优化，投资效率和企业效率明显上升，工业化和信息化融合发展水平进一步提高，产业迈向中高端水平，先进制造业加快发展，新产业新业态不断成长，服务业比重进一步上升，消费对经济增长贡献明显加大。户籍人口城镇化率加快提高。农业现代化取得明显进展。迈进创新型国家和人才强国行列。

——人民生活水平和质量普遍提高。就业比较充分，就业、教育、文化、社保、医疗、住房等公共服务体系更加健全，基本公共服务均等化水平稳步提高。教育现代化取得重要进展，劳动年龄人口受教育年限明显增加。收入差距缩小，中等收入人口比重上升。我国现行标

准下农村贫困人口实现脱贫，贫困县全部摘帽，解决区域性整体贫困。

——国民素质和社会文明程度显著提高。中国梦和社会主义核心价值观更加深入人心，爱国主义、集体主义、社会主义思想广泛弘扬，向上向善、诚信互助的社会风尚更加浓厚，人民思想道德素质、科学文化素质、健康素质明显提高，全社会法治意识不断增强。公共文化服务体系基本建成，文化产业成为国民经济支柱性产业。中华文化影响持续扩大。

——生态环境质量总体改善。生产方式和生活方式绿色、低碳水平上升。能源资源开发利用效率大幅提高，能源和水资源消耗、建设用地、碳排放总量得到有效控制，主要污染物排放总量大幅减少。主体功能区布局和生态安全屏障基本形成。

——各方面制度更加成熟更加定型。国家治理体系和治理能力现代化取得重大进展，各领域基础性制度体系基本形成。人民民主更加健全，法治政府基本建成，司法公信力明显提高。人权得到切实保障，产权得到有效保护。开放型经济新体制基本形成。中国特色现代军事体系更加完善。党的建设制度化水平显著提高。

（二）完善发展理念。实现“十三五”时期发展目标，破解发展难题，厚植发展优势，必须牢固树立创新、协调、绿色、开放、共享的发展理念。

创新是引领发展的第一动力。必须把创新摆在国家发展全局的核心位置，不断推进理论创新、制度创新、科技创新、文化创新等各方面创新，让创新贯穿党和国家一切工作，让创新在全社会蔚然成风。

协调是持续健康发展的内在要求。必须牢牢把握中国特色社会主义事业总体布局，正确处理发展中的重大关系，重点促进城乡区域协调发展，促进经济社会协调发展，促进新型工业化、信息化、城镇化、农业现代化同步发展，在增强国家硬实力的同时注重提升国家软实力，不断增强发展整体性。

绿色是永续发展的必要条件和人民对美好生活追求的重要体现。必须坚持节约资源和保护环境的基本国策，坚持可持续发展，坚定走生产发展、生活富裕、生态良好的文明发展道路，加快建设资源节约型、环境友好型社会，形成人与自然和谐发展现代化建设新格局，推进美丽中国建设，为全球生态安全做出新贡献。

开放是国家繁荣发展的必由之路。必须顺应我国经济深度融入世界经济的趋势，奉行互利共赢的开放战略，坚持内外需协调、进出口平衡、引进来和走出去并重、引资和引技引智并举，发展更高层次的开放型经济，积极参与全球经济治理和公共产品供给，提高我国在全球经济治理中的制度性话语权，构建广泛的利益共同体。

共享是中国特色社会主义的本质要求。必须坚持发展为了人民、发展依靠人民、发展成果由人民共享，做出更有效的制度安排，使全体人民在共建共享发展中有更多获得感，增强发展动力，增进人民团结，朝着共同富裕方向稳步前进。

坚持创新发展、协调发展、绿色发展、开放发展、共享发展，是关系我国发展全局的一场深刻变革。全党同志要充分认识这场变革的重大现实意义和深远历史意义，统一思想，协调行动，深化改革，开拓前进，推动我国发展迈上新台阶。

三、坚持创新发展，着力提高发展质量和效益

在国际发展竞争日趋激烈和我国发展动力转换的形势下，必须把发展基点放在创新上，形成促进创新的体制架构，塑造更多依靠创新驱动、更多发挥先发优势的引领型发展。

（一）培育发展新动力。优化劳动力、资本、土地、技术、管理

等要素配置，激发创新创业活力，推动大众创业、万众创新，释放新需求，创造新供给，推动新技术、新产业、新业态蓬勃发展，加快实现发展动力转换。

发挥消费对增长的基础作用，着力扩大居民消费，引导消费朝着智能、绿色、健康、安全方向转变，以扩大服务消费为重点带动消费结构升级。促进流通信息化、标准化、集约化。

发挥投资对增长的关键作用，深化投融资体制改革，优化投资结构，增加有效投资。发挥财政资金撬动功能，创新融资方式，带动更多社会资本参与投资。创新公共基础设施投融资体制，推广政府和社会资本合作模式。

发挥出口对增长的促进作用，增强对外投资和扩大出口结合度，培育以技术、标准、品牌、质量、服务为核心的对外经济新优势。实施优进优出战略，推进国际产能和装备制造合作，提高劳动密集型产品科技含量和附加值，营造资本和技术密集型产业新优势，提高我国产业在全球价值链中的地位。

（二）拓展发展新空间。用发展新空间培育发展新动力，用发展新动力开拓发展新空间。

拓展区域发展空间。以区域发展总体战略为基础，以“一带一路”建设、京津冀协同发展、长江经济带建设为引领，形成沿海沿江沿线经济带为主的纵向横向经济轴带。发挥城市群辐射带动作用，优化发展京津冀、长三角、珠三角三大城市群，形成东北地区、中原地区、长江中游、成渝地区、关中平原等城市群。发展一批中心城市，强化区域服务功能。支持绿色城市、智慧城市、森林城市建设和城际基础设施互联互通。推进重点地区一体发展，培育壮大若干重点经济区。推进城乡发展一体化，开辟农村广阔发展空间。

拓展产业发展空间。支持节能环保、生物技术、信息技术、智能制造、高端装备、新能源等新兴产业发展，支持传统产业优化升级。推广新型孵化模式，鼓励发展众创、众包、众扶、众筹空间。发展天使、创业、产业投资，深化创业板、新三板改革。

拓展基础设施建设空间。实施重大公共设施和基础设施工程。实施网络强国战略，加快构建高速、移动、安全、泛在的新一代信息基础设施。加快完善水利、铁路、公路、水运、民航、通用航空、管道、邮政等基础设施网络。完善能源安全储备制度。加强城市公共交通、防洪防涝等设施建设。实施城市地下管网改造工程。加快开放电力、电信、交通、石油、天然气、市政公用等自然垄断行业的竞争性业务。

拓展网络经济空间。实施“互联网＋”行动计划，发展物联网技术和应用，发展分享经济，促进互联网和经济社会融合发展。实施国家大数据战略，推进数据资源开放共享。完善电信普遍服务机制，开展网络提速降费行动，超前布局下一代互联网。推进产业组织、商业模式、供应链、物流链创新，支持基于互联网的各类创新。

拓展蓝色经济空间。坚持陆海统筹，壮大海洋经济，科学开发海洋资源，保护海洋生态环境，维护我国海洋权益，建设海洋强国。

（三）深入实施创新驱动发展战略。发挥科技创新在全面创新中的引领作用，加强基础研究，强化原始创新、集成创新和引进消化吸收再创新。推进有特色高水平大学和科研院所建设，鼓励企业开展基础性前沿性创新研究，重视颠覆性技术创新。实施一批国家重大科技项目，在重大创新领域组建一批国家实验室。积极提出并牵头组织国际大科学计划和大科学工程。

推动政府职能从研发管理向创新服务转变。完善国家科技决策咨询制度。坚持战略和前沿导向，集中支持事关发展全局的基础研究和共性关键技术研究，加快突破新一代信息通信、新能源、新材料、航空航天、生物医药、智能制造等领域核心技术。瞄准瓶颈制约问题，制定系统性技术解决方案。

强化企业创新主体地位和主导作用，形成一批有国际竞争力的创新型领军企业，支持科技型中小企业健康发展。依托企业、高校、科研院所建设一批国家技术创新中心，形成若干具有强大带动力的创新型城市和区域创新中心。完善企业研发费用加计扣除政策，扩大固定资产加速折旧实施范围，推动设备更新和新技术应用。

深化科技体制改革，引导构建产业技术创新联盟，推动跨领域跨行业协同创新，促进科技与经济深度融合。加强技术和知识产权交易平台建设，建立从实验研究、中试到生产的全过程科技创新融资模式，促进科技成果资本化、产业化。构建普惠性创新支持政策体系，加大金融支持和税收优惠力度。深化知识产权领域改革，加强知识产权保护。

扩大高校和科研院所自主权，赋予创新领军人才更大人财物支配权、技术路线决策权。实行以增加知识价值为导向的分配政策，提高科研人员成果转化收益分享比例，鼓励人才弘扬奉献精神。

（四）大力推进农业现代化。农业是全面建成小康社会、实现现代化的基础。加快转变农业发展方式，发展多种形式适度规模经营，发挥其在现代农业建设中的引领作用。着力构建现代农业产业体系、生产体系、经营体系，提高农业质量效益和竞争力，推动粮经饲统筹、农林牧渔结合、种养加一体、一二三产业融合发展，走产出高效、产品安全、资源节约、环境友好的农业现代化道路。

稳定农村土地承包关系，完善土地所有权、承包权、经营权分置办法，依法推进土地经营权有序流转，构建培育新型农业经营主体的政策体系。培养新型职业农民。深化农村土地制度改革。完善农村集体产权权能。深化农村金融改革，完善农业保险制度。

坚持最严格的耕地保护制度，坚守耕地红线，实施藏粮于地、藏粮于技战略，提高粮食产能，确保谷物基本自给、口粮绝对安全。全面划定永久基本农田，大规模推进农田水利、土地整治、中低产田改造和高标准农田建设，加强粮食等大宗农产品主产区建设，探索建立粮食生产功能区和重要农产品生产保护区。优化农业生产结构和区域布局，推进产业链和价值链建设，开发农业多种功能，提高农业综合效益。

推进农业标准化和信息化。健全从农田到餐桌的农产品质量安全全过程监管体系、现代农业科技创新推广体系、农业社会化服务体系。发展现代种业，提高农业机械化水平。持续增加农业投入，完善农业补贴政策。改革农产品价格形成机制，完善粮食等重要农产品收储制度。加强农产品流通设施和市场建设。

（五）构建产业新体系。加快建设制造强国，实施《中国制造二〇二五》。引导制造业朝着分工细化、协作紧密方向发展，促进信息技术向市场、设计、生产等环节渗透，推动生产方式向柔性、智能、精细转变。

实施工业强基工程，开展质量品牌提升行动，支持企业瞄准国际同行业标杆推进技术改造，全面提高产品技术、工艺装备、能效环保等水平。更加注重运用市场机制、经济手段、法治办法化解产能过剩，加大政策引导力度，完善企业退出机制。

支持战略性新兴产业发展，发挥产业政策导向和促进竞争功能，更好发挥国家产业投资引导基金作用，培育一批战略性产业。

实施智能制造工程，构建新型制造体系，促进新一代信息通信技术、高档数控机床和机器人、航空航天装备、海洋工程装备及高技术船舶、先进轨道交通装备、节能与新能源汽车、电力装备、农机装备、新材料、生物医药及高性能医疗器械等产业发展壮大。

开展加快发展现代服务业行动，放宽市场准入，促进服务业优质高效发展。推动生产性服务业向专业化和价值链高端延伸、生活性服务业向精细和高品质转变，推动制造业由生产型向生产服务型转变。

大力发展旅游业。

（六）构建发展新体制。加快形成有利于创新发展的市场环境、产权制度、投融资体制、分配制度、人才培养引进使用机制。

深化行政管理体制改革，进一步转变政府职能，持续推进简政放权、放管结合、优化服务，提高政府效能，激发市场活力和社会创造力。

坚持公有制为主体、多种所有制经济共同发展。毫不动摇巩固和发展公有制经济，毫不动摇鼓励、支持、引导非公有制经济发展。推进产权保护法治化，依法保护各种所有制经济权益。

深化国有企业改革，增强国有经济活力、控制力、影响力、抗风险能力。分类推进国有企业改革，完善现代企业制度。完善各类国有资产管理体制，以管资本为主加强国有资产监管，防止国有资产流失。健全国有资本合理流动机制，推进国有资本布局战略性调整，引导国有资本更多投向关系国家安全、国民经济命脉的重要行业和关键领域，坚定不移把国有企业做强做优做大，更好服务于国家战略目标。

鼓励民营企业依法进入更多领域，引入非国有资本参与国有企业改革，更好激发非公有制经济活力和创造力。

优化企业发展环境。开展降低实体经济企业成本行动，优化运营模式，增强盈利能力。限制政府对企业经营决策的干预，减少行政审批事项。清理和规范涉企行政事业性收费，减轻企业负担，完善公平竞争、促进企业健康发展的政策和制度。激发企业家精神，依法保护企业家财产权和创新收益。

加快形成统一开放、竞争有序的市场体系，建立公平竞争保障机制，打破地域分割和行业垄断。深化市场配置要素改革，促进人才、资金、科研成果等在城乡、企业、高校、科研机构间有序流动。

深化财税体制改革，建立健全有利于转变经济发展方式、形成全国统一市场、促进社会公平正义的现代财政制度，建立税种科学、结构优化、法律健全、规范公平、征管高效的税收制度。建立事权和支出责任相适应的制度，适度加强中央事权和支出责任。调动各方面积极性，考虑税种属性，进一步理顺中央和地方收入划分。建立全面规范、公开透明预算制度，完善政府预算体系，实施跨年度预算平衡机制和中期财政规划管理。建立规范的地方政府举债融资体制。健全优先使用创新产品、绿色产品的政府采购政策。

加快金融体制改革，提高金融服务实体经济效率。健全商业性金融、开发性金融、政策性金融、合作性金融分工合理、相互补充的金融机构体系。构建多层次、广覆盖、有差异的银行机构体系，扩大民间资本进入银行业，发展普惠金融，着力加强对中小微企业、农村特别是贫困地区金融服务。积极培育公开透明、健康发展的资本市场，推进股票和债券发行交易制度改革，提高直接融资比重，降低杠杆率。开发符合创新需求的金融服务，推进高收益债券及股债相结合的融资方式。推进汇率和利率市场化，提高金融机构管理水平和服务质量，降低企业融资成本。规范发展互联网金融。加快建立巨灾保险制度，探索建立保险资产交易机制。

加强金融宏观审慎管理制度建设，加强统筹协调，改革并完善适应现代金融市场发展的金融监管框架，健全符合我国国情和国际标准的监管规则，实现金融风险监管全覆盖。完善国有金融资本和外汇储备管理制度，建立安全高效的金融基础设施，有效运用和发展金融风险管理工具。防止发生系统性区域性金融风险。

（七）创新和完善宏观调控方式。按照总量调节和定向施策并举、短期和中长期结合、国内和国际统筹、改革和发展协调的要求，完善宏观调控，采取相机调控、精准调控措施，适时预调微调，更加注重扩大就业、稳定物价、调整结构、提高效益、防控风险、保护环境。

依据国家中长期发展规划目标和总供求格局实施宏观调控，稳定政策基调，增强可预期性和透明度，创新调控思路和政策工具，在区间调控基础上加大定向调控力度，增强针对性和准确性。完善以财政政策、货币政策为主，产业政策、区域政策、投资政策、消费政策、价格政策协调配合的政策体系，增强财政货币政策协调性。运用大数据技术，提高经济运行信息及时性和准确性。

减少政府对价格形成的干预，全面放开竞争性领域商品和服务价格，放开电力、石油、天然气、交通运输、电信等领域竞争性环节价格。

建立风险识别和预警机制，以可控方式和节奏主动释放风险，重点提高财政、金融、能源、矿产资源、水资源、粮食、生态环保、安全生产、网络安全等方面风险防控能力。

四、坚持协调发展，着力形成平衡发展结构

增强发展协调性，必须坚持区域协同、城乡一体、物质文明精神文明并重、经济建设国防建设融合，在协调发展中拓宽发展空间，在加强薄弱领域中增强发展后劲。

（一）推动区域协调发展。塑造要素有序自由流动、主体功能约束有效、基本公共服务均等、资源环境可承载的区域协调发展新格局。

深入实施西部大开发，支持西部地区改善基础设施，发展特色优势产业，强化生态环境保护。推动东北地区等老工业基地振兴，促进中部地区崛起，加大国家支持力度，加快市场取向改革。支持东部地区率先发展，更好辐射带动其他地区。支持革命老区、民族地区、边疆地区、贫困地区加快发展，加大对资源枯竭、产业衰退、生态严重退化等困难地区的支持力度。

培育若干带动区域协同发展的增长极。推动京津冀协同发展，优

化城市空间布局和产业结构，有序疏解北京非首都功能，推进交通一体化，扩大环境容量和生态空间，探索人口经济密集地区优化开发新模式。推进长江经济带建设，改善长江流域生态环境，高起点建设综合立体交通走廊，引导产业优化布局和分工协作。

（二）推动城乡协调发展。坚持工业反哺农业、城市支持农村，健全城乡发展一体化体制机制，推进城乡要素平等交换、合理配置和基本公共服务均等化。

发展特色县域经济，加快培育中小城市和特色小城镇，促进农产品精深加工和农村服务业发展，拓展农民增收渠道，完善农民收入增长支持政策体系，增强农村发展内生动力。

推进以人为核心的新型城镇化。提高城市规划、建设、管理水平。深化户籍制度改革，促进有能力在城镇稳定就业和生活的农业转移人口举家进城落户，并与城镇居民有同等权利和义务。实施居住证制度，努力实现基本公共服务常住人口全覆盖。健全财政转移支付同农业转移人口市民化挂钩机制，建立城镇建设用地增加规模同吸纳农业转移人口落户数量挂钩机制。维护进城落户农民土地承包权、宅基地使用权、集体收益分配权，支持引导其依法自愿有偿转让上述权益。深化住房制度改革。加大城镇棚户区和城乡危房改造力度。

促进城乡公共资源均衡配置，健全农村基础设施投入长效机制，把社会事业发展重点放在农村和接纳农业转移人口较多的城镇，推动城镇公共服务向农村延伸。提高社会主义新农村建设水平，开展农村人居环境整治行动，加大传统村落民居和历史文化名村名镇保护力度，建设美丽宜居乡村。

（三）推动物质文明和精神文明协调发展。坚持“两手抓、两手都要硬”，坚持社会主义先进文化前进方向，坚持以人民为中心的工作导向，坚持把社会效益放在首位、社会效益和经济效益相统一，坚定文化自信，增强文化自觉，加快文化改革发展，加强社会主义精神文明建设，建设社会主义文化强国。

坚持用邓小平理论、“三个代表”重要思想、科学发展观和习近平总书记系列重要讲话精神武装全党、教育人民，用中国梦和社会主义核心价值观凝聚共识、汇聚力量。深化马克思主义理论研究和建设工程，加强思想道德建设和社会诚信建设，增强国家意识、法治意识、社会责任意识，倡导科学精神，弘扬中华传统美德，注重通过法律和政策向社会传导正确价值取向。

扶持优秀文化产品创作生产，加强文化人才培养，繁荣发展文学艺术、新闻出版、广播影视事业。实施哲学社会科学创新工程，建设中国特色新型智库。构建中华优秀传统文化传承体系，加强文化遗产保护，振兴传统工艺，实施中华典籍整理工程。加强和改进基层宣传思想文化工作，深化各类群众性精神文明创建活动。

深化文化体制改革，实施重大文化工程，完善公共文化服务体系、文化产业体系、文化市场体系。推动基本公共文化服务标准化、均等化发展，引导文化资源向城乡基层倾斜，创新公共文化服务方式，保障人民基本文化权益。推动文化产业结构优化升级，发展骨干文化企业和创意文化产业，培育新型文化业态，扩大和引导文化消费。普及科学知识。倡导全民阅读。发展体育事业，推广全民健身，增强人民体质。做好二〇二二年北京冬季奥运会筹办工作。

牢牢把握正确舆论导向，健全社会舆情引导机制，传播正能量。加强网上思想文化阵地建设，实施网络内容建设工程，发展积极向上的网络文化，净化网络环境。推动传统媒体和新兴媒体融合发展，加快媒体数字化建设，打造一批新型主流媒体。优化媒体结构，规范传播秩序。加强国际传播能力建设，创新对外传播、文化交流、文化贸易方式，推动中华文化走出去。

（四）推动经济建设和国防建设融合发展。坚持发展和安全兼顾、富国和强军统一，实施军民融合发展战略，形成全要素、多领域、高效益的军民深度融合发展格局。

同全面建成小康社会进程相一致，全面推进国防和军队建设。以党在新形势下的强军目标为引领，贯彻新形势下军事战略方针，加强军队党的建设和思想政治建设，加强各方向各领域军事斗争准备，加强新型作战力量建设，加快推进国防和军队改革，深入推进依法治军、从严治军。到二〇二〇年，基本完成国防和军队改革目标任务，基本实现机械化，信息化取得重大进展，构建能够打赢信息化战争、有效履行使命任务的中国特色现代军事力量体系。

健全军民融合发展的组织管理体系、工作运行体系、政策制度体系。建立国家和各省（自治区、直辖市）军民融合领导机构。制定统筹经济建设和国防建设专项规划。深化国防科技工业体制改革，建立国防科技协同创新机制。推进军民融合发展立法。在海洋、太空、网络空间等领域推出一批重大项目和举措，打造一批军民融合创新示范区，增强先进技术、产业产品、基础设施等军民共用的协调性。

加强全民国防教育和后备力量建设。加强现代化武装警察部队建设。密切军政军民团结。党政军警民合力强边固防。各级党委和政府要积极支持国防建设和军队改革，人民解放军和武警部队要积极支援经济社会建设。

五、坚持绿色发展，着力改善生态环境

坚持绿色富国、绿色惠民，为人民提供更多优质生态产品，推动形成绿色发展方式和生活方式，协同推进人民富裕、国家富强、中国美丽。

（一）促进人与自然和谐共生。有度有序利用自然，调整优化空间结构，划定农业空间和生态空间保护红线，构建科学合理的城市化格局、农业发展格局、生态安全格局、自然岸线格局。设立统一规范的国家生态文明试验区。

根据资源环境承载力调节城市规模，依托山水地貌优化城市形态和功能，实行绿色规划、设计、施工标准。

支持绿色清洁生产，推进传统制造业绿色改造，推动建立绿色低碳循环发展产业体系，鼓励企业工艺技术装备更新改造。发展绿色金融，设立绿色发展基金。

加强资源环境国情和生态价值观教育，培养公民环境意识，推动全社会形成绿色消费自觉。

（二）加快建设主体功能区。发挥主体功能区作为国土空间开发保护基础制度的作用，落实主体功能区规划，完善政策，发布全国主体功能区规划图和农产品主产区、重点生态功能区目录，推动各地区依据主体功能定位发展。以主体功能区规划为基础统筹各类空间性规划，推进“多规合一”。

推动京津冀、长三角、珠三角等优化开发区域产业结构向高端高效发展，防治“城市病”，逐年减少建设用地增量。推动重点开发区域提高产业和人口集聚度。重点生态功能区实行产业准入负面清单。加大对农产品主产区和重点生态功能区的转移支付力度，强化激励性补偿，建立横向和流域生态补偿机制。整合设立一批国家公园。

维护生物多样性，实施濒危野生动植物抢救性保护工程，建设救护繁育中心和基因库。强化野生动植物进出口管理，严防外来有害物种入侵。严厉打击象牙等野生动植物制品非法交易。

以市县级行政区为单元，建立由空间规划、用途管制、领导干部自然资源资产离任审计、差异化绩效考核等构成的空间治理体系。

（三）推动低碳循环发展。推进能源革命，加快能源技术创新，建设清洁低碳、安全高效的现代能源体系。提高非化石能源比重，推动煤炭等化石能源清洁高效利用。加快发展风能、太阳能、生物质能、水能、地热能，安全高效发展核电。加强储能和智能电网建设，发展分布式能源，推行节能低碳电力调度。有序开放开采权，积极开发天然气、煤层气、页岩气。改革能源体制，形成有效竞争的市场机制。

推进交通运输低碳发展，实行公共交通优先，加强轨道交通建设，鼓励自行车等绿色出行。实施新能源汽车推广计划，提高电动车产业化水平。提高建筑节能标准，推广绿色建筑和建材。

主动控制碳排放，加强高能耗行业能耗管控，有效控制电力、钢铁、建材、化工等重点行业碳排放，支持优化开发区域率先实现碳排放峰值目标，实施近零碳排放区示范工程。

实施循环发展引领计划，推行企业循环式生产、产业循环式组合、园区循环式改造，减少单位产出物质消耗。加强生活垃圾分类回收和再生资源回收的衔接，推进生产系统和生活系统循环链接。

（四）全面节约和高效利用资源。坚持节约优先，树立节约集约循环利用的资源观。

强化约束性指标管理，实行能源和水资源消耗、建设用地等总量和强度双控行动。实施全民节能行动计划，提高节能、节水、节地、节材、节矿标准，开展能效、水效领跑者引领行动。

实行最严格的水资源管理制度，以水定产、以水定城，建设节水型社会。合理制定水价，编制节水规划，实施雨洪资源利用、再生水利用、海水淡化工程，建设国家地下水监测系统，开展地下水超采区综合治理。坚持最严格的节约用地制度，调整建设用地结构，降低工业用地比例，推进城镇低效用地再开发和工矿废弃地复垦，严格控制农村集体建设用地规模。探索实行耕地轮作休耕制度试点。

建立健全用能权、用水权、排污权、碳排放权初始分配制度，创新有偿使用、预算管理、投融资机制，培育和发展交易市场。推行合同能源管理和合同节水管理。

倡导合理消费，力戒奢侈浪费，制止奢靡之风。在生产、流通、仓储、消费各环节落实全面节约。管住公款消费，深入开展反过度包装、反食品浪费、反过度消费行动，推动形成勤俭节约的社会风尚。

（五）加大环境治理力度。以提高环境质量为核心，实行最严格的环境保护制度，形成政府、企业、公众共治的环境治理体系。

推进多污染物综合防治和环境治理，实行联防联控和流域共治，深入实施大气、水、土壤污染防治行动计划。实施工业污染源全面达标排放计划，实现城镇生活污水垃圾处理设施全覆盖和稳定运行。扩大污染物总量控制范围，将细颗粒物等环境质量指标列入约束性指标。坚持城乡环境治理并重，加大农业面源污染防治力度，统筹农村饮水安全、改水改厕、垃圾处理，推进种养业废弃物资源化利用、无害化处置。

改革环境治理基础制度，建立覆盖所有固定污染源的企业排放许可制，实行省以下环保机构监测监察执法垂直管理制度。建立全国统一的实时在线环境监控系统。健全环境信息公布制度。探索建立跨地区环保机构。开展环保督察巡视，严格环保执法。

（六）筑牢生态安全屏障。坚持保护优先、自然恢复为主，实施山水林田湖生态保护和修复工程，构建生态廊道和生物多样性保护网络，全面提升森林、河湖、湿地、草原、海洋等自然生态系统稳定性和生态服务功能。

开展大规模国土绿化行动，加强林业重点工程建设，完善天然林保护制度，全面停止天然林商业性采伐，增加森林面积和蓄积量。发挥国有林区林场在绿化国土中的带动作用。扩大退耕还林还草，加强草原保护。严禁移植天然大树进城。创新产权模式，引导各方面资金投入植树造林。

加强水生态保护，系统整治江河流域，连通江河湖库水系，开展退耕还湿、退养还滩。推进荒漠化、石漠化、水土流失综合治理。强化江河源头和水源涵养区生态保护。开展蓝色海湾整治行动。加强地质灾害防治。

六、坚持开放发展，着力实现合作共赢

开创对外开放新局面，必须丰富对外开放内涵，提高对外开放水平，协同推进战略互信、经贸合作、人文交流，努力形成深度融合的互利合作格局。

（一）完善对外开放战略布局。推进双向开放，促进国内国际要素有序流动、资源高效配置、市场深度融合。

完善对外开放区域布局，加强内陆沿边地区口岸和基础设施建设，开辟跨境多式联运交通走廊，发展外向型产业集群，形成各有侧重的对外开放基地。支持沿海地区全面参与全球经济合作和竞争，培育有全球影响力的先进制造基地和经济区。提高边境经济合作区、跨境经济合作区发展水平。

加快对外贸易优化升级，从外贸大国迈向贸易强国。完善对外贸易布局，创新外贸发展模式，加强营销和售后服务网络建设，提高传统优势产品竞争力，巩固出口市场份额，推动外贸向优质优价、优进优出转变，壮大装备制造等新的出口主导产业。发展服务贸易。实行积极的进口政策，向全球扩大市场开放。

完善投资布局，扩大开放领域，放宽准入限制，积极有效引进境外资金和先进技术。支持企业扩大对外投资，推动装备、技术、标

准、服务走出去，深度融入全球产业链、价值链、物流链，建设一批大宗商品境外生产基地，培育一批跨国企业。积极搭建国际产能和装备制造合作金融服务平台。

（二）形成对外开放新体制。完善法治化、国际化、便利化的营商环境，健全有利于合作共赢并同国际贸易投资规则相适应的体制机制。建立便利跨境电子商务等新型贸易方式的体制，健全服务贸易促进体系，全面实施单一窗口和通关一体化。提高自由贸易试验区建设质量，在更大范围推广复制。

全面实行准入前国民待遇加负面清单管理制度，促进内外资企业一视同仁、公平竞争。完善境外投资管理，健全对外投资促进政策和服务体系。有序扩大服务业对外开放，扩大银行、保险、证券、养老等市场准入。

扩大金融业双向开放。有序实现人民币资本项目可兑换，推动人民币加入特别提款权，成为可兑换、可自由使用货币。转变外汇管理和使用方式，从正面清单转变为负面清单。放宽境外投资汇兑限制，放宽企业和个人外汇管理要求，放宽跨国公司资金境外运作限制。加强国际收支监测，保持国际收支基本平衡。推进资本市场双向开放，改进并逐步取消境内外投资额度限制。

推动同更多国家签署高标准双边投资协定、司法协助协定，争取同更多国家互免或简化签证手续。构建海外利益保护体系。完善反洗钱、反恐怖融资、反逃税监管措施，完善风险防范体制机制。

（三）推进“一带一路”建设。秉持亲诚惠容，坚持共商共建共享原则，完善双边和多边合作机制，以企业为主体，实行市场化运作，推进同有关国家和地区多领域互利共赢的务实合作，打造陆海内外联动、东西双向开放的全面开放新格局。

推进基础设施互联互通和国际大通道建设，共同建设国际经济合作走廊。加强能源资源合作，提高就地加工转化率。共建境外产业集聚区，推动建立当地产业体系，广泛开展教育、科技、文化、旅游、卫生、环保等领域合作，造福当地民众。

加强同国际金融机构合作，参与亚洲基础设施投资银行、金砖国家新开发银行建设，发挥丝路基金作用，吸引国际资金共建开放多元共赢的金融合作平台。

（四）深化内地和港澳、大陆和台湾地区合作发展。全面准确贯彻“一国两制”、“港人治港”、“澳人治澳”、高度自治的方针，发挥港澳独特优势，提升港澳在国家经济发展和对外开放中的地位和功能，支持港澳发展经济、改善民生、推进民主、促进和谐。

支持香港巩固国际金融、航运、贸易三大中心地位，参与国家双向开放、“一带一路”建设。支持香港强化全球离岸人民币业务枢纽地位，推动融资、商贸、物流、专业服务等向高端高增值方向发展。支持澳门建设世界旅游休闲中心、中国与葡语国家商贸合作服务平台，促进澳门经济适度多元可持续发展。

加大内地对港澳开放力度，加快前海、南沙、横琴等粤港澳合作平台建设。加深内地同港澳在社会、民生、科技、文化、教育、环保等领域交流合作。深化泛珠三角等区域合作。

坚持“九二共识”和一个中国原则，秉持“两岸一家亲”，以互利共赢方式深化两岸经济合作。推动两岸产业合作协调发展、金融业合作及贸易投资等双向开放合作。推进海峡西岸经济区建设，打造平潭等对台合作平台。扩大两岸人员往来，深化两岸农业、文化、教育、科技、社会等领域交流合作，增进两岸同胞福祉，让更多台湾普通民众、青少年和中小企业受益。

（五）积极参与全球经济治理。推动国际经济治理体系改革完善，积极引导全球经济议程，促进国际经济秩序朝着平等公正、合作共赢的方向发展。加强宏观经济政策国际协调，促进全球经济平衡、金融安全、经济稳定增长。积极参与网络、深海、极地、空天等新领域国际规则制定。

推动多边贸易谈判进程，促进多边贸易体制均衡、共赢、包容发展，形成公正、合理、透明的国际经贸规则体系。支持发展中国家平等参与全球经济治理，促进国际货币体系和国际金融监管改革。

加快实施自由贸易区战略，推进区域全面经济伙伴关系协定谈判，推进亚太自由贸易区建设，致力于形成面向全球的高标准自由贸易区网络。

（六）积极承担国际责任和义务。坚持共同但有区别的责任原则、公平原则、各自能力原则，积极参与应对全球气候变化谈判，落实减排承诺。

扩大对外援助规模，完善对外援助方式，为发展中国家提供更多免费的人力资源、发展规划、经济政策等方面咨询培训，扩大科技教育、医疗卫生、防灾减灾、环境治理、野生动植物保护、减贫等领域对外合作和援助，加大人道主义援助力度。主动参与二〇三〇年可持续发展议程。

维护国际公共安全，反对一切形式的恐怖主义，积极支持并参与联合国维和行动，加强防扩散国际合作，参与管控热点敏感问题，共同维护国际通道安全。加强多边和双边协调，参与维护全球网络安全。推动国际反腐败合作。

七、坚持共享发展，着力增进人民福祉

按照人人参与、人人尽力、人人享有的要求，坚守底线、突出重点、完善制度、引导预期，注重机会公平，保障基本民生，实现全体

人民共同迈入全面小康社会。

（一）增加公共服务供给。坚持普惠性、保基本、均等化、可持续方向，从解决人民最关心最直接最现实的利益问题入手，增强政府职责，提高公共服务共建能力和共享水平。

加强义务教育、就业服务、社会保障、基本医疗和公共卫生、公共文化、环境保护等基本公共服务，努力实现全覆盖。加大对革命老区、民族地区、边疆地区、贫困地区的转移支付。加强对特定人群特殊困难的帮扶。

创新公共服务提供方式，能由政府购买服务提供的，政府不再直接承办；能由政府和社会资本合作提供的，广泛吸引社会资本参与。加快社会事业改革。

（二）实施脱贫攻坚工程。农村贫困人口脱贫是全面建成小康社会最艰巨的任务。必须充分发挥政治优势和制度优势，坚决打赢脱贫攻坚战。

实施精准扶贫、精准脱贫，因人因地施策，提高扶贫实效。分类扶持贫困家庭，对有劳动能力的支持发展特色产业和转移就业，对“一方水土养不起一方人”的实施扶贫搬迁，对生态特别重要和脆弱的实行生态保护扶贫，对丧失劳动能力的实施兜底性保障政策，对因病致贫的提供医疗救助保障。实行低保政策和扶贫政策衔接，对贫困人口应保尽保。

扩大贫困地区基础设施覆盖面，因地制宜解决通路、通水、通电、通网络等问题。对在贫困地区开发水电、矿产资源占用集体土地的，试行给原住居民集体股权方式进行补偿，探索对贫困人口实行资产收益扶持制度。

提高贫困地区基础教育质量和医疗服务水平，推进贫困地区基本公共服务均等化。建立健全农村留守儿童和妇女、老人关爱服务体系。

实行脱贫工作责任制。进一步完善中央统筹、省（自治区、直辖市）负总责、市（地）县抓落实的工作机制。强化脱贫工作责任考核，对贫困县重点考核脱贫成效。加大中央和省级财政扶贫投入，发挥政策性金融和商业性金融的互补作用，整合各类扶贫资源，开辟扶贫开发新的资金渠道。健全东西部协作和党政机关、部队、人民团体、国有企业定点扶贫机制，激励各类企业、社会组织、个人自愿采取包干方式参与扶贫。把革命老区、民族地区、边疆地区、集中连片贫困地区作为脱贫攻坚重点。

（三）提高教育质量。全面贯彻党的教育方针，落实立德树人根本任务，加强社会主义核心价值观教育，培养德智体美全面发展的社会主义建设者和接班人。深化教育改革，把增强学生社会责任感、创新精神、实践能力作为重点任务贯彻到国民教育全过程。

推动义务教育均衡发展，全面提高教育教学质量。普及高中阶段教育，逐步分类推进中等职业教育免除学杂费，率先从建档立卡的家庭经济困难学生实施普通高中免除学杂费。发展学前教育，鼓励普惠性幼儿园发展。完善资助方式，实现家庭经济困难学生资助全覆盖。

促进教育公平。加快城乡义务教育公办学校标准化建设，加强教师队伍特别是乡村教师队伍建设，推进城乡教师交流。办好特殊教育。

提高高校教学水平和创新能力，使若干高校和一批学科达到或接近世界一流水平。建设现代职业教育体系，推进产教融合、校企合作。优化学科专业布局和人才培养机制，鼓励具备条件的普通本科高校向应用型转变。

落实并深化考试招生制度改革和教育教学改革。建立个人学习账号和学分累计制度，畅通继续教育、终身学习通道。推进教育信息化，发展远程教育，扩大优质教育资源覆盖面。完善教育督导，加强社会监督。支持和规范民办教育发展，鼓励社会力量和民间资本提供多样化教育服务。

（四）促进就业创业。坚持就业优先战略，实施更加积极的就业政策，创造更多就业岗位，着力解决结构性就业矛盾。完善创业扶持政策，鼓励以创业带就业，建立面向人人的创业服务平台。

统筹人力资源市场，打破城乡、地区、行业分割和身份、性别歧视，维护劳动者平等就业权利。加强对灵活就业、新就业形态的支持，促进劳动者自主就业。落实高校毕业生就业促进和创业引领计划，带动青年就业创业。加强就业援助，帮助就业困难者就业。

推行终身职业技能培训制度。实施新生代农民工职业技能提升计划。开展贫困家庭子女、未升学初高中毕业生、农民工、失业人员和转岗职工、退役军人免费接受职业培训行动。推行工学结合、校企合作的技术工人培养模式，推行企业新型学徒制。提高技术工人待遇，完善职称评定制度，推广专业技术职称、技能等级等同大城市落户挂钩做法。

提高劳动力素质、劳动参与率、劳动生产率，增强劳动力市场灵活性，促进劳动力在地区、行业、企业之间自由流动。建立和谐劳动关系，维护职工和企业合法权益。

完善就业服务体系，提高就业服务能力。完善就业失业统计指标体系。

（五）缩小收入差距。坚持居民收入增长和经济增长同步、劳动报酬提高和劳动生产率提高同步，持续增加城乡居民收入。调整国民收入分配格局，规范初次分配，加大再分配调节力度。

健全科学的工资水平决定机制、正常增长机制、支付保障机制，推行企业工资集体协商制度。完善最低工资增长机制，完善市场评价要素贡献并按贡献分配的机制，完善适应机关事业单位特点的工资制度。

实行有利于缩小收入差距的政策，明显增加低收入劳动者收入，扩大中等收入者比重。加快建立综合和分类相结合的个人所得税制。多渠道增加居民财产性收入。规范收入分配秩序，保护合法收入，规范隐性收入，遏制以权力、行政垄断等非市场因素获取收入，取缔非法收入。

支持慈善事业发展，广泛动员社会力量开展社会救济和社会互助、志愿服务活动。完善鼓励回馈社会、扶贫济困的税收政策。

（六）建立更加公平更可持续的社会保障制度。实施全民参保计划，基本实现法定人员全覆盖。坚持精算平衡，完善筹资机制，分清政府、企业、个人等的责任。适当降低社会保险费率。完善社会保险体系。

完善职工养老保险个人账户制度，健全多缴多得激励机制。实现职工基础养老金全国统筹，建立基本养老金合理调整机制。拓宽社会保险基金投资渠道，加强风险管理，提高投资回报率。逐步提高国有资本收益上缴公共财政比例，划转部分国有资本充实社保基金。出台渐进式延迟退休年龄政策。发展职业年金、企业年金、商业养老保险。

健全医疗保险稳定可持续筹资和报销比例调整机制，研究实行职工退休人员医保缴费参保政策。全面实施城乡居民大病保险制度。改革医保支付方式，发挥医保控费作用。改进个人账户，开展门诊费用统筹。实现跨省异地安置退休人员住院医疗费用直接结算。整合城乡居民医保政策和经办管理。鼓励发展补充医疗保险和商业健康保险。鼓励商业保险机构参与医保经办。将生育保险和基本医疗保险合并实施。

统筹救助体系，强化政策衔接，推进制度整合，确保困难群众基本生活。

（七）推进健康中国建设。深化医药卫生体制改革，实行医疗、医保、医药联动，推进医药分开，实行分级诊疗，建立覆盖城乡的基本医疗卫生制度和现代医院管理制度。

全面推进公立医院综合改革，坚持公益属性，破除逐利机制，建立符合医疗行业特点的人事薪酬制度。优化医疗卫生机构布局，健全上下联动、衔接互补的医疗服务体系，完善基层医疗服务模式，发展远程医疗。促进医疗资源向基层、农村流动，推进全科医生、家庭医生、急需领域医疗服务能力提高、电子健康档案等工作。鼓励社会力量兴办健康服务业，推进非营利性民营医院和公立医院同等待遇。加强医疗质量监管，完善纠纷调解机制，构建和谐医患关系。

坚持中西医并重，促进中医药、民族医药发展。完善基本药物制度，健全药品供应保障机制，理顺药品价格，增加艾滋病防治等特殊药物免费供给。提高药品质量，确保用药安全。加强传染病、慢性病、地方病等重大疾病综合防治和职业病危害防治，通过多种方式降低大病慢性病医疗费用。倡导健康生活方式，加强心理健康服务。

实施食品安全战略，形成严密高效、社会共治的食品安全治理体系，让人民群众吃得放心。

（八）促进人口均衡发展。坚持计划生育的基本国策，完善人口发展战略。全面实施一对夫妇可生育两个孩子政策。提高生殖健康、妇幼保健、托幼等公共服务水平。帮扶存在特殊困难的计划生育家庭。注重家庭发展。

积极开展应对人口老龄化行动，弘扬敬老、养老、助老社会风尚，建设以居家为基础、社区为依托、机构为补充的多层次养老服务体系，推动医疗卫生和养老服务相结合，探索建立长期护理保险制度。全面放开养老服务市场，通过购买服务、股权合作等方式支持各类市场主体增加养老服务和产品供给。

坚持男女平等基本国策，保障妇女和未成年人权益。支持残疾人事业发展，健全扶残助残服务体系。

八、加强和改善党的领导，为实现“十三五”规划提供坚强保证

发展是党执政兴国的第一要务。各级党委必须深化对发展规律的认识，提高领导发展能力和水平，推进国家治理体系和治理能力现代化，更好推动经济社会发展。

（一）完善党领导经济社会发展工作体制机制。坚持党总揽全局、协调各方，发挥各级党委（党组）领导核心作用，加强制度化建设，改进工作体制机制和方式方法，强化全委会决策和监督作用。提高决策科学化水平，完善党委研究经济社会发展战略、定期分析经济形势、研究重大方针政策的工作机制，健全决策咨询机制。完善信息发布制度。

优化领导班子知识结构和专业结构，注重培养选拔政治强、懂专业、善治理、敢担当、作风正的领导干部，提高专业化水平。深化干部人事制度改革，完善政绩考核评价体系和奖惩机制，调动各级干部工作积极性、主动性、创造性。

加强党的各级组织建设，强化基层党组织整体功能，发挥战斗堡垒作用和党员先锋模范作用，激励广大干部开拓进取、攻坚克难，更好带领群众全面建成小康社会。

反腐倡廉建设永远在路上，反腐不能停步、不能放松。要坚持全面从严治党，落实“三严三实”要求，严明党的纪律和规矩，落实党风廉政建设主体责任和监督责任，健全改进作风长效机制，强化权力运行制约和监督，巩固反腐败成果，构建不敢腐、不能腐、不想腐的有效机制，努力实现干部清正、政府清廉、政治清明，为经济社会发展营造良好政治生态。

（二）动员人民群众团结奋斗。充分发扬民主，贯彻党的群众路线，提高宣传和组织群众能力，加强经济社会发展重大问题和涉及群

众切身利益问题的协商，依法保障人民各项权益，激发各族人民建设祖国的主人翁意识。

加强思想政治工作，创新群众工作体制机制和方式方法，注重发挥工会、共青团、妇联等群团组织的作用，正确处理人民内部矛盾，最大限度凝聚全社会推进改革发展、维护社会和谐稳定的共识和力量。高度重视做好意识形态领域工作，切实维护意识形态安全。

巩固和发展最广泛的爱国统一战线，全面落实党的知识分子、民族、宗教、侨务等政策，充分发挥民主党派、工商联和无党派人士作用，深入开展民族团结进步宣传教育，引导宗教与社会主义社会相适应，促进政党关系、民族关系、宗教关系、阶层关系、海内外同胞关系和谐，巩固全国各族人民大团结，加强海内外中华儿女大团结。

（三）加快建设人才强国。深入实施人才优先发展战略，推进人才发展体制改革和政策创新，形成具有国际竞争力的人才制度优势。

推动人才结构战略性调整，突出“高精尖缺”导向，实施重大人才工程，着力发现、培养、集聚战略科学家、科技领军人才、企业家人才、高技能人才队伍。实施更开放的创新人才引进政策，更大力度引进急需紧缺人才，聚天下英才而用之。发挥政府投入引导作用，鼓励企业、高校、科研院所、社会组织、个人等有序参与人才资源开发和人才引进。

优化人力资本配置，清除人才流动障碍，提高社会横向和纵向流动性。完善人才评价激励机制和服务保障体系，营造有利于人人皆可成才和青年人才脱颖而出的社会环境，健全有利于人才向基层、中西部地区流动的政策体系。

（四）运用法治思维和法治方式推动发展。厉行法治是发展社会主义市场经济的内在要求。必须坚持依法执政，全面提高党依据宪法法律治国理政、依据党内法规管党治党的能力和水平。

加强党对立法工作的领导。加快重点领域立法，坚持立改废释并举，深入推进科学立法、民主立法，加快形成完备的法律规范体系。

加强法治政府建设，依法设定权力、行使权力、制约权力、监督权力，依法调控和治理经济，推行综合执法，实现政府活动全面纳入法治轨道。深化司法体制改革，尊重司法规律，促进司法公正，完善对权利的司法保障、对权力的司法监督。弘扬社会主义法治精神，增强全社会特别是公职人员尊法学法守法用法观念，在全社会形成良好法治氛围和法治习惯。

（五）加强和创新社会治理。建设平安中国，完善党委领导、政府主导、社会协同、公众参与、法治保障的社会治理体制，推进社会治理精细化，构建全民共建共享的社会治理格局。健全利益表达、利益协调、利益保护机制，引导群众依法行使权利、表达诉求、解决纠纷。增强社区服务功能，实现政府治理和社会调节、居民自治良性互动。

加强社会治理基础制度建设，建立国家人口基础信息库、统一社会信用代码制度和相关实名登记制度，完善社会信用体系，健全社会心理服务体系和疏导机制、危机干预机制。

完善社会治安综合治理体制机制，以信息化为支撑加快建设社会治安立体防控体系，建设基础综合服务管理平台。落实重大决策社会稳定风险评估制度，完善社会矛盾排查预警和调处化解综合机制，加强和改进信访和调解工作，有效预防和化解矛盾纠纷。严密防范、依法惩治违法犯罪活动，维护社会秩序。

牢固树立安全发展观念，坚持人民利益至上，加强全民安全意识教育，健全公共安全体系。完善和落实安全生产责任和管理制度，实行党政同责、一岗双责、失职追责，强化预防治本，改革安全评审制度，健全预警应急机制，加大监管执法力度，及时排查化解安全隐患，坚决遏制重特大安全事故频发势头。实施危险化学品和化工企业生产、仓储安全环保搬迁工程，加强安全生产基础能力和防灾减灾能力建设，切实维护人民生命财产安全。

贯彻总体国家安全观，实施国家安全战略，落实重点领域国家安全政策，完善国家安全审查制度，完善国家安全法治，建立国家安全体系。依法严密防范和严厉打击敌对势力渗透颠覆破坏活动、暴力恐怖活动、民族分裂活动、极端宗教活动，坚决维护国家政治、经济、文化、社会、信息、国防等安全。

（六）确保“十三五”规划建议的目标任务落到实处。制定“十三五”规划纲要和专项规划，要坚决贯彻党中央决策部署，落实本建议确定的发展理念、主要目标、重点任务、重大举措。各地区要从实际出发，制定本地区“十三五”规划。各级各类规划要增加明确反映创新、协调、绿色、开放、共享发展理念的指标，增加政府履行职责的约束性指标，把全会确定的各项决策部署落到实处。

实现“十三五”时期发展目标，前景光明，任务繁重。全党全国各族人民要更加紧密地团结在以习近平同志为总书记的党中央周围，万众一心，艰苦奋斗，共同夺取全面建成小康社会决胜阶段的伟大胜利！